医药高等院校教材

供高职高专临床医学、护理、助产、口腔及医学检验等医学相关专业使用

医学遗传与优生学

主　　编　彭凤兰　刘凌霄
副主编　林小珊　高江原
编　　者　（按姓氏汉语拼音排序）
　　　　　高　锐　济南护理职业学院
　　　　　高江原　重庆医药高等专科学校
　　　　　林小珊　广州医科大学卫生职业技术学院
　　　　　刘凌霄　济南护理职业学院
　　　　　彭凤兰　长沙卫生职业学院
　　　　　谢　丽　长沙卫生职业学院

科学出版社

北京

· 版权所有 侵权必究·

举报电话:010-64030229;010-64034315;13501151303(打假办)

内 容 简 介

本书共9章,包括医学遗传与优生学概述、遗传的分子学基础、遗传的细胞学基础、遗传的胚胎学基础、单基因遗传与单基因遗传病、多基因遗传与多基因遗传病、染色体畸变与染色体病、优生学基础、优生咨询与出生缺陷干预、实训。编写内容遵循实用、够用、好用的原则,引用数例现代遗传学研究的进展、案例作为链接,图表清晰,内容紧跟学科发展,每章前设导言,后有小结和目标检测题,方便学生预习、复习与巩固。

本教材可供高职高专护理、助产、计划生育、医学检验、营养与健康、农村医学、妇幼保健等专业使用,也可供其他医学相关专业学习与参考。

图书在版编目(CIP)数据

医学遗传与优生学/彭凤兰,刘凌霄主编.—北京:科学出版社,2015.3
医药高等院校教材
ISBN 978-7-03-043763-1

Ⅰ.医… Ⅱ.①彭… ②刘… Ⅲ.①医学遗传学-医学院校-教材 ②优生学-医学院校-教材 Ⅳ.①R394 ②R169.1

中国版本图书馆 CIP 数据核字(2015)第 051376 号

责任编辑:许贵强 / 责任校对:包志虹
责任印制:赵 博 / 封面设计:范璧合

版权所有,违者必究。未经本社许可,数字图书馆不得使用

科学出版社 出版
北京东黄城根北街 16 号
邮政编码:100717
http://www.sciencep.com

三河市骏杰印刷有限公司印刷
科学出版社发行 各地新华书店经销

*

2015 年 3 月第 一 版 开本:787×1092 1/16
2025 年 1 月第十五次印刷 印张:9 1/2
字数:215 000
定价:32.00 元
(如有印装质量问题,我社负责调换)

前　言

党的二十大报告指出："人民健康是民族昌盛和国家强盛的重要标志。把保障人民健康放在优先发展的战略位置，完善人民健康促进政策。"贯彻落实党的二十大决策部署，积极推动健康事业发展，离不开人才队伍建设。党的二十大报告指出："培养造就大批德才兼备的高素质人才，是国家和民族长远发展大计。"教材是教学内容的重要载体，是教学的重要依据、培养人才的重要保障。本次教材修订旨在贯彻党的二十大报告精神和党的教育方针，落实立德树人根本任务，坚持为党育人、为国育才。

本课程的主要任务是培养学生掌握医学遗传学的原理、遗传病研究方法以及优生科学知识；培养学生具有一定的优生学知识、遗传病防治知识和技能；培养学生能应用所学知识有针对性地进行计划生育和优生优育宣教，向服务对象提供遗传优生咨询。

本教材的编委来自全国各地，充分吸取了专业教师在教材使用和教学中积累的经验。本教材编写还吸收了其他医学基础学科的教师参与编写。坚持"以就业为导向，以开发技能为核心"的原则，既培养学生的基本理论和基础知识，又注重实际应用和操作能力。教材内容在编排上本着"够用、实用、好用"的原则，吸取了医学遗传学、胚胎学与优生科学知识的精华，将其进行有机整合，并结合临床引用案例形成知识链接，有利于教学，彰显了贴近社会、贴近岗位的特点。

本教材可供高职高专护理、助产、计划生育、医学检验、营养与健康、农村医学等专业使用，也可供其他医学相关专业使用和自学者学习。

本书在编写过程中得到各编委所在学校、科学出版社和社会各界的大力支持，借此一并表示衷心的感谢！

虽然全体编者力求本教材内容完美，但由于编者水平有限、编写时间仓促，定有欠妥之处，敬请广大师生、同行给予宝贵意见，以便修订改进。

编　者

2023 年 8 月

目　　录

第1章　医学遗传与优生学概述 (1)
- 第1节　医学遗传学概述 (1)
- 第2节　遗传病概述 (2)
- 第3节　优生学概述 (6)

第2章　遗传的分子学基础 (11)
- 第1节　DNA与RNA (11)
- 第2节　基因 (14)
- 第3节　基因突变与人类基因组计划 (19)

第3章　遗传的细胞学基础 (27)
- 第1节　细胞 (27)
- 第2节　人类染色体 (38)
- 第3节　细胞增殖周期 (43)
- 第4节　减数分裂 (46)

第4章　遗传的胚胎学基础 (51)
- 第1节　人类精子的形成 (51)
- 第2节　人类卵子的形成 (54)
- 第3节　受精与胚胎发育 (57)

第5章　单基因遗传与单基因遗传病 (65)
- 第1节　遗传的基本规律 (65)
- 第2节　系谱和系谱分析 (71)
- 第3节　常染色体遗传病 (73)
- 第4节　性连锁遗传病 (84)
- 第5节　单基因遗传病的有关问题 (88)

第6章　多基因遗传与多基因遗传病 (94)
- 第1节　多基因遗传 (94)
- 第2节　多基因遗传病 (96)

第7章　染色体畸变与染色体病 (102)
- 第1节　染色体畸变 (102)
- 第2节　染色体病 (108)

第8章　优生学基础 (116)
- 第1节　优生学概述 (116)
- 第2节　影响优生的因素 (116)
- 第3节　产前诊断 (119)

第9章　优生咨询与出生缺陷干预 (125)
- 第1节　优生咨询 (125)
- 第2节　出生缺陷干预 (130)

实训 ………………………………………………………………………………（137）
　　实训1　人类染色体非显带核型分析 ………………………………………（137）
　　实训2　遗传病的调查与系谱分析 …………………………………………（140）
　　实训3　遗传优生咨询 ………………………………………………………（142）
参考文献 …………………………………………………………………………（145）
目标检测选择题参考答案 ………………………………………………………（146）

第1章 医学遗传与优生学概述

导言 我们是否能想象:生命如此复杂又美丽,然而生命与生命的连接点就是DNA与基因。生命代代相传,即通过基因把遗传信息传递给下一代。每一对即将为人父母的夫妻都会期盼自己的孩子健康、聪慧,孩子能不能得到夫妻最优秀的基因,甚至还要"青出于蓝而胜于蓝"呢?这就涉及遗传与优生学的问题。

生命之所以能够一代代延续,其主要原因是由于遗传物质在生命产生过程中得以代代相承,从而使子代具有与亲代相近的性状。这种生物亲代产生与自己相似的子代的现象称为遗传,但亲代与子代之间、子代个体之间也不是完全相同的,我们把它们之间存在的差异称为变异。遗传因素是影响优生诸多因素中最重要的因素。医学遗传学也逐渐成为遗传学研究的热点,更与优生有着密切的联系。可以说没有遗传学就没有优生学,而优生学又成为推动医学遗传学发展的原动力。

第1节 医学遗传学概述

一、遗传学与医学遗传学概念

遗传学是研究生命遗传与变异现象的本质与规律的科学。而医学遗传学是指将遗传学基本理论与医学实践相结合的一门新学科,它是基础医学和临床医学的桥梁,主要研究人类疾病与遗传的关系,包括人类遗传病的发生机理、传递规律、诊断、治疗及预防措施,研究目的是为了降低遗传病在人群中的发病率,提高人类的健康水平。

二、医学遗传学的研究范围

目前,人类正常性状、疾病与遗传等方面的研究不仅与生物学、生物化学、微生物学、免疫学、病理学、药理学、组织胚胎学等基础医学密切相关,而且还已经渗透到临床学科的各个领域,并且在分子、细胞、个体和群体等各个层次所进行的医学遗传学研究均已取得了丰硕成果。医学遗传学在其发展过程中研究的范围和建立的分支主要有以下方面。

1. 细胞遗传学 从细胞水平研究人类染色体的结构、异常(或畸变)的类型、发生频率及与疾病的关系。

2. 生化遗传学 用生物化学方法研究人类遗传病患者的蛋白质或酶的变化以及核酸的相应改变,使人们了解到分子病或遗传性代谢性酶病对人类健康的影响。

3. 分子遗传学 用分子生物学技术从基因的结构、突变、表达、调控等方面研究遗传病的分子改变,为遗传病的基因诊断、基因治疗等提供了新的策略和手段。

4. 群体遗传学 研究人群中的遗传结构及其变化的规律,人群中的遗传病的发病率、遗传方式、基因频率、携带者频率以及影响其变化的因素(突变、选择、迁移、隔离、婚配方式等),以控制遗传病在人群中的流行。

5. 体细胞遗传学 主要用细胞的体外培养方法建立细胞系,这对研究基因突变、表达、细胞分化和肿瘤的发生等过程有独特的作用。

6. **发育遗传学** 研究基因如何调控发育,分析基因和人类性状发育之间的关系。发育遗传学的研究有助于了解畸形、肿瘤等发生的机制以及对于此类遗传病的防治。

7. **优生学** 以医学遗传学为基础,研究并提出有效的社会措施、提高全民意识,降低人群中有害基因的频率、逐步消灭有害基因,保持和增加有利基因频率并创造条件促进优秀素质的充分发展,从而改善人类遗传素质。

除上述分支外,医学遗传学还有行为遗传学、药物遗传学、遗传毒理学、免疫遗传学和辐射遗传学等分科。

三、医学遗传学在现代医学中的作用

所有的疾病发生几乎都是遗传因素与环境因素相互作用的结果,遗传因素作为内因,起着重要的决定性作用,而环境因素一般要通过遗传因素才能发挥作用。随着人类生活水平、医疗水平的提高,早先严重危害人类生存和健康的传染性疾病已基本得到控制。但遗传病以及跟遗传因素密切相关的各种疾病所占的比例日益突出,对人类健康的威胁日益严重。因此,遗传病的研究已成为医学上的一个重大课题,医学遗传学也成为一门众人瞩目、非常重要的医学研究领域。

医学遗传学的新成就正推动着医学科学的迅速发展。医学遗传学是医学科学领域中十分活跃的前沿学科,尤其是分子生物学方法的引入,人们对遗传病的认识达到了新的高度,对单基因病和多基因病的诊断、发病机理的研究以及治疗和预防都已达到分子水平,在染色体病的诊断方面,由于显微切割、探针池建立和荧光原位杂交方法的应用,也已深入到相关基因片段的水平。癌基因和抑癌基因作用机理的阐明,不仅对癌的发生发展认识上有新的突破,对癌的基因治疗也提出了新的策略。人类基因组计划的完成使得疾病基因的发现以及遗传病的基因治疗变得更有效。另外,医学遗传学已经进入一个崭新的"后基因组时代"。这些成就都标志着人们可以利用遗传学的武器改造、挽救或复制生命,遗传病的预防、诊断与治疗也将成为可能。

医学遗传学与我们的生命健康息息相关,它对于我们深刻认识和保护人类自己、繁衍健康的后代有着极其重要的作用,也将在最大程度上延长我们的寿命,关爱我们的健康。21世纪是信息科学与生命科学高速发展并取得辉煌成果的时代,而在生命科学领域中,遗传学将是一支领路的先锋队,特别是与人类自身的身体素质和生命健康密切相关的医学遗传学已成为21世纪关注的焦点。

第2节 遗传病概述

一、遗传病的概念和特征

(一) 遗传病的概念

按经典的概念,遗传病是指生殖细胞或受精卵内遗传物质发生突变或畸变形成的疾病。这里的遗传物质主要是指染色体或基因。

随着医学遗传学的研究发展,遗传病的概念也有所扩大。现代遗传学认为细胞内遗传物质发生突变或畸变而导致的疾病均称为遗传病。这里的细胞不仅指生殖细胞或受精卵,也包括体细胞。我们把体细胞内遗传物质突变或畸变而导致的疾病称为体细胞遗传病,它只影响该个体,但并不向后代传递。例如,肿瘤细胞属于体细胞。由于未涉及生殖细胞或受精卵内遗传物质的改变,所以肿瘤一般不会传递给后代。

(二) 遗传病的特征

1. **遗传性** 经典的遗传病定义中所指的遗传病才具备此特征。遗传性又称为"垂直传递",遗传病一般在世代中呈"垂直传递"。对于"垂直传递"有以下含义:①由上代往下代传递,每一代均有患者。一般显性遗传病中常见,但这一特征并非在所有的病例中都能见到,有的隐性遗传病呈隔代遗传或散发现象;有些遗传病特别是染色体异常者,由于不育或活不到生育年龄,因此家系中仅出现个别患者,所以观察不到垂直传递的特征。②"垂直传递"传递的不是疾病的本身而是使疾病发生的遗传物质,如携带者并没有病,但带有致病基因,可以将致病基因传递给后代,使后代患病。③生殖细胞或受精卵中遗传物质的突变是具有遗传性,而体细胞中遗传物质的突变是不能遗传的。

2. **先天性** 遗传病往往表现出先天性特征。先天性疾病是指个体出生后即表现出来的疾病。产生先天性疾病的原因有两个方面:一方面遗传物质的改变,在出生前即已表达,如白化病、血友病、先天愚型等;另一方面胎儿在发育过程中,母亲子宫内环境的改变影响了胎儿的正常发育,如孕妇在妊娠的前三个月感染了风疹病毒,婴儿可能患先天性耳聋和先天性心脏病,但这类先天性疾病不具有遗传性。总之,先天性疾病不一定都是遗传病。但也不是所有的遗传病都具有先天性的。如小脑型遗传性共济失调的患者出生后表现正常,直至 25 岁以后,甚至 55 岁以后才出现步态蹒跚、语言、听觉、吞咽障碍、智力低下等临床症状。

3. **家族性** 遗传病往往表现出家族性特征。家族性疾病是指表现出家族聚集现象的疾病,即一个家族中有两个以上的成员罹患同一种病。许多家族性疾病属于遗传病,如短指、并指、血友病等。但又不是所有家族性疾病都是遗传病,例如在某些缺碘地区,甲状腺功能低下所致的痴呆病就有发病的家族聚集现象,但它们不是遗传病。另一方面,也不是所有的遗传病都具有家族性的,如白化病、苯丙酮尿症等隐性遗传病,家族中往往只有一个患者而不具有家族性特征。因此,家族性疾病也不一定都是遗传病。

二、遗传病的类型

人类遗传病的种类繁多,而且每年都有新的病种出现。按照遗传物质的突变方式和传递规律,现代医学遗传学将人类的遗传病主要划分为 5 类。

(一) 单基因遗传病

某种遗传病的发生只涉及一对等位基因,那这类遗传病就属于单基因遗传病,其传递方式遵循孟德尔遗传规律,所以又称孟德尔式疾病,通常呈现特征性的家系遗传格局。人群中有 3%~5% 的人受累于单基因病,但发生的病种越来越多。根据基因所在染色体和基因的性质不同,单基因遗传病又可分为 5 类。

1. **常染色体显性遗传病** 致病基因位于 1~22 号常染色体上,患者多为杂合体。如短指、并指等。

2. **常染色体隐性遗传病** 致病基因位于 1~22 号常染色体上,杂合体不发病,但为致病基因携带者;隐性纯合体才发病。如白化病、苯丙酮尿症等。

3. **X-连锁显性遗传病** 致病基因位于 X 染色体上,杂合体或半合子均可发病。如抗维生素 D 性佝偻病、遗传性肾炎等。

4. **X-连锁隐性遗传病** 致病基因位于 X 染色体上,杂合体不发病,隐性纯合体或半合子发病。如红绿色盲、甲型血友病等。

5. Y连锁遗传病 一种疾病的致病基因位于Y染色体上,它将随Y染色体而传递,从男性传给男性,有致病基因即发病,呈全男性遗传。如外耳道多毛症等。

(二) 多基因遗传病

多基因遗传病是由两对或两对以上等位基因和环境因素共同作用所导致的疾病。多基因遗传病的遗传基础涉及许多对基因,这些基因称为微效基因,对表现型的作用有累加效应。研究表明,多基因病也可能有主基因的参与。多基因病有家族聚集现象,但没有单基因病那样明确的家系传递格局。目前已确认的多基因病有100多种,此病的发生率较高,一般高于0.1%,临床上常见。人群中15%~20%的人受累于多基因病。

多种危害人类健康的常见病属于多基因病,如高血压、糖尿病、老年痴呆、精神分裂症、类风湿关节炎、智能发育障碍等。

(三) 染色体病

染色体病是由于染色体结构或数目畸变引起的疾病。由于每条染色体或染色体的片段含有很多基因,所以染色体病对个体的危害往往大于单基因遗传病和多基因遗传病,常表现为异常综合征。例如,先天愚型、先天性睾丸发育不全、先天性性腺发育不全、猫叫综合征等。除携带者和少数性染色体异常者外,智力低下和生长发育迟缓几乎是染色体病患者的共同特征。染色体病通常呈散发性,但也有在家系中传递的。目前染色体畸变的种类约10 000多种,但已确定的染色体病种类约100多种,分为常染色体病和性染色体病。人群中0.5%~1%的人受累于染色体病。

(四) 线粒体遗传病

线粒体是人体细胞质内唯一含有DNA的细胞器,它具有自己的蛋白质翻译系统和遗传密码。线粒体遗传病是由于线粒体DNA发生突变所致。线粒体DNA突变率比核DNA的突变率高10~20倍,最常受累的器官是脑和骨骼肌。因为受精卵中的线粒体完全来自卵子,所以线粒体遗传又称为母系遗传。也就是说,母亲通过卵细胞的细胞质把线粒体DNA分别传给儿子和女儿,但只有女儿才能把线粒体DNA再传给后代。遗传性视神经病属于线粒体遗传病。目前确定的线粒体病共有60多种,如线粒体脑肌病、神经源性肌无力、遗传性球后视神经炎、致死性婴儿线粒体肌病等。

(五) 体细胞遗传病

体细胞遗传病是由于体细胞遗传物质异常引起的疾病。其不具有"垂直传递"的特征。体细胞遗传病约有几十种,包括恶性肿瘤、白血病、自身免疫缺陷病以及衰老等,恶性肿瘤是体细胞遗传病的典型代表。在经典的遗传病中,并不包括这类疾病。

三、遗传病的危害

(一) 遗传病病种增长速度快,遗传病发病率高

据美国John Hopkins大学医学院McKusick教授统计,1958年统计遗传病412种,1990年上升为4937种,1994年6678种,1999年10 126种。从以上数字可以发现,进入20世纪90年代后,其发展速度更为惊人,每年新增病种数平均高达435种。

我国每年新出生人口中,出生缺陷者约有30万,其中70%~80%涉及遗传因素。据统计,在儿童医院住院儿童中,与遗传有关的疾病占1/4~1/3,包括白血病、脑瘤和神经母细胞瘤在内的与遗传密切相关肿瘤,已占恶性肿瘤死亡总数的70%。成人住院患者中至少10%以上患有显著遗传成分的疾病。

（二）遗传病是导致智力低下的主要原因之一

智力低下不但是严重危害儿童身心健康的一类世界性疾患，更是一个严重的社会问题。据不完全估计，全世界约有1.5亿智力低下患者，我国现有残疾人口6000多万，有相当一部分患遗传病，其中智力残疾就约占1000多万。在发达国家，由遗传疾病所致的智力低下占重度智力低下总数的一半以上。虽然智力低下有各种特异环境因素，但在严重智力缺陷患者中，有遗传病因的总数还是很大的。

我国0~14岁儿童中智力低下总发生率约1.5%。其中轻度约占70%，中度约占20%，重度约占7%，极重度占2%~3%。单基因突变或常染色体异常是造成重度与极重度智力低下的主要原因；多基因遗传或性染色体异常是造成轻度与中度智力低下的主要原因。在重度智力低下者中约18%患有单基因病，约45%有遗传成分。

（三）遗传病是不孕不育、流产的主要原因之一

据统计，原发性不育约占已婚夫妇的1/10。自然流产占全部妊娠的7%，其中50%是由染色体畸变所引起的。在反复自发性流产、死产和原因不明的新生儿死亡中，双亲之一为平衡易位的风险高达20%。

（四）致病基因携带者对人类健康构成潜在性威胁

在人群中未患遗传病的正常人，也不一定就与遗传病无关。据估计，在表型正常人群中，平均每人都携带5~6个隐性致病基因。致病基因携带者可以将这些有害的致病基因传给后代，一旦纯合便可发病，对子孙后代形成了潜在性威胁。

四、遗传病的研究方法和技术

在遗传病研究中，确定某种疾病是不是遗传病或者是否与遗传有关，常用的方法有以下几种。

（一）系谱分析法

系谱分析法是指根据先证者的线索，调查家庭成员发病情况，绘制成系谱图进行分析。按照单基因遗传病系谱特点进行分析，可确定某疾病是否为单基因遗传病及其遗传方式，以便开展遗传咨询及产前诊断。

（二）群体筛查法

群体筛查法是研究群体遗传学的一种基本方法。通过选定某一人群采用一种或几种简便并有效的方法，对某种遗传病或性状进行普查。在群体筛查时，要排除环境因素对疾病的影响的可能性。

（三）双生子法

双生子即双胞胎，有单卵双生和双卵双生两种情况。单卵双生是受精卵在第一次分裂后，每个子细胞各发育成一个胚胎，它们的遗传物质基本相同，表现型特征相似，性别相同。双卵双生是指由两个受精卵同时发育形成两个个体，两者的遗传物质不完全相同，故其遗传特性仅与同胞一样，性别可以相同，也可不同。

双生子法是医学遗传学的重要研究方法。双生子法就是通过比较单卵双生和双卵双生子在某一疾病或性状的发生一致性，可以估计该疾病或性状发生中遗传因素所起作用的大小。一般用发病一致率来表示：

发病一致率(%) = 同病双生子对数/总双生子(单卵或双卵)对数×100%

（四）染色体分析

染色体病是由染色体数目异常或结构异常引起的。通过高分辨显带等技术对染色体进行数目和结构的分析，可以鉴别染色体病。

(五) 基因诊断

基因诊断是一种新的临床诊断方法，是越过蛋白质、酶等产物，利用重组DNA技术作为工具，直接从基因水平检测人类遗传性疾病的基因缺陷，使这类疾病的患者能够得到可靠的预测，并做到早发现、早诊断、早治疗。基因诊断既能对临症患者进行，也可对携带者进行，还可对有发病风险的胎儿做产前诊断。

除上述方法外，还有疾病组分分析、动物模型、伴随性状研究和离体细胞研究等方法。

现代医学遗传学当前研究的热门话题

1. **人类基因组计划**（human genome project，HGP） 是20世纪90年代初开始的在全球范围内全面研究人类基因组的重大科学项目，旨在阐明人类基因组30亿个碱基对的序列，发现所有人类基因并阐明其在染色体上的位置，破译人类全部遗传信息，使得人类第一次在分子水平上全面地认识自我。为破译这本蕴藏着生命奥秘、决定人的生老病死的"天书"。此项目由美国科学家1985年率先提出，1990年10月计划启动，1999年9月中国获准加入人类基因组计划。2003年4月15日，参与国际人类基因组计划的六国分别以不同方式宣布人类基因组序列图完成，这意味着人类对自身的了解迈入了一个新阶段。

2. **基因治疗** 是治疗遗传病的理想方法，是生命科学研究领域的热点和难点。基因治疗是针对遗传病患者缺陷的基因而实施的治疗，运用DNA重组和基因转移技术，将某个外源正常基因导入病人的受体细胞中使之表达，以纠正或补偿基因缺陷和异常引起的疾病，达到根治遗传病的目的。我国复旦大学遗传所于1991年进行了世界上首次血友病A基因治疗，取得了安全有效的结果，达到了世界领先水平。由于各种因素的限制，到目前为止，国际上已开展基因治疗研究的遗传病只有血友病、囊性纤维化、腺苷脱氨酶（ADA）缺乏症、家族性高胆固醇血症等20余种。未来，基因治疗技术将成为医治人类疾病的重要手段之一，会为遗传病和肿瘤患者带来福音。

3. **基因靶向技术** 是利用细胞脱氧核糖核酸（DNA）可与外源性DNA同源序列发生同源重组的性质定向改造生物某一基因的技术。有了"基因靶向"这一强大的武器，人们就可以瞄准某一特定基因，使其失去活性，进而研究该特定基因的功能。该技术有助于研究心血管疾病、神经病变、糖尿病、恶性肿瘤等疑难杂症的治疗方法。2007年诺贝尔奖就授予了基因靶向奠基人马里奥·卡佩基（美国）、奥利弗·史密斯（美国）和马丁·埃文斯（英国）。

链接

第3节　优生学概述

一、优生学的概念

优生学（birth health science）是应用遗传学的原理和方法改善人类遗传素质的科学。目的是通过优生咨询、产前诊断、选择性流产、辅助生殖技术等方法，减少或控制某些遗传病或先天性缺陷儿的出生，提高人类的出生素质。优生概念的提出对个人、家庭、民族乃至整个人类都有着现实和深远的意义。

优生学是一门综合性学科，既以医学遗传学、临床医学及环境科学为基础，又与人口学、伦理学、社会学、法学等社会科学相互渗透，还需要通过社会措施，在人民群众中广泛开展才能最后得以实现。

优生思想的诞生及发展

在我国，早在春秋的《左传》一书中就有"男女同姓，其生不蕃"的文献记载，堪称人类史上有关近亲婚配会影响后代健康的最早论述。在国外，古希腊哲学家柏拉图主张对婚姻应加以控制和调节（注意择偶和生育年龄），以多生育健壮优秀的儿女，而被认为是倡导优生的先驱。公元345~395年，古罗马曾严令禁止表亲结婚，违者判刑，甚至施以死刑。古代历史上斯巴达克人的法律中，也规定过早、过晚和非法婚姻将严加处罚。这些古代的优生思想和实践说明了优生是随着人类出现而产生，随着人类文明的进步而发展的。

优生学一词是英国人类遗传学家F. Galton（音译为高尔顿）在1883年提出来的，意思是"遗传健康"。在20世纪30年代，高尔顿以及一些北美、西欧的生物学家曾掀起一场优生运动，尤其是在德国，他们要建立一门新的卫生学，称为"种族卫生学"。由于过分地只注意人类的"种质"，忽略个人和环境的因素，而使优生学的研究走入歧途。很长一段时间，人们对优生学谈虎色变，甚至把优生学和种族主义、法西斯主义混为一谈。直至1945年以后，原子弹造成的遗传损伤逐渐唤醒人们的认识，继而对优生学的研究也引起了更多的注意。

我国也曾经对优生学有所误解，直到1979年在第一次全国人类和医学学术报告会上，才开始重新提出优生学。近年来，有人提出优生学是由遗传学、医学、心理学、人口学以及社会科学等相互渗透而发展起来的综合性的应用学科，所以也称其为民族健康学。随着社会的进步，人类自身也应该不断改进。优生直接关系到人口素质的提高乃至民族的前途。我国从20世纪90年代开始陆续颁布了《母婴保健法》《婚姻法》《人口与计划生育法》等与优生相关的法律法规。做好优生工作，不仅需要贯彻落实优生相关的政策与法规，而且还需要动员社会力量，大力开展优生宣传教育，使广大人民群众主动参与与实施优生，紧紧围绕优生的三大要素：遗传、环境、教育，开发培育人才，不断提高人口素质。

二、优生学的研究范围

现代优生学的研究范围可分为基础优生学、临床优生学、社会优生学以及环境优生学。

1. 基础优生学　以基础医学的理论和方法，研究导致出生缺陷的遗传因素、发病机制、诊断方法、检测手段及预防措施等，以达到降低遗传病的发病率，提高人口素质的目的。

2. 临床优生学　主要从临床医学角度进行优生医疗措施的研究，包括优生咨询、婚前检查、产前诊断、围生期保健、新生儿保健、遗传病和先天性疾病的诊断和防治等。

3. 社会优生学　从社会科学和社会运动方面开展对优生的研究，通过推进优生方法、开展优生优育宣传教育、贯彻优生政策、开展优生运动等，使优生工作群众化、社会化，以达到提高全民族健康素质的目的。目前的研究工作包括优生措施的法律、道德建设以及优生工程建设等。

4. 环境优生学　主要研究环境与优生的关系，通过环境污染的治理，防止有害因素对人类健康的影响。消除环境因素中的有害物质对母体、胎儿及人类生殖健康的影响，是环境优生学的重要任务。

根据优生学研究的目标，优生学又可分为正优生学和负优生学两类。

正优生学又称演进性优生学（或称积极性优生学），其任务是研究如何促进体力和智力优秀的个体繁殖，从而使人类优良性状和基因得以巩固、延续和发展，使下一代的素质超过上一代。目前所采取的人工授精、试管婴儿、"克隆"技术、胚胎移植等优生工程技术都属正优生学的范畴。

负优生学又称预防性优生学(或称消极性优生学)，其任务是通过减少和防止遗传病、先天缺陷个体的出生，降低人类群体中不利表型的基因频率，其实质是对遗传病和先天性疾病进行预防。目前，负优生学提出的主要措施有：①在人群中普及有关遗传病的知识；②对遗传病开展携带者检出；③避免近亲结婚；④提倡适龄生育；⑤开展遗传咨询；⑥进行产前诊断；⑦选择性人工流产等。

三、我国现行的优生政策与措施

优生措施在各个国家有所不同。在我国，现阶段推行的优生措施主要以预防性优生为主，即通过采取有效措施，预防和减少遗传病和出生缺陷的发生，提高人口素质。其主要措施如下(图 1-1)。

图 1-1　优生优育宣传栏

1. **推行优生优育法规，强化优生教育**　我国当前迫切需要推行的优生措施，急需得到广大人民群众的理解和支持，但目前尚有差距。这既需要进一步推行优生优育法规建设，还要加强优生知识的宣传教育，使民众理解遗传咨询、产前诊断和选择性流产是防治遗传病的有效措施，以保障优生工作具有群众基础。

2. **实行婚前优生保健检查**　此项检查是预防遗传病患儿出生的首道关卡。通过婚前检查，可发现不利于优生的因素，并在婚前处理和解决。例如，对患有严重遗传病的患者应该绝育；对隐性遗传病携带者应进行婚姻、生育指导；对有生殖器官畸形的患者应建议及时治疗、矫正；在婚前指导时，进行适龄生育教育等。

3. **进一步开展遗传咨询、优生咨询和产前诊断**　遗传咨询是指咨询医师与咨询者共同商讨，提出的各种遗传学问题，并在医生指导下合理解决这些问题的过程。遗传咨询的目的是及时确定遗传性疾病患者和携带者，并对其生育复发风险进行预测，商讨预防措施以减少遗传病患儿的出生。通过优生咨询，也可发现和确诊遗传病患者，并对患者及家庭成员进行指导，这是预防遗传病在该家系再发的重要手段。通过产前诊断，可进一步确诊，对患病胎儿进行选择性流产，以防止遗传病、先天畸形的出生。

4. **加强环境保护，控制环境污染，加强孕期营养**　环境污染直接危害健康，影响优生。废气、废水、废渣的排放，农药的使用不当，食品添加剂、调味剂的滥用，化妆品、除垢剂中的有害物质等，均可以导致急慢性中毒，引起致癌致畸效应。因此，加强环境污染的整治，减少有害环境因素对遗传物质的损伤，加强孕期的营养，都将对降低遗传病、先天畸形的发病率有重要意义。

优生学的发展需要遗传学、医学、人口学、环境科学、社会科学等相关学科的支持。实行计划生育,控制人口数量,提高人口素质,是我国的基本国策。应用医学遗传与优生学的知识和技能提高后代健康素质也是遗传与优生的主要内容之一。因此作为一名医药卫生专业的学生,必须掌握医学遗传与优生学的基本理论、基本知识和基本技能,才能为今后更好地工作打下良好的基础。

四、医学遗传学与优生学的关系

(一) 医学遗传学的发展为优生学奠定了科学基础

据不完全统计,人类有20%~25%受遗传病所累。我国1989统计,新生儿中出生缺陷或先天畸形约有1.3%,其中70%~80%是遗传因素造成的;一岁以内死亡的婴儿中先天畸形占首位;自然流产中有半数是由于染色体异常引起;儿童智力低下的80%是遗传因素引起。还有一些严重危害人类健康的常见病被发现与遗传因素有关,如恶性肿瘤、动脉粥样硬化、冠心病、高血压、糖尿病以及精神分裂症等。这些遗传性疾病的防治都需要用遗传学与优生学的理论和方法解决。随着染色体核型分析技术、基因诊断技术的应用,很多的基因病与染色体病都能在出生前诊断,为人类的优生提供了技术支撑。

(二) 优生学的发展是医学遗传学发展的原动力

随着人们对优生科学认识的提高,人们对优生的要求越来越迫切,每对夫妻都希望自己能生一个胜于自己的优秀后代。因此,人们对遗传病的产前诊断以及达到优生目标的人工受精、试管婴儿等技术的要求也越来越强烈,这也就使医学遗传学的研究也必然要向高层次发展。一些医学遗传学尖端技术的开发,如疾病基因组研究、功能基因组研究、基因定位、克隆与检测等,也可以说都是与优生学发展的要求分不开的。

医学遗传学为优生学的发展开辟了道路,而优生学对医学遗传学的发展又起到了重要的推动作用。

实行计划生育,控制人口数量,提高人口素质,是我国的基本国策。因此作为一名医药卫生专业的学生,必须掌握好医学遗传与优生的基本理论、基本知识和基本技能,为推动人类的优生、提高人口健康素质做出积极的贡献。

小 结

通过以上学习,我们明白了遗传学、医学遗传学及优生学的概念、相互关系及发展历史;认识到了学习遗传与优生学的意义。遗传学是研究生物遗传与变异现象的本质和规律的科学。医学遗传学则着重研究人类病理性状的遗传现象及其物质基础,通过研究遗传病的发病原因、传递方式、诊断、治疗、预后和预防等,从而达到控制遗传病在一个家庭中的再发,降低它在人群中的危害,进而提高人类的健康水平。优生学是运用遗传学的原理和方法,研究如何改善人类遗传素质,防止出生缺陷,提高人口质量的科学。应用医学遗传与优生学的知识和技能提高后代健康素质,也是遗传与优生的主要内容之一。实行计划生育,控制人口数量,提高人口素质,是我国的基本国策。

目标检测

一、填空题

1. 医学遗传学是_____与_____相结合形成的一门边缘学科。
2. 按经典的概念,遗传病是指_____或_____内遗传物质发生突变或畸变,并按一定的方式传递给后代发育形成的疾病。
3. 现代遗传学认为,细胞内_____发生突变或畸变而导致的疾病都称为遗传。
4. 遗传病具有三大特征_____、_____、_____。
5. 先天性疾病是指_____。
6. 家族性疾病是指_____。
7. 优生学一词由_____首先提出来的,它可分为_____优生学和_____优生学。

二、名词解释

1. 遗传 2. 医学遗传学 3. 家族性疾病
4. 优生学

三、简答题

1. 遗传病可分为哪五类?
2. 列举几种遗传病的研究方法。
3. 什么是优生学?列举我国现行的优生政策法规和措施。

(彭凤兰)

第2章　遗传的分子学基础

导言　"他和他的父亲简直就是一个模子磨出来的"这一通俗直观的遗传现象,其遗传的物质基础可从分子学水平找到答案。除少部分病毒的遗传物质是 RNA 外,其余生物的遗传物质都是 DNA。DNA 是遗传信息的载体,遗传信息编码在 DNA 的核苷酸序列中。人类 DNA 通过生殖细胞从亲代传向子代,DNA 在细胞内以基因的形式控制生物的性状及新陈代谢过程,从而使遗传信息得以表达。

第1节　DNA 与 RNA

科学已证实,任何生物体包括病毒、细菌、动植物等都含有核酸。核酸是生物遗传与变异的物质基础,它包括脱氧核糖核酸(deoxyribonucleic acid,DNA)和核糖核酸(ribonucleic acid,RNA)两大类。绝大多数生物以 DNA 作为遗传物质,所以说 DNA 是主要的遗传物质。极少数生物(如 RNA 病毒)没有 DNA 只有 RNA,这些生物的遗传物质是 RNA。核酸不仅是基本的遗传物质,而且在蛋白质的生物合成上也具有重要作用,因而在生物的生长、遗传、变异等一系列重大生命现象中起决定性的作用。

> **DNA**
>
> 1868 年,瑞士化学家米歇尔(F. Miescher)从病人伤口脓细胞中提取出"核质","核质"是被公认的核酸的最早发现。1953 年,美国生物学家沃森(J. D. Watson)和英国物理学家克里克(F. Crick)创立 DNA 双螺旋结构模型,阐明了 DNA 分子的结构,为遗传学进入分子水平奠定了基础,成为医学发展史上最为辉煌的里程碑之一。现已发现近 2000 多种遗传性疾病和 DNA 结构有关,如人类镰刀形红血细胞贫血症是由于患者的编码血红蛋白分子中一个氨基酸的遗传密码发生了改变,白化病患者则是 DNA 分子上缺乏酪氨酸酶的基因所致。很多肿瘤的发生、病毒的感染、射线对机体的作用等都与 DNA 有关。

一、DNA

(一) DNA 的化学组成

DNA 即脱氧核糖核酸,其基本组成单位是脱氧核苷酸。一个脱氧核苷酸分子由脱氧核糖、磷酸和含氮碱基三部分组成。碱基分为嘌呤碱和嘧啶碱两类。前者包括腺嘌呤(adenine,A)和鸟嘌呤(guanine,G),后者包括胞嘧啶(cytosine,C)和胸腺嘧啶(thymine,T)。由于组成 DNA 的碱基有四种,故组成 DNA 的脱氧核苷酸也有四种(图 2-1),即腺嘌呤脱氧核苷酸(dAMP)、鸟嘌呤脱氧核苷酸(dGMP)、胞嘧啶脱氧核苷酸(dCMP)和胸腺嘧啶脱氧核苷酸(dTMP)。

(二) DNA 的分子结构

DNA 分子是由几千乃至几千万个脱氧核苷酸聚合而成,每相邻的脱氧核苷酸之间通过

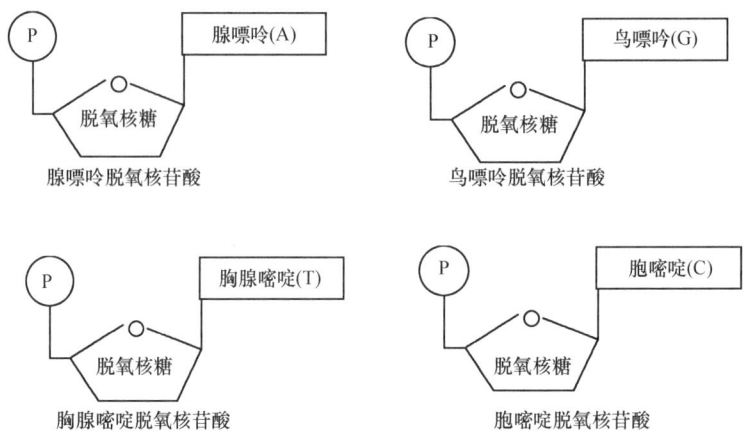

图 2-1 脱氧核苷酸的化学组成

3′,5′磷酸二酯键连接,即一个脱氧核苷酸上的磷酸,既与自身脱氧核糖上的第 5′碳原子以酯键相连,又与另一个脱氧核糖第 3′碳原子以酯键相连,形成一个磷酸二酯键,把两个脱氧核苷酸连在一起。这样,通过 3′,5′-磷酸二酯键把许许多多个脱氧核苷酸串连起来,形成一条多脱氧核苷酸链。

1953 年,Watson 和 Crick 提出了 DNA 分子双螺旋结构模型(图 2-2A、B),阐明了 DNA 分子的空间结构。该模型的主要内容是:①DNA 分子由两条相互平行、方向相反的多脱氧核苷酸链围绕假想的中心轴形成右手双螺旋结构,一条从 5′→3′,另一条从 3′→5′。②磷酸和脱氧核糖交替排列于双螺旋结构的外侧,构成 DNA 分子的基本骨架。③碱基位于双螺旋结构的内侧。两条链上的碱基一一对应,彼此由氢键相连,A 与 T 以两个氢键相连(A═T),G 与 C 以三个氢键相连(G≡C)(图 2-2C),这称为碱基互补配对原则。④DNA 分子相邻碱基间的距离为 0.34nm,每螺旋一周包含 10 个碱基对(bp),即螺距为 3.4nm,螺旋直径为 2.0nm。

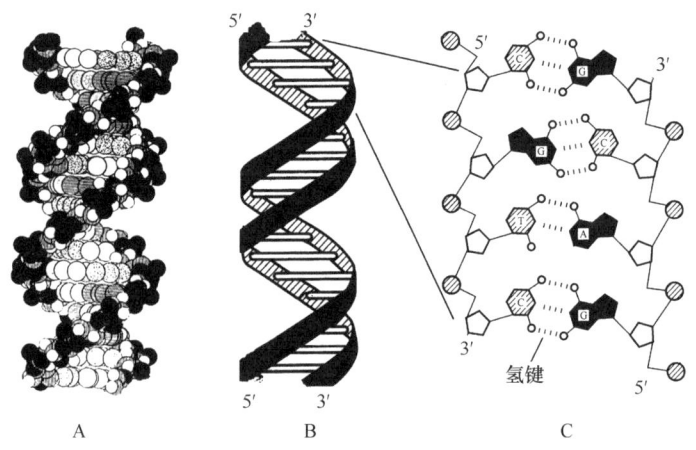

图 2-2 DNA 双螺旋结构及碱基配对示意图
A、B. DNA 双螺旋结构模型;C. DNA 碱基互补配对关系

(三) DNA 的功能

1. 储存遗传信息　DNA 分子中,位于双螺旋结构外侧的磷酸和脱氧核糖交替排列的顺序是不变的,它们不可能决定 DNA 种类的多样性。碱基位于两条链的内侧,虽然组成 DNA

分子的碱基只有 4 种,但是 DNA 分子巨大,它所含的碱基对的数目很多,而且排列顺序是随机的,这样就决定了 DNA 分子的复杂性和多样性。假如某段 DNA 分子链仅有 10 个碱基对,那么就可能有 4^{10} 种,即百万种组合形式。而目前已知基因是 DNA 分子链上的一段,其平均大小约 1000 个碱基对,那么它就可以出现 4^{1000} 种变异,这将提示 DNA 分子可储存极其丰富的遗传信息。这些蕴藏在 DNA 分子碱基排列顺序中的信息就称为遗传信息(genetic information)。

2. 复制遗传信息　遗传信息的复制是指分别以一个亲代 DNA 分子的两条链为模板,在 DNA 聚合酶作用下互补合成两个子代 DNA 分子的过程。DNA 复制时,首先 DNA 的双螺旋结构在 DNA 解旋酶的作用下局部解旋,然后分别以两条链为模板,收集周围游离的脱氧核苷酸,在 DNA 聚合酶催化作用下,按碱基互补配对原则合成新的互补链,新链分别与原来模板单链并列盘旋在一起,形成稳定的双螺旋结构。这样一个 DNA 分子通过复制就

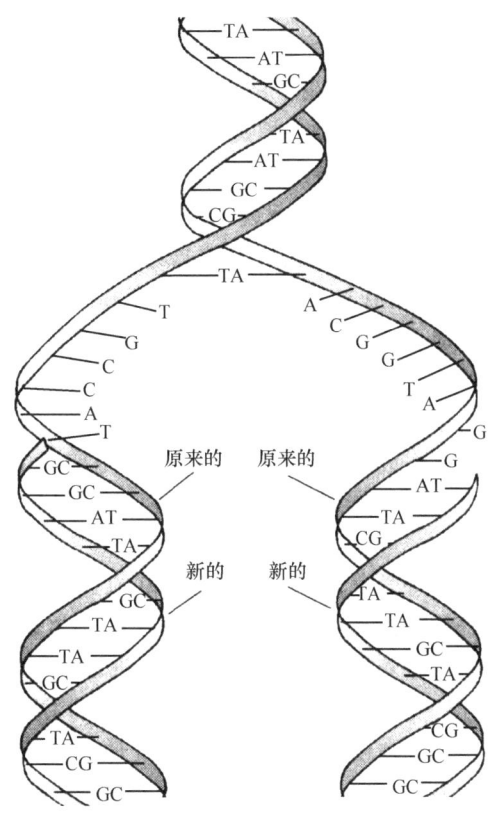

图 2-3　DNA 半保留复制

变成了两个完全相同的 DNA 分子,故称自我复制。又由于每个子代 DNA 的一条链来自亲代 DNA,另一条链则是新合成的,所以也称 DNA 的半保留复制(semi-conservation replication)(图 2-3)。DNA 分子通过复制,将遗传信息从亲代传递给子代,从而保持了遗传信息的连续性;而且半保留复制十分精确,确保了遗传物质的结构在世代相传中的稳定性。

3. 表达遗传信息　遗传信息的表达简单地说包括转录和翻译两个过程。转录就是以 DNA 分子中的一条链为模板,在 RNA 聚合酶作用下互补合成 mRNA 分子的过程(图 2-3)。翻译就是以 mRNA 为模板合成具有氨基酸的数目和排列顺序的特异性的蛋白质的过程。这一知识将在接下来的"基因的表达"中学习。

DNA 亲子鉴定

目前,鉴定亲子关系最常用最准确的方法是 DNA 亲子鉴定。人的血液、毛发、唾液、口腔细胞等都可以用来亲子鉴定,非常简便快捷。一个人有 23 对(46 条)染色体,同一对染色体同一位置上的一对基因称为等位基因,这对基因一个来自父亲,一个来自母亲。如果检测到某个 DNA 位点的等位基因,一个与母亲相同,另一个就应与父亲相同,否则就存在疑问。利用 DNA 进行亲子鉴定,只要作十几至几十个 DNA 位点作检测,如果全部一样,就可以确定亲子关系;如果有三个以上的位点不同,则可排除亲子关系;有一两个位点不同,则应考虑基因突变的可能,需要加做一些位点的检测进行辨别。DNA 亲子鉴定,否定亲子关系的准确率几近 100%,肯定亲子关系的准确率可达到 99.99%。

二、RNA

RNA 是一种多核苷酸的单链结构，一般为线形，但有时单链自身折叠形成假双链。RNA 与 DNA 的主要区别见表 2-1。

表 2-1　RNA 与 DNA 的主要区别

类别	核苷酸组成	核苷酸的种类	结构	分布	功能
RNA	磷酸 核糖 碱基（A、G、C、U）	腺嘌呤核苷酸（AMP） 鸟嘌呤核苷酸（GMP） 胞嘧啶核苷酸（CMP） 尿嘧啶核苷酸（UMP）	单链， 有时形 成假双 链	主要存在于细胞质中	参与基因的表达
DNA	磷酸 脱氧核糖 碱基（A、G、C、T）	腺嘌呤脱氧核苷酸（dAMP） 鸟嘌呤脱氧核苷酸（dGMP） 胞嘧啶脱氧核苷酸（dCMP） 胸腺嘧啶脱氧核苷酸（dTMP）	双螺旋	主要存在于细胞核中	储存遗传信息，自我复制，转录

细胞中的 RNA 根据结构和功能不同分为三种：即信使 RNA（mRNA）、转运 RNA（tRNA）和核糖体 RNA（rRNA）。这三种 RNA 的主要区别见表 2-2。

表 2-2　三种 RNA 的主要区别

区别	mRNA	tRNA	rRNA
含量	5%～10%	5%～10%	80%～90%
结构特征	基本呈线形，部分节段绕成环形，上有编码氨基酸的密码子	呈三叶草型（见图 2-7）	线形，某些节段可能成双螺旋结构
功能	转录 DNA 中的遗传信息，作为蛋白质合成的模板	转运活化的氨基酸到核糖体上的特定部位，进行蛋白合成	核糖体的重要组成成分

第2节　基　因

基因是什么？基因是如何决定性状的？随着分子生物学与遗传学研究不断进展，人们对基因的认识也获得了新的突破与飞跃。

一、基因的概念与种类

（一）基因的概念与特性

随着人们对基因认识的不断深入，基因的概念也在不断地发展。基因的概念是：基因是具有某种特定遗传效应的 DNA 片断，是遗传的基本单位。所有的生命现象，包括生殖、生长、发育、遗传、变异以及疾病等，都与基因所携带的遗传信息有直接或间接的关系。基因具有以下特性：①基因可自我复制；②基因决定性状；③基因可发生突变和重组。

（二）基因的种类

按照基因在细胞内分布的部位，可将其分为细胞核基因和线粒体基因。一般所说的基因是指细胞核基因。按照基因的功能，可将其分为结构基因和调控基因。结构基因是指决定某种多肽链氨基酸种类和排列顺序的基因，它的突变可引起相应蛋白质的结构和功能发生改变。调控基因是指某些可调节控制结构基因活性的基因,它的突变可以影响一个或多个结构基因的功能,导致一个或多个蛋白质(或酶)合成量的改变。

人们对基因的认识历程时间表

年份	基因相关的重要遗传学事件
1865	Mendel 提出"遗传因子"的概念
1909	Johannsen 提出基因(gene)这个名称代替"遗传因子"
1910	Morgan 通过果蝇杂交实验指出基因呈直线排列于染色体上
1944	证明 DNA 是遗传物质
1945	证明基因编码蛋白质
1953	提出 DNA 双螺旋结构模型
1957	提出顺反子(cistron)的概念
1958	证明 DNA 半保留复制
1961	提出操纵子模型学说;发现三联体密码
1977	发现真核基因的不连续性,即断裂基因
1995	首次基因组测序

二、真核细胞基因的结构

基因有储存、传递和表达遗传信息的功能,这些重要的功能是与它的结构密切关系的。这里所讲的真核细胞基因主要是指结构基因,一般由编码区和非编码区两部分构成。编码区包括编码序列外显子(exon)和非编码序列内含子(intron)(图2-4)。由于外显子被内含子分隔开,形成镶嵌排列的断裂方式,故称为断裂基因(split gene)。外显子和内含子均能转录,外显子能通过编码氨基酸表达,而内含子不能编码氨基酸,在原始转录产物(前体 RNA)的加工过程中会被切除,然后外显子连接在一起成为成熟的 mRNA,作为蛋白质合成的模板。每个外显子和内含子接头区都有一段高度保守的一致顺序,即内含子5′末端大多数是 GT 开始,3′末端大多是 AG 结束,称为 GT-AG 法则,是普遍存在于真核基因中 RNA 剪接的识别信号。

每个结构基因在两端外显子的外侧都有不被转录的非编码区,称为侧翼序列。侧翼序列中有一些基因调控序列,主要包括启动子、增强子和终止子。①启动子:位于基因转录起始点上游的一段特定的 DNA 序列,是 RNA 聚合酶与 DNA 识别、结合的部位,如图2-4 中的 CAAT 框、TATA 框,启动子中的特定碱基序列能准确识别转录起始点,激活转录;②增强子:位于转录起始点的上游或下游的一段 DNA 序列,能增强转录、提高转录效率;③终止子:位于基因的下游末端(3′端),具有终止转录的功能。如图2-4 中的 AATAA 框。

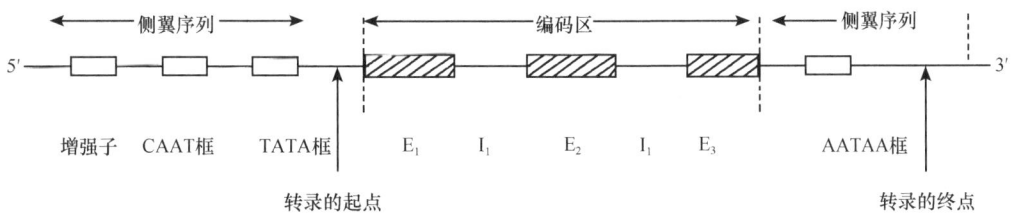

图2-4 真核细胞断裂基因结构示意图
E 为外显子,I 为内含子

三、基因的生物学功能

(一) 基因的复制

基因就是一段具有遗传效应的 DNA, DNA 通过自我复制传递遗传信息。因此,基因也能自我复制遗传信息并准确地传递遗传信息。基因的复制是伴随着 DNA 的复制而发生的,这样 DNA 就能真正完成其作为遗传信息载体的使命,从而保证遗传物质的连续性和稳定性。

(二) 基因的表达

基因的表达是指细胞在生命过程中,结构基因把储存在 DNA 顺序中的遗传信息经过转录和翻译转变成具有生物活性的蛋白质,从而决定生物性状的过程。

1. 遗传信息的转录 以 DNA 分子中的一条链为模板,在 RNA 聚合酶作用下互补合成 RNA 分子的过程称为转录(transcription)。首先,DNA 双链在 DNA 解旋酶的作用下局部解旋,然后以其中的 3′→5′链为模板,按照碱基互补配对规律(RNA 中以尿嘧啶 U 代替 T,和 DNA 中的 A 配对),在 RNA 聚合酶的作用下合成一条 RNA 单链,单链从 DNA 链上释放,DNA 重新恢复成双螺旋结构(图 2-5)。转录产物有三种:在 RNA 聚合酶Ⅰ、Ⅱ、Ⅲ催化下分别合成核糖体 RNA(rRNA)、信使 RNA(mRNA)和转移 RNA(tRNA)。通过转录,DNA 上携带的遗传信息传递给了 mRNA,此时的 mRNA 只是由外显子和内含子共同转录形成的前体 RNA(图 2-7),必须经过转录后的加工剪切掉内含子的转录产物,而将外显子转录产物拼接在一起才能形成成熟的具有一定功能的 mRNA,成熟的 mRNA 进入细胞质中将作为蛋白质合成的模板。

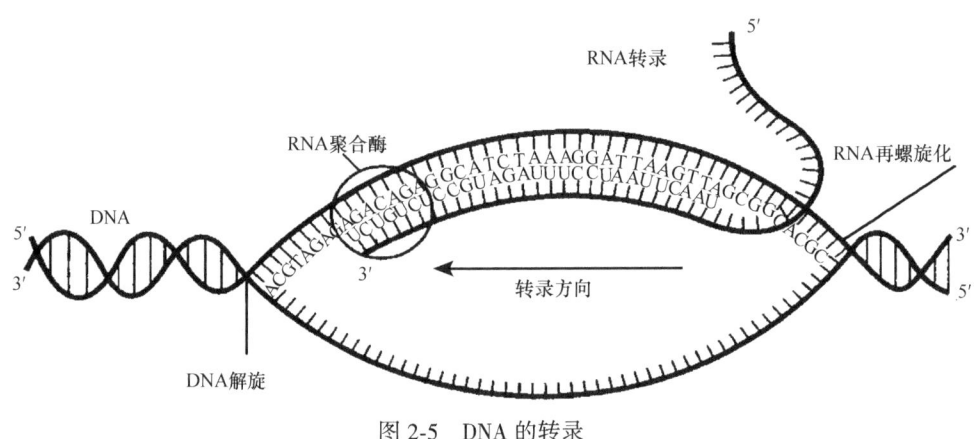

图 2-5 DNA 的转录

2. 遗传信息的翻译 翻译是以 mRNA 作为模板,tRNA 作为运载工具,在有关酶、辅助因子和能量的作用下将活化的氨基酸在核糖体上装配为蛋白质多肽链的过程,是按照 mRNA 上的遗传信息指导蛋白质合成的过程。简单地说,翻译就是将 mRNA 的碱基顺序转变为多肽链中氨基酸排列顺序的过程。

(1) mRNA 与遗传密码:DNA 上的遗传信息转录并储存在 mRNA 中,而 mRNA 中每三个相邻的碱基称为一个密码子,它决定一个氨基酸。mRNA 中的 4 种碱基可以组成 4^3(64)种密码子,总称为遗传密码(genetic code)。遗传密码表中的 64 种密码子(表 2-3),61 种能编码氨基酸,其中 AUG 可兼做启动信号(处于 mRNA 上首位时是启动信号),3 种为终止密码,即 UAA、UAG、UGA,它们不编码氨基酸,仅为终止信号。

表 2-3　遗传密码表

第一碱基 (5'端)	第二碱基				第三碱基 (3'端)
	U	C	A	G	
U	UUU 苯丙氨酸	UCU 丝氨酸	UAU 酪氨酸	UGU 半胱氨酸	U
	UUC 苯丙氨酸	UCC 丝氨酸	UAC 酪氨酸	UGC 半胱氨酸	C
	UUA 亮氨酸	UCA 丝氨酸	UAA 终止	UGA 终止	A
	UUG 亮氨酸	UCG 丝氨酸	UAG 终止	UGG 色氨酸	G
C	CUU 亮氨酸	CCU 脯氨酸	CAU 组氨酸	CGU 精氨酸	U
	CUC 亮氨酸	CCC 脯氨酸	CAC 组氨酸	CGC 精氨酸	C
	CUA 亮氨酸	CCA 脯氨酸	CAA 谷氨酰氨	CGA 精氨酸	A
	CUG 亮氨酸	CCG 脯氨酸	CAG 谷氨酰氨	CGG 精氨酸	G
A	AUU 异亮氨酸	ACU 苏氨酸	AAU 门冬酰氨	AGU 丝氨酸	U
	AUC 异亮氨酸	ACC 苏氨酸	AAC 门冬酰氨	AGC 丝氨酸	C
	AUA 异亮氨酸	ACA 苏氨酸	AAA 赖氨酸	AGA 精氨酸	A
	AUG 甲硫氨酸*	ACG 苏氨酸	AAG 赖氨酸	AGG 精氨酸	G
G	GUU 缬氨酸	GCU 丙氨酸	GAU 门冬酰氨	GGU 甘氨酸	U
	GUC 缬氨酸	GCC 丙氨酸	GAC 门冬酰氨	GGC 甘氨酸	C
	GUA 缬氨酸	GCA 丙氨酸	GAA 谷氨酸	GGA 甘氨酸	A
	GUG 缬氨酸	GCG 丙氨酸	GAG 谷氨酸	GGG 甘氨酸	G

遗传密码具有以下特点。①兼并性：绝大多数的氨基酸都具有一个以上的同义密码子，如亮氨酸有6种密码子，苏氨酸有4种密码子。②通用性：从病毒、细菌到人类都共用一套遗传密码，这充分说明了生物界的共同本质和共同起源。③连续性：在mRNA上密码子是连续排列的，无标点。④方向性：密码子的阅读方向是5'→3'。

（2）tRNA 是转运氨基酸的工具：信使 RNA 在细胞核中合成以后，从核孔进入到细胞质中，与核糖体结合起来。核糖体是细胞内利用氨基酸合成蛋白质的场所。氨基酸被运送到核糖体中的信使 RNA 上去需要有运载工具转运 RNA 即 tRNA。tRNA 呈三叶草形结构（图2-6），其一端是携带氨基酸的部位，它可以和特定的氨基酸相连，使其活化形成氨酰-tRNA。在酶的作用下，tRNA 不断地将氨基酸运送到细胞质中的核糖体上，进行蛋白质合成。另一端的反密码子环上有三个碱基，称为反密码子，它在翻译时识别 mRNA 上的密码子并以碱基互补的方式配对结合。

（3）核糖体是蛋白质合成的场所：在蛋白质的合成中，核糖体起着"装配机"的作用。核糖体上有合成蛋白质所需的各种组分，包括 mRNA、各种氨酰 tRNA 及酶等的结合部位。一个核糖体可容纳两个 tRNA，在蛋白质合成时，多个核糖体附着在一个 mRNA 上，成串

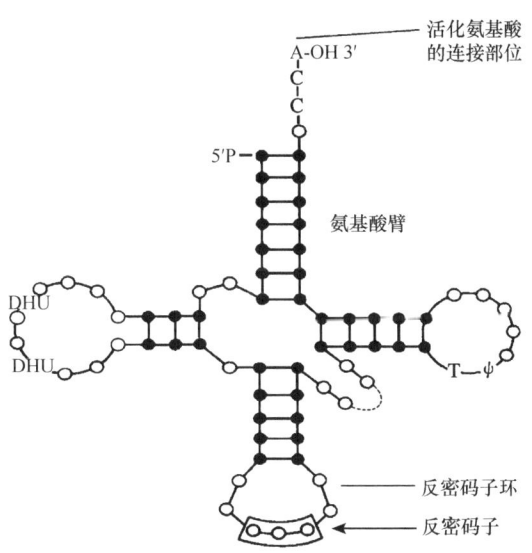

图 2-6　tRNA 的三叶草形结构模式图

排列形成蛋白质合成的功能单位——多聚核糖体。随着核糖体沿 mRNA 的 5′→3′方向阅读密码子,最后合成一条完整的多肽链。结果使基因中的遗传信息从 mRNA 传递到蛋白质,基因中的遗传信息得以表达(图 2-7)。

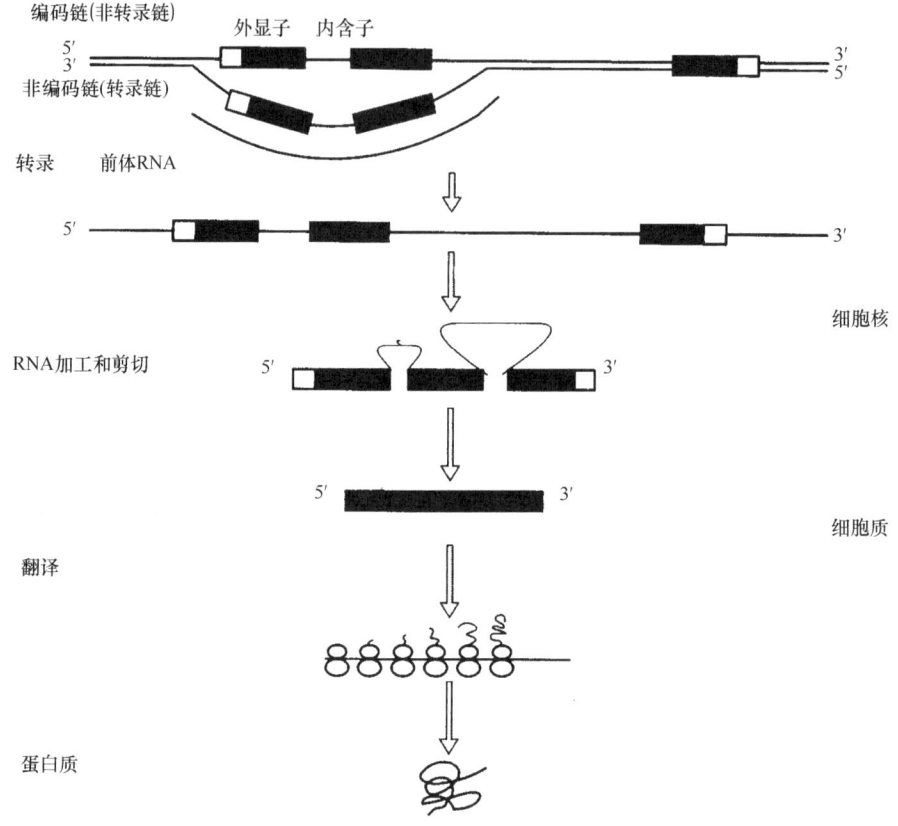

图 2-7 真核生物结构基因表达流程图

(三) 中心法则

根据上面的叙述,DNA、RNA 和蛋白质的关系可概括为 4 点:①DNA 链上的脱氧核苷酸的排列顺序就是遗传信息;②DNA 双链解旋、解链,以每条单链为模板,按照碱基互补配对原则,合成新的互补链,这就是 DNA 复制;③以 DNA 双链中的一条为模板,互补合成 mRNA,这是转录;④以 mRNA 为模板,以 mRNA 上 3 个相连的核苷酸决定一个氨基酸的方式,来合成组成蛋白质的多肽链,这是翻译。这种从 DNA 到 RNA 再到蛋白质的遗传信息的传递即被称为生物学的"中心法则"(central dogma)。以上 4 点也是经典的中心法则所包含的内容。

20 世纪 70 年代以后,研究者在某些致癌 RNA 病毒研究中发现,很多 RNA 病毒如流行性感冒病毒、小儿麻痹病毒,在感染宿主细胞后,它们的 RNA 在宿主细胞也能进行复制,称为 RNA 复制。某些致癌 RNA 病毒,能以病毒 RNA 为模板,在逆转录酶作用下,反向合成 DNA,然后以这段 DNA 为模板,互补合成 RNA 病毒的 RNA,称为逆转录。某些传染病的病毒也存在着反转录,如艾滋病病毒、乙肝病毒等。因此,中心法则的含义也得到了补充与修正(图 2-8)。

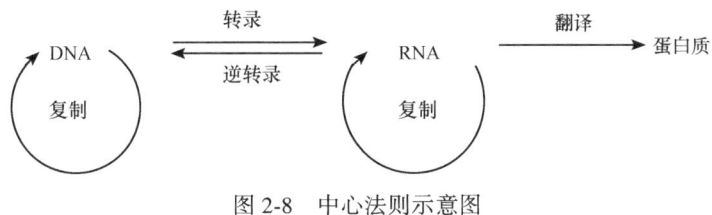

图 2-8 中心法则示意图

第 3 节 基因突变与人类基因组计划

一、基 因 突 变

DNA 存储着生物体的所有遗传信息,因此保持 DNA 分子的完整性至关重要。基因在复制时,严格遵守碱基互补规律,从而使子代基因忠诚的继承了亲代基因的遗传信息,基因在世代间的传递过程中是相当稳定的。基因虽然十分稳定,能在细胞分裂时精确地复制自己,但这种稳定性是相对的。在一定的条件下基因也可以从原来的存在形式突然改变成另一种新的存在形式,就是在一个位点上,突然出现了一个新基因,代替了原有基因,这个基因叫做突变基因。

(一) 基因突变的概念及特性

1. 基因突变的概念　基因突变(gene mutation)是指基因在 DNA 分子结构上发生的碱基对的组成或排列顺序的改变,也称为点突变。突变后产生的新基因称为突变基因。

2. 基因突变的特性

(1) 多向性:基因可以朝着不同的方向发生突变。同一基因可发生多次独立突变,产生 3 个或 3 个以上的等位基因成员。例如,当一个基因 A 发生突变时,可以突变成它的等位基因 a_1,也可以突变成 $a_2、a_3\cdots a_n$。这是复等位基因产生的基础。如决定人类 ABO 血型的复等位基因可能就是由一个基因突变形成的。

(2) 可逆性:自然状态下为发生突变的基因称为野生型基因(假设为 A 基因);突变新形成的基因称为突变基因(假设 a 基因)。基因 A 可突变为 a,反过来基因 a 也可突变为基因 A。

(3) 有害性:对生物体来说,大部分基因突变是有害的。一般基因突变会产生不利的影响,被淘汰或是死亡,但有极少数会使物种增强适应性。人类的单基因遗传病都是基因突变造成的。

(4) 稀有性:基因的突变频率很低。突变率是指在自然状态下某一基因在一定群体中发生突变的频率。人类基因的突变率为 $10^{-4} \sim 10^{-6}$/生殖细胞/代,即每代 1 万~100 万个生殖细胞中,有一个基因发生突变。

(二) 诱发基因突变的因素

实验研究证明,有许多因素可以诱发基因突变,把能诱发基因突变的理化因素及其他因素称为诱变剂(mutagen)。概括起来,可分为物理因素、化学因素和生物因素三个方面。

1. 物理因素　α 射线、β 射线、γ 射线、X 射线等电离射线,还有像紫外线这种不足以引起物质电离的非电离射线均可引起基因发生突变,电离辐射的遗传学效应在许多生物中都有研究,并得出两个重要结论:①电离辐射可诱发基因突变和染色体断裂,它们的频率和辐射剂量成正比;②辐射效应是积累的。另外,紫外线照射也可以诱发突变,但不及电离辐射有效,其穿透性很弱,所以很少用作高等生物的诱变剂,而多用在微生物、生殖细胞、花粉粒以及培养细胞等中。

2. 化学因素　在我们生存的环境中,有大量的化学物质,如药物、食品添加剂、调味品等,还有一些存在于大气和水中的污染物质以及化学工业物质等。这些化学物质中有不少种类如烷化剂和一些碱基类似物可以诱发基因突变。

3. 生物因素　病毒和某些细菌等可以诱发突变。现在已发现有150余种病毒可以引起动物或植物的相关基因发生突变,引发癌变。

(三) 基因突变的类型

根据基因结构的改变方式,基因突变主要分为碱基置换突变、移码突变和整码突变三种类型。

1. 碱基置换突变　是指由一个碱基对替代一个的碱基对的突变。例如,在 DNA 分子中的 G≡C 碱基对由 C≡G 或 A═T 或 T═A 所代替,A═T 碱基对由 T═A 或 G≡C 或 C≡G 所代替。碱基替换过程只改变被替换碱基的那个密码子,也就是说每一次碱基替换只改变一个密码子,不会涉及其他的密码子。

碱基置换突变可发生在基因组 DNA 序列中的任何部位,碱基置换后引起基因突变可能使组成蛋白质的多肽链中的氨基酸组成或顺序发生改变,影响蛋白质或酶的生物功能,使机体的性状出现异常。根据基因突变产生的效应不同分为四种主要类型。

(1) 同义突变(samesense mutation):若基因中某碱基被置换变为另一个密码子后,改变后和改变前的密码子所决定的氨基酸相同,这是因为密码子具有兼并性。这样的突变并不会引起蛋白质功能的改变,这种突变称为同义突变。

(2) 错义突变(missense mutation):若基因中的某碱基被置换后,改变了密码子,从而导致所合成的多肽链中一种氨基酸被另一种氨基酸所取代,产生异常的蛋白质分子。这种突变称为错义突变。

(3) 无义突变(nonsense mutation):若基因中的某碱基被置换后,使 mRNA 中原本能决定某一氨基酸的密码子却变成了终止密码子(UAA、UAG、UGA),这样引起多肽链提前终止合成,从而产生不完全的、没有活性的多肽链,这种突变称为无义突变。

(4) 延长突变(elongation mutation):当基因中某碱基发生置换后,使原有的一个终止密码子变成能为某一氨基酸编码的密码子时,多肽链的合成将继续进行下去。结果,合成的肽链比原肽链长,由此形成的蛋白质将失去或部分失去生物活性。这种突变称为延长突变。如人血红蛋白的 α 链可因终止密码发生突变,而形成比正常 α 链多 31 个氨基酸的异常链。

2. 移码突变　是指基因中插入或者缺失一个或几个碱基对。移码突变会使 DNA 的阅读框架(读码框)发生改变,导致插入或缺失部位之后的所有密码子都跟着发生变化,结果产生一种异常的多肽链。移码突变诱发的原因是一些像吖啶类染料分子能插入 DNA 分子,使 DNA 复制时发生差错,导致移码突变。

3. 整码突变　是指在编码序列中插入或丢失一个或几个密码子,使合成的肽链增加或减少一个或几个氨基酸,但插入或丢失部位的前后氨基酸顺序不变,这种突变称为整码突变。

(四) 基因突变与遗传病

1. 分子病　由于基因突变导致蛋白质分子结构或数量异常,从而引起机体功能障碍的一类疾病称为分子病(molecular disease)。如正常人血红蛋白是一种由珠蛋白和血红素结合而成的结合蛋白。成人的每一个珠蛋白分子由 4 条珠蛋白肽链构成,其中 2 条为 α 链,2 条为 β 链。每条 α 链由 141 个氨基酸组成,每条 β 链由 146 个氨基酸组成。α 链基因位于 16 号染色体短臂(16p13.11~16p13.33)上,β 链基因位于 11 号染色体短臂(11p15.5)上。如果 β 链基因中第 6 位上的密码子 GAG(或 GAA)发生突变成为 GTG(或 GTA),将导致 mRNA 中相应的密码子 GAG(或 GAA)变成 GUG(或 GUA),致使 β 链 N 端第 6 位的谷氨酸被缬氨酸替代

(图2-9)。由这种珠蛋白肽链参与构成的蛋白质称为镰形血红蛋白(HbS),由此引起的疾病称为镰形红细胞贫血(sickle cell anemia),又称 HbS 病。它是人类发现的第一种血红蛋白病,在非洲和北美黑种人群中发病率达 1/500。纯合体症状严重,可产生血管阻塞危象,阻塞部位不同可引起不同部位的异常反应,如腹部疼痛、脑血栓等,另有严重溶血性贫血及脾肿大等症状。杂合体一般不表现临床症状,但在氧分压低的情况下可引起红细胞镰变(图2-10)。

β链N端基酸序号	1	2	3	4	5	6	7
正常的氨基酸	缬	组	亮	苏	脯	谷	谷
正常的反编码链	CAA	GTA	AAT	TCA	GCA	CTC	CTT
正常的mRNA	GUU	CAU	UUA	ACU	CCU	CAG	GAA
HbS的mRNA	…					GUG	
HbS的批编码链	CAA	GTA	AAT	TCA	GCA	CAC	CTT
HbS的氨基酸	缬	组	亮	苏	脯	缬	谷

图2-9 正常血红蛋白和 HbSβ 链中氨基酸和密码子变化比较

2. 遗传性酶病 由于酶的遗传缺陷所引起的疾病称为遗传性酶病(hereditary disease)。人类的遗传性状是通过蛋白质来体现的,而酶是机体内在物质代谢过程中起催化作用的蛋白质,一些基因通过指导特定酶的合成来控制机体新陈代谢,进而影响遗传性状的形成。如果编码酶蛋白的基因发生突变导致合成的酶蛋白结构异常,或者由于基因调控系统突变导致酶蛋白合成量减少,均可导致遗传性酶缺乏,从而引起机体代谢障碍。

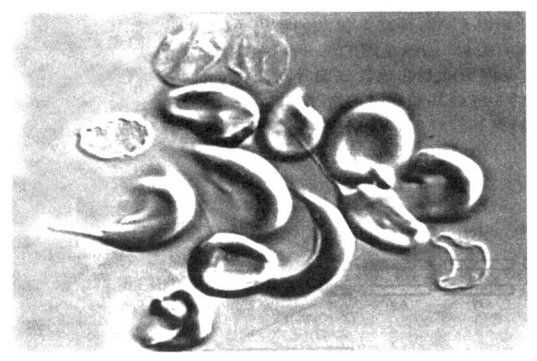

图2-10 HbS 纯合体的镰形红细胞

以苯丙氨酸和酪氨酸代谢异常引起的三种常染色体隐性遗传病为例(图2-11)。

(1) 苯丙酮尿症(phenylketonuria,PKU):是先天性代谢缺陷中较为常见,研究也最深入的一种氨基酸代谢异常引起的疾病,发病率约 1/16 000。典型的 PKU 患者临床表现为:出生时正常,3·4个月时出现智能发育落后,并呈进行性发展。90% 以上的患者毛发淡黄,皮肤白,虹膜呈黄色。半数以上呈肌张力亢进、共济失调、震颤,出现不随意运动。正常情况下,只有少量的苯丙氨酸经代谢旁路生成苯丙酮酸,机体能及时将产生的少量的苯丙酮酸氧化分解掉。当苯丙氨酸羟化酶基因(12q24.1)发生突变,导致肝细胞中苯丙氨酸羟化酶活性降低或完全丧失,使血中苯丙氨酸不能转化成酪氨酸,致使苯丙氨酸在体内积累。过量的苯丙氨酸经旁路代谢产生苯丙酮酸、苯乳酸、苯乙酸等由尿液和汗液排出,使患儿体表、尿液有特殊的"鼠尿味"。苯丙氨酸的堆积还会对神经产生毒性作用,导致智力低下。

(2) 尿黑酸尿症:这是由于尿黑酸氧化酶缺陷而引起的遗传性酶病。正常情况下,体内产生的尿黑酸在尿黑酸氧化酶的作用下生成乙酰乙酸。当机体为该突变基因纯合体时,体内将不能合成尿黑酸氧化酶,尿黑酸→乙酰乙酸的通路被阻断,导致尿黑酸聚积于血液中,经尿

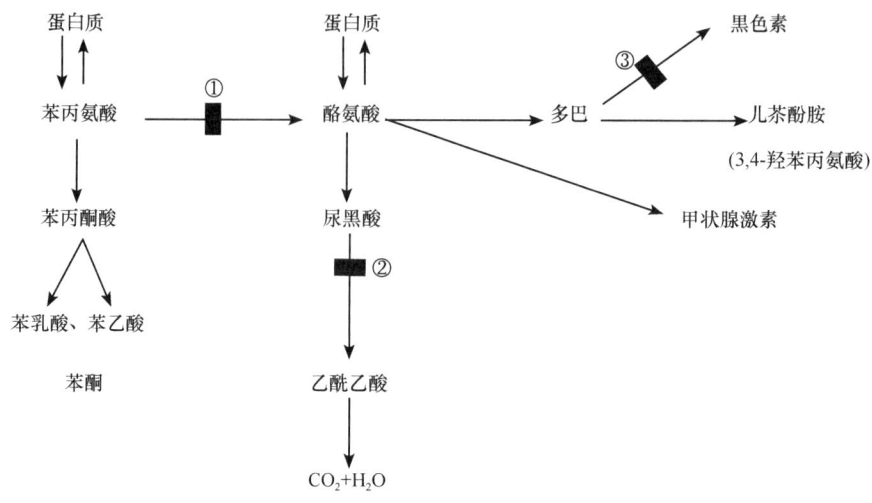

图 2-11 苯丙氨酸和酪氨酸代谢

①苯丙氨酸羟化酶缺乏导致苯丙酮尿症;②尿黑酸氧化酶缺乏导致尿黑酸尿症;③酪氨酸酶缺乏导致白化病

排出后被氧化,尿液迅速变成黑色。尿黑酸多聚物沉积于软骨和关节中,形成变性关节炎。现已知尿黑酸氧化酶基因定位于 3q25-q26。

(3) 白化病:这是由于酪氨酸酶缺乏而引起的遗传性酶病。典型的白化病患者表现为皮肤乳白色,毛发淡黄,瞳孔淡红,虹膜淡红或浅灰,眼球震颤,畏光,视敏度下降。正常情况下,酪氨酸酶可催化酪氨酸转变为黑色素,当控制酪氨酸酶的基因(11q14-q21)发生突变后,导致酪氨酸酶缺陷,黑色素不能生成,形成白化。

转基因食品

所谓转基因食品,就是通过基因工程技术将一种或几种外源性基因转移到某种特定的生物体中,并使其有效地表达出相应的产物(多肽或蛋白质),此过程叫转基因。以转基因生物为原料加工生产的食品就是转基因食品。

从世界上最早的转基因作物(烟草)于 1983 年诞生,到美国孟山都公司转基因食品研制的延熟保鲜转基因西红柿 1994 年在美国批准上市,转基因食品的研发迅猛发展,产品品种及产量也成倍增长。转基因作为一种新兴的生物技术,很多人还不了解,使得转基因食品的安全性成为人们关注的焦点。

根据转基因食品来源的不同,可分为植物性转基因食品、转基因酵母疫苗、转基因工程菌抗生素、动物性转基因食品和微生物性转基因食品。

研究表明,许多食品生物本身就能产生大量的毒性物质和营养因子,如蛋白质抑制剂、溶血栓、神经毒素等以抵抗病原菌和害虫的入侵。现有食品中毒素含量并不一定会引起毒效应,但如果处理不当,某些食品(如木薯)能引起严重的生理问题甚至死亡。在转基因食品加工过程中,由于基因的导入使得毒素蛋白发生过量表达,产生各种毒性,从理论上讲任何基因转入的方法都可能导致遗传工程体(GMO)产生不可预知的变化,包括多向效应。目前,我国的不少转基因技术属世界领先水平,但应用很少,关于转基因食品的安全性是也是人们目前最关注的问题。

二、人类基因组计划

人类基因组一词用于描述人类细胞中构成 DNA 的不同类型的序列。人的基因组由 22 对常染色体加上 X、Y 性染色体的 DNA 组成，大小为 2.9~3.2Gb(Gb,gigabase pair,十亿碱基对)，人的基因组中有 30 000~40 000 个基因。人类基因组计划(HGP)自 1990 年正式启动至今已历时 17 年，取得了丰硕的研究成果，公布了高精度的人类基因组图谱，模式生物基因组的研究也取得了重要的进展，越来越多生物的基因组序列已经完成或正在测序。HGP 所取得的成果已获得了广泛的应用，并且正在快速地推进生命科学及相关学科的发展。

(一) 人类基因组

二倍体生物的生殖细胞中所含有的全套染色体称为一个染色体组；基因组(genome)是指一个染色体组中所包含的全部基因，也就是包括细胞或生物体的整套 DNA。人的体细胞除了成熟的红细胞以外，都具有一套完整的基因组 DNA。人体细胞中的 DNA 虽然主要分布在细胞核中，但细胞质中的线粒体里也有少量的 DNA，所以人类基因组应包括细胞核基因组和线粒体基因组。通常所说的基因组研究主要是指核基因组研究，所以在这里只介绍细胞核基因组。

细胞核基因组由整套染色体组成。一条染色体就是一个双链 DNA 分子，DNA 分子中的核苷酸排列顺序分别构成了基因和基因以外的各种结构单元。因此，基因组的 DNA 分子也可以划分为基因的编码序列和所有非编码序列。分析解剖基因组内各种 DNA 序列的结构特征，有助于解读这些 DNA 序列中包含的遗传信息，认识其生物学功能以及包括人类自身在内的多种生物体的遗传本性。

(二) 人类基因组计划

1. 人类基因组计划产生的科学背景　20 世纪 80 年代，几种病毒的基因组完整序列已经被测定。因此，人们开始探讨是否能测定有较大基因组物种，如人类的基因组序列，并于同期启动了解译人类全基因组 30 亿核苷酸碱基对的大规模合作。国际人类基因组计划(HGP)在成熟的遗传作图技术、DNA 测序技术及 DNA 鉴定技术背景下如火如荼地展开了。从 1987 年提出"人类基因组计划"到 1990 年正式实施，研究的具体内容表现在遗传图、物理图、序列图和转录图等 4 张图上，其主要内容是绘制人类基因组序列框架图。1993 年，马里兰州 Hunt Valley 会议上，经美国人类基因组研究中心(CHGR)修订后的 HGP 内容包括：人类基因组作图及序列分析；基因的鉴定；基因组研究技术的建立、创新与改进；模式生物(主要包括大肠杆菌、酵母、果蝇、线虫、小鼠、水稻、拟南芥等)基因组的作图和测序；信息系统的建立，信息的储存、处理及相应的软件开发；与人类基因组相关的伦理学、法学和社会影响与结果的研究；研究人员的培训；技术转让及产业开发；研究计划的外延等几方面。这些内容构成了 20 世纪到 21 世纪最大的系统工程。

2. 人类基因组计划的现有主要成就　纵观人类基因组计划历年大事，其取得的主要成就是令人折服的。1990 年，人类基因组计划在美国正式启动；1991 年，美国建立第一批基因组研究中心；1993 年，桑格研究中心在英国剑桥附近成立；1997 年，法国国家基因组测序中心成立；1998 年，中国在北京和上海设立国家基因组中心；1999 年，中国获准加入人类基因组计划，承担 1% 的测序任务，成为参与这一计划的唯一发展中国家；2000 年 6 月 26 日，美、日、德、法、英、中等 6 国科学家宣布首次绘成人类基因组"工作框架图"；2001 年 2 月 12 日，六国科学家联合在学术期刊上发表人类基因组"工作框架图"及初步分析结果；2001 年 8 月 26 日，人类基因组"中国卷"的绘制工作宣告完成；2003 年 4 月 14 日，美、日、德、法、英、中等 6 国科学家宣布人类基因组序列图绘制成功，人类基因组计划的所有目标全部实现；2004 年 10 月，人类基因组完成图公布；2005 年 3 月，人类 X 染色体测序工作基本完成，并公布了该染色体基因草图。

科学家们发现:第一,人类遗传基因数量比原先估计的少很多。研究表明,人类基因组中约有3万~4万个蛋白编码基因。第二,人类基因组中基因分布不均匀,部分区域基因密集,部分区域则基因"贫瘠"。第三,35.3%的基因包含重复序列,这说明那些原来被认为是"垃圾"的DNA也起重要作用,应该被进一步研究。第四,人类99.9%以上的基因的核苷酸序列是相同的,而差异不到0.1%。这些差异是"单一核苷酸多样性"(SNP)产生的,它构成了不同个体的遗传基础,个体的多样性被认为是产生遗传疾病的原因。在该计划中,科学家完成的人类基因组图谱的分辨率超过了原计划,完成了全部染色体的高分辨率物理图谱的构建,对基因功能的研究也取得了多项成就。

3. 人类基因组计划实施对人类的意义　"人类基因组计划"与"曼哈顿"原子弹计划、"阿波罗"登月计划,被誉为20世纪科学史上三大里程碑。

(1) 对人类疾病基因研究的贡献:人类疾病相关的基因是人类基因组中结构和功能完整性至关重要的信息。如采用"定位克隆"和"定位候选克隆"的全新思路,发现了亨廷顿舞蹈症、遗传性结肠癌和乳腺癌等一大批单基因遗传病致病基因,为这些疾病的基因诊断和基因治疗奠定了基础。对于心血管疾病、肿瘤、糖尿病、神经精神类疾病(阿尔茨海默症、精神分裂症)、自身免疫性疾病等多基因疾病是目前疾病基因研究的重点。1997年相继提出了"肿瘤基因组解剖计划""环境基因组学计划",因此健康相关研究成为了HGP的重要组成部分。

(2) 对医学的贡献:以HGP为基础,逐步深入对功能基因组学、比较基因组学、疾病基因组学、肿瘤基因组学、药物基因组学以及人类基因组信息学的研究。这些研究成果将为生命科学研究带来带来天翻地覆的变化,也将使人们在疾病诊断、基因治疗、遗传保健、优生优育等方面建立全新的人类医学。

总之,HGP的研究不仅对于科学研究本身,对社会发展亦将产生重要而深远的影响。由于HGP的完成,人类将会更为安全而有效地将HGP的研究成果用于改善人类的健康状况而造福人类。

第一个完整的中国人基因组图谱

2007年10月11日,我国科学家对外宣布,已经成功绘制完成第一个完整的中国人基因组图谱(又称"炎黄一号",图2-12),这也是第一个亚洲人全基因序列图谱,这给即将广泛推行的全新基因医疗手段打下了坚实基础。未来,遗传疾病或是疑难杂症,只要根据患者个人的基因组图谱"逮住"其中的"问题基因",用基因疗法使致病基因恢复正常状态,人体就会作出相应调整,从而治愈疾病。

图2-12　第一个完整的中国人基因组图谱

小 结

通过以上学习我们知道,核酸由许多核苷酸聚合成的生物大分子化合物,为生命的最基本物质之一。根据化学组成不同,核酸可分为脱氧核糖核酸(DNA)和核糖核酸(RNA)。DNA是储存、复制和传递遗传信息的主要物质基础,RNA在蛋白质合成过程中起着重要作用,我们将能编码有功能的蛋白质多肽链或合成RNA所必需的全部核苷序列称为基因。基因具有储存遗传信息、传递遗传信息以及表达遗传信息的功能。由于不同基因的脱氧核苷酸的排列顺序(碱基顺序)不同,不同的基因就含有不同的遗传信息。遗传信息的传递是通过DNA复制来实现的。基因不仅可以通过复制把遗传信息传递给下一代,还可以使遗传信息以一定的方式反映到蛋白质的分子结构上来,从而使后代表现出与亲代相似的性状。遗传学上把这一过程叫做基因的表达。基因表达包括转录和翻译两个过程。基因虽然十分稳定,但在一定的条件下基因也可以从原来的存在形式突然改变成另一种新的存在形式,称为基因突变。基因突变有多向性、可逆性、有害性和稀有性的特性。根据基因结构的改变方式,基因突变主要分为碱基置换突变和移码突变两种类型。根据基因突变所产生的效应不同,基因突变又可以分为同义突变、错义突变、无义突变和延长突变四种类型。二倍体生物的生殖细胞中所含有的全套染色体称为一个染色体组。基因组(genome)是指一个染色体组中所包含的全部基因,也就是包括细胞或生物体的整套DNA。人的体细胞除了成熟的红细胞以外,都具有一套完整的基因组DNA。人的基因组由22对常染色体加上X、Y性染色体的DNA组成,大小为2.9~3.2Gb(Gb,gigabase pair,十亿碱基对),人的基因组中有30 000~40 000个基因。HGP的研究不仅对于科学研究本身,对社会发展亦将产生重要而深远的影响。由于HGP的完成,人类将会更为安全而有效地将HGP的研究成果用于改善人类的健康状况而造福人类。

目 标 检 测

一、填空题

1. 任何生物体包括病毒、细菌、动植物等都含有核酸。核酸分为_____和_____两大类。
2. 基因是遗传的基本单位,根据在细胞内的分布的部位不同,基因分为_____基因和_____基因。根据功能的不同,基因主要分为_____基因和_____基因。
3. 真核生物的结构基因一般分为_____和_____。
4. 基因的本质是_____。
5. 基因的表达也就是基因控制蛋白质合成的过程,包括_____和_____两个步骤。
6. 根据基因结构的改变方式,基因突变主要分为_____突变和_____突变两种类型。
7. 二倍体生物的生殖细胞中所含有的全套染色体称为一个_____;而一个染色体组中所包含的全部基因称为一个_____。
8. 人类基因组应包括_____基因组和_____基因组。
9. 基因突变有如下特征:_____、_____、_____和_____。
10. 人类基因组一词用于描述_____。人的基因组由_____条常染色体加上_____性染色体的DNA组成,人类基因组计划简称_____。

二、选择题

1. 基因突变是由于(　　)
   A. 染色体结构异常
   B. 染色体数目异常
   C. RNA分子中核苷酸顺序和数目的改变
   D. DNA分子中核苷酸顺序和数目的改变
2. 如果DNA模板链的TAA突变为TAC,那么

由模板链转录的 mRNA 相应的密码子将会( )
- A. 由 AUU 变为 AUG
- B. 由 UAA 变为 UAG
- C. 由 AUU 变为 GAU
- D. 由 UAG 变为 AUC

3. DNA 的组成成分是( )
- A. 脱氧核糖、磷酸、核糖
- B. 核糖、磷酸、碱基
- C. 脱氧核糖、磷酸、碱基
- D. 核糖、氨基、碱基

4. DNA 和 RNA 共有的嘧啶碱是( )
- A. T
- B. C
- C. G
- D. U

5. 核酸可分为下述哪两大类( )
- A. 嘧啶与嘌呤
- B. 核苷与核苷酸
- C. 核糖核酸与脱氧核糖核酸
- D. 核糖与脱氧核糖

6. DNA 分子中碱基配对规律应为( )
- A. C—G A—U
- B. A—G C—T
- C. A—C T—G
- D. G—C T—A

7. 遗传信息是指 DNA 分子中( )
- A. 碱基对的数量
- B. 碱基互补配对的种类
- C. A=T 与 C=G 的比例
- D. 碱基对的排列顺序

8. 组成 DNA 的基本单位是( )
- A. 核苷
- B. 核苷酸
- C. 脱氧核苷酸
- D. 氨基酸

9. 对"中心法则"的叙述,正确的是( )
- A. 中心法则是指 DNA 的复制过程
- C. 中心法则是指翻译过程
- B. 中心法则是指转录和逆转录过程
- D. 中心法则是对遗传信息传递规律的概括

三、名词解释

1. 基因 2. 翻译 3. 转录 4. 基因突变

四、问答题

1. DNA 和 RNA 的区别主要是哪些?
2. 基因的本质和概念分别是什么?
3. 基因突变产生的生物学效应主要有哪些?

(彭凤兰)

第3章 遗传的细胞学基础

导言 我们所处在的地球充满着无数的生物,从最简单的病毒到各种植物,从鱼虫鸟兽到最复杂的人类,处处都可以发现它们的踪迹,觉察到生命的活动。地球上的生物形形色色,千姿百态,不同的生物,其形态、生理特征和对环境的适应能力各不相同。但是他们有什么共同的结构特点? 又是如何生长? 繁殖的后代又是如何能与自身相似的? 这就是我们这一章研究的内容。

第1节 细 胞

生命是从细胞开始的,一切生命体都由细胞构成,细胞是构成生物体的基本结构与功能单位。生物体的一切生命活动,包括生长、发育、遗传和生殖等都是以细胞为单位体现的,人的不同类型的细胞组成基本组织、器官、系统,细胞各部分形态、结构和功能的变化在一定程度上反映了机体的生理、病理变化。

一、细胞的大小、形态与类型

(一) 细胞的大小、形态

自然界的细胞亿万种,正像生物的多样性一样,细胞也是大小不一、千姿百态、功能多样。细胞的大小因种类不同而相差较大;最小的细胞是支原体,直径只有100nm;人的卵细胞的直径只有0.1mm;驼鸟的卵细胞最大,直径约在5cm以上;一般植物细胞比动物细胞大。细胞的大小不以生物体的大小而变化。因此,器官的大小主要决定于细胞的数量,与细胞的数量成正比。细胞的大小和它的功能是相适应的,如神经细胞细胞体,直径不过0.1mm,但从细胞体伸出的神经纤维可长达1m以上,这是与神经的传导机能一致的。

人体共有252种细胞,形状各种各样,有盘形(红细胞)、球形(白细胞)、立方形(肝细胞)、梭形(平滑肌细胞)、星形(成纤维细胞)、多角形(内皮细胞)和圆柱形(肌细胞)等。细胞的形状与其功能相适应,如红细胞的功能为携带氧,为增加表面积以进行迅速的气体交换而呈双凹盘形;神经细胞为进行神经冲动的传导而有很多树枝状的突起和一个长长的轴突。不同器官中的细胞特化为不同的功能(图3-1)。

(二) 细胞的类型

虽然人们早在300多年前就认识了细胞,但直到20世纪60年代随着电子显微术的发展,细胞内部的细微结构才得以揭示。H. Ris 于20世纪60年代首先根据细胞结构的复杂程度和遗传物质的存在形式而提出了将细胞分为原核细胞与真核细胞两大类。这一分类法高度而准确的概括了细胞在结构、功能上的特点以及细胞在进化中的位置,无论对于细胞生物学还是整个生命科学的发展都具有划时代的意义。

1. 原核细胞 是组成原核生物的细胞。这类细胞主要特征是没有明显可见的、无核膜包裹的细胞核,同时也没有核膜和核仁,只有拟核,结构简单,进化地位较低。细菌是原核细胞的主要类群。细菌细胞的基本特点是:遗传信息量少,内部结构简单,特别是没有分化成以膜为基础的专门结构和功能的细胞器与核膜(图3-2)。

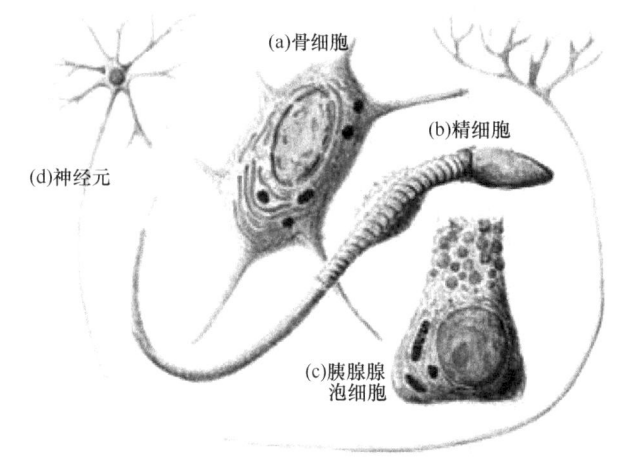

图 3-1 不同的细胞形态

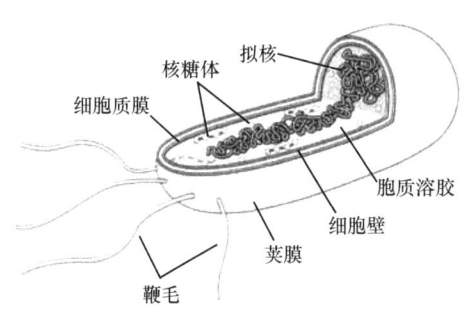

图 3-2 典型的细菌细胞形态结构

2. 真核细胞 在地球上出现在 12 亿～16 亿年前,其结构比原核细胞复杂得多,基因数量为原核细胞的 3～30 倍。真核细胞具有典型的细胞核,双层核膜将遗传物质及其复制、转录过程约束在细胞内的固定区域,细胞质中存在各种具有特殊结构和功能的细胞器。真核细胞的两种主要类型:动物细胞和植物细胞(图 3-3、4)。

以真核细胞形式存在的生物体称为真核生物,有的为单细胞生物,更多的是多细胞生物。

二、真核细胞的结构与功能

真核细胞的结构基本相似,但动物细胞和植物细胞稍有不同。在光学显微镜下观察,动物细胞可分为三个主要结构:细胞膜、细胞质、细胞核。

(一) 细胞膜

在生命的进化过程中,由原始非细胞生命形式演化为细胞的主要标志是出现了细胞膜。细胞膜为包围在细胞外周的一层薄膜,又称质膜。它将细胞与外界微环境分隔,形成一种屏障,为细胞的生命活动提供了相对恒定的内环境,对细胞的生活起决定性作用。真核细胞是细胞的最高级形式,除了细胞膜外,在细胞内还有很多膜性结构,称为细胞内膜系统。它们构成了许多细胞器的界膜,将各种细胞器与细胞质基质分隔开,以执行各自的功能。这些细胞内膜,又可将不同功能的细胞器相互联系起来,在细胞合成、代谢、分泌等过程中起着重要作用。人们把细胞膜和细胞内膜统称为生物膜。

电子显微镜下观察研究证实,虽然不同的生物膜各有其特殊功能,但它们都有着共同的结构特征,厚度 7.5～10.5nm,呈现典型的三层结构,即内外两层深色的致密层,中间夹着一层浅色的疏松层。一般把细胞膜的三层结构作为一个单位,称为单位膜(图 3-5)。

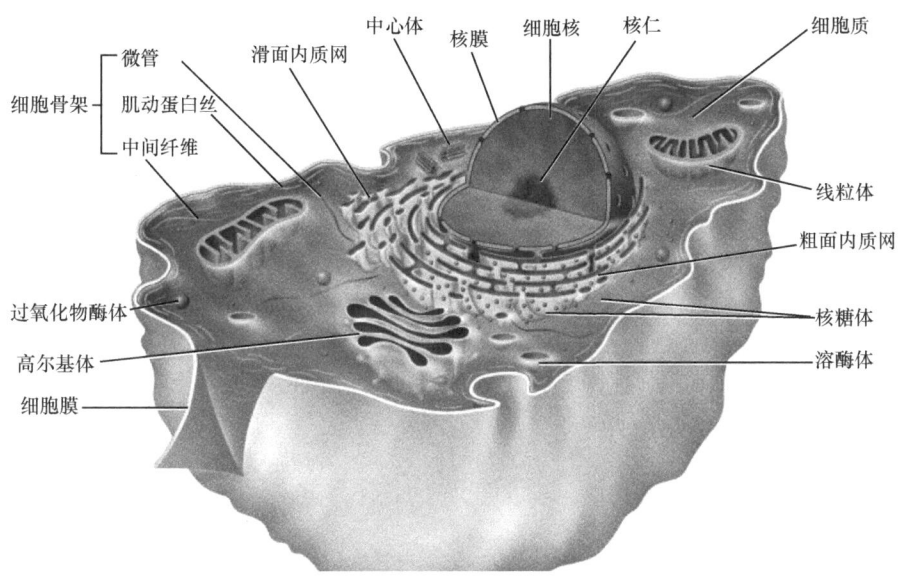

图 3-3　植物细胞的模式结构

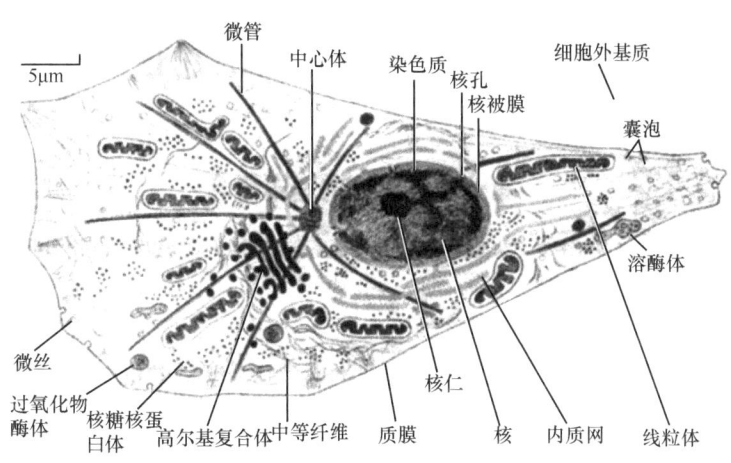

图 3-4　动物细胞的模式结构

1. **细胞膜的化学组成**　生物化学和生物物理技术的分析表明,构成细胞膜的主要化学成分有脂类、蛋白质和糖类。其中脂类约占 50%,蛋白质占 40%~50%,糖类等占 1%~10%。脂类和蛋白质构成膜的主体,糖类以糖脂和糖蛋白的复合多糖形式存在。此外,细胞膜还含有水、无机盐和少量的金属离子等。

2. **细胞膜的分子结构**　细胞膜中的各分子是如何有机地结合在一起的呢?迄今为止,已经提出了多种细胞膜分子结构模型,被广泛接受的是液态镶嵌模型

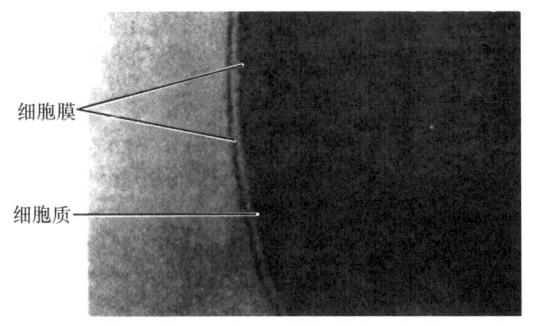

图 3-5　红细胞膜的电子显微镜照片(示单位膜)

(图3-6),其要点是:①流动的脂质双分子层构成膜的连续主体,即脂类双分子的亲水端朝向膜的内外表面,疏水端朝向膜的中间形成膜的基本骨架,又具有液体的流动性;②蛋白质分子以不同程度镶嵌于脂质双层中,有的镶嵌在脂质双分子层中,有的附着在脂质双分子层的表面。

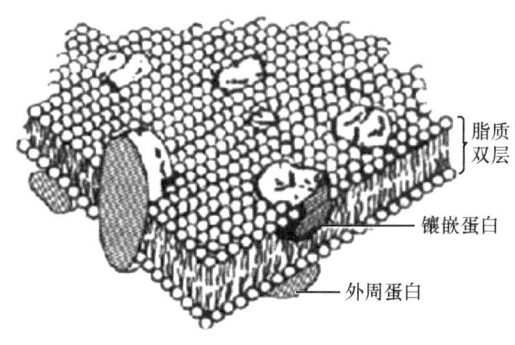

图3-6 液态镶嵌模型

3. 细胞膜的特性 细胞膜具有两个明显的特性,即不对称性和流动性。

(1) 细胞膜的不对称性:以脂质双分子层的疏水端为界,细胞膜被分隔为近胞质面和非胞质面的内外两层。细胞膜内外两层的组分和功能有很大差异,这种差异就是膜的不对称性,决定了膜内外表面功能的特异性。

(2) 细胞膜的流动性:细胞膜是一种动态结构,其的流动性主要体现在膜脂的流动性和膜蛋白的流动性两个方面。

4. 细胞膜的功能 细胞一般生活于液体环境中,细胞膜是细胞与细胞周围环境之间的一道半透膜屏障,对细胞的生命活动起保护作用,选择性地进行物质跨膜运输,调控细胞内外物质和离子的平衡及渗透压平衡,维持细胞内外环境的恒定。细胞膜不但是物质运转、能量传递、保持细胞形态和维持细胞代谢达到动态平衡的枢纽,而且还与机体的免疫功能、信号转导、细胞分裂和分化及癌变过程相关。

(1) 物质运输:细胞膜是细胞与周围环境进行物质交换的通路。物质进出细胞的运输可分为膜泡运输和穿膜运输2大类。

1) 穿膜运输:分为被动运输和主动运输2类。被动运输是指在转运蛋白的帮助下,使需运输的物质顺着其浓度梯度或电化学梯度运输,不需消耗能量。被动运输可分为:①简单扩散:脂溶性物质或不带电荷的极性小分子直接由高浓度经过膜向低浓度扩散;②协助扩散:非脂溶性物质需借助膜上的转运蛋白才能由高浓度经过膜向低浓度扩散。主动运输是指通过消耗细胞的能量,需载体蛋白帮助,将物质由低浓度向高浓度运输的过程。

2) 膜泡运输:大分子乃至颗粒物质借助与生物膜结合后形成小泡进行运输的方式,称膜泡运输。这个过程需要消耗细胞的代谢能。膜泡运输包括内吞作用和胞吐作用。内吞作用是指通过质膜的变形运动将细胞外物质转运入细胞内的过程。胞吐作用是指细胞内的分泌物质外吐的过程。

(2) 细胞识别:是细胞间相互辨认和鉴别,以及对异己分子认识的现象。许多重要的生命活动都与细胞识别有密切关系。其分子基础是细胞膜上的受体与配体或受体与大分子之间,以互补形式相互作用,导致细胞黏着和引起信号跨膜传递。

(3) 信号转导:大多数肽类激素、神经递质和生长因子等亲水性细胞外信号分子(第一信使),通过与靶细胞的膜受体结合,把细胞外信号转变为细胞内的第二信号,诱发细胞对外界信号做出相应反应。这种由细胞外信号转变为细胞内信号的过程叫信号转导。

(二) 细胞质

细胞质又称胞浆或细胞质基质,包括基质、细胞器和内含物。它是指细胞膜以内、核外膜以外的细胞部分。真核细胞结构比较复杂,除了具有细胞膜、核膜外,还具有一套完整的膜性结构细胞器,包括线粒体、内质网、高尔复合基体、溶酶体、过氧化物酶体、质体等。所谓细胞器,是存在于细胞质内的具有一定结构和功能的微结构。细胞器又可以分为内膜系统细胞器和非内膜系统细胞器。内膜系统细胞器是指位于细胞之内,在结构、功能、发生上具有一定联系的膜性结构,主要是指内质网、高尔基复合体、溶酶体和过氧化物酶体等细胞器。非内膜系统细胞器包括核糖体、中心粒、微管、微丝、中间纤维等。细胞质内除了各种细胞器外,还有细胞骨架以及细胞质基质(图3-7)。

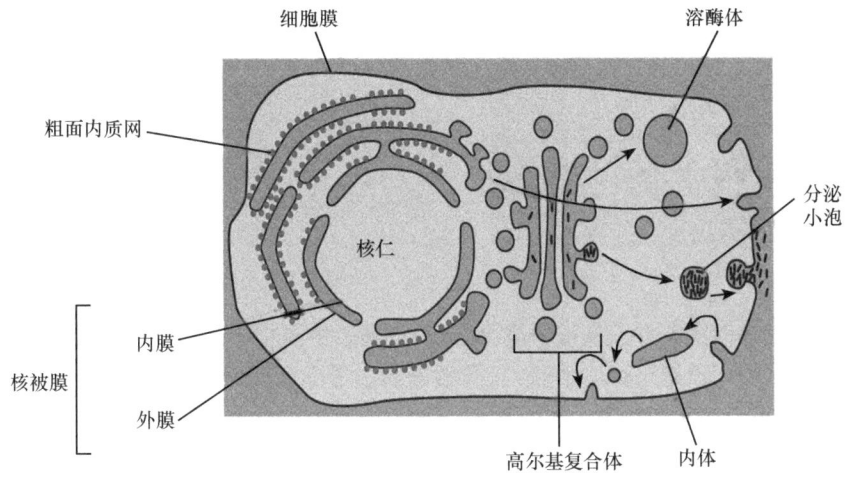

图3-7 内膜系统

内膜系统细胞器的主要功能是完成蛋白质的合成、加工、运输和分泌。首先在核糖体上以氨基酸为原料合成多肽链,如果多肽链的氨基末端含有信号肽,此多肽链即可到粗面内质网上继续合成,没有信号肽的多肽链则停留在细胞质继续完成蛋白质的合成。在内置网上加工折叠的多肽链具有了一定的空间结构和功能,被运输到高尔基复合体进一步加工和修饰,继而运往细胞各个部位。

1. 内质网 是细胞内除核酸以外的一系列生物大分子合成的场所,如蛋白质、脂质和糖类。内质网通常占细胞总体积10%以上,占细胞膜系统一半左右。人体中除了红细胞之外,其他细胞普遍存在内质网。

(1) 内质网的结构:内质网从电镜下观察呈现由一层单位膜围成连续的管状、泡状、扁囊状三种结构构成的三维网状膜系统(图3-8)。内质网在靠近细胞核部分可与核外膜相连,在靠近细胞膜部分可与细胞膜内陷处相连,形成一个相互连通的片层管网状结构。内质网在结构、功能上与高尔基复合体、溶酶体等结构也密切相关,它们分工合作,完成细胞的某些生理活动。

内质网的形态、分布状态和数量多少差异很大,常与细胞的类型、生理状态和分化程度有关。

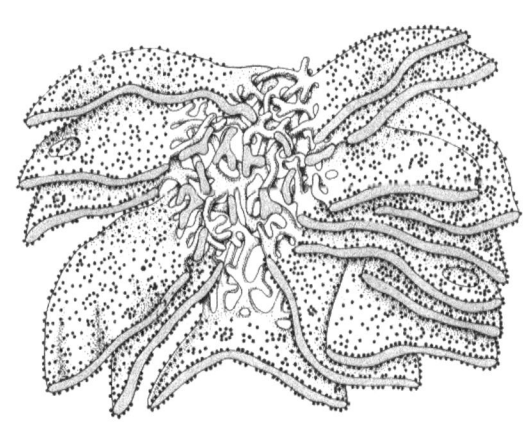

图3-8 内质网结构模式图

(2) 内质网类型:依据是内质网膜外表面有无核糖体附着可以分为粗面内质网(也称糙面内质网)(图3-9)和滑面内质网(也称光面内质网)(图3-10)。

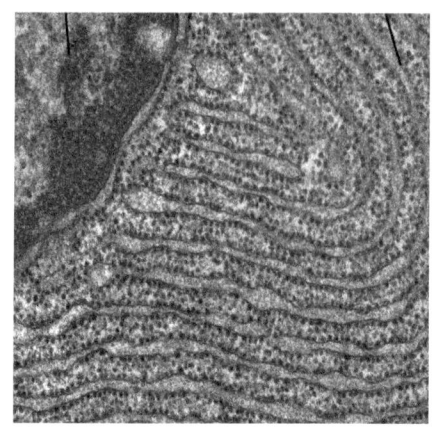
图3-9 粗面内质网(电镜)

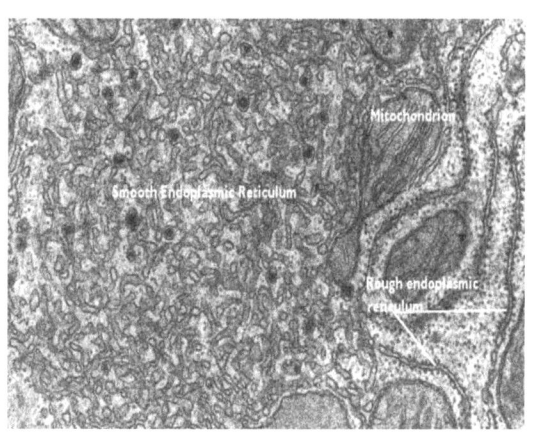
图3-10 滑面内质网(电镜)

粗面内质网表面附着有大量核糖体,粗糙而得名。主要功能是合成分泌蛋白和膜蛋白。

滑面内质网表面没有核糖体附着,光滑而得名。滑面内质网功能很多,在细胞不同生理时期,常表现出不同的功能特性。

两种内质网在不同组织细胞中分布不同,有的细胞中皆为粗面内质网,有的细胞中全为滑面内质网,而有的细胞两者兼有。

(3)内质网的功能:内质网是一种结构复杂的膜性结构,其内与核外膜相连,外与细胞膜相连,在细胞有限的空间里建立起大量的膜表面,有利于酶的分布和生化反应过程的高效率进行。同时,其还将细胞质基质分隔成不同的区域,使各区域的代谢在特定环境条件下进行。内质网膜除了像细胞膜一样具有机械支持、物质交换和运输作用外,粗面内质网主要负责蛋白质的合成、修饰加工和转运以及膜脂类的合成,而滑面内质网则担任着固醇激素的合成、脂类代谢、糖原等小分子物质合成代谢以及细胞解毒的作用。

2. **高尔基复合体** 是为了纪念意大利学者Golgi而命名的,他在研究猫头鹰的神经细胞时,在光学显微镜下发现细胞质中有一种网状结构,称为内网器,后来证实这种结构在细胞中普遍存在,被命名为高尔基复合体。研究证实,内质网与高尔基复合体是一个连续的、动态的膜结构变化过程。

(1)高尔基复合体的形态结构:从电镜下观察,高尔基复合体由单位膜构成的膜性的囊、泡状复合结构(图3-11)。

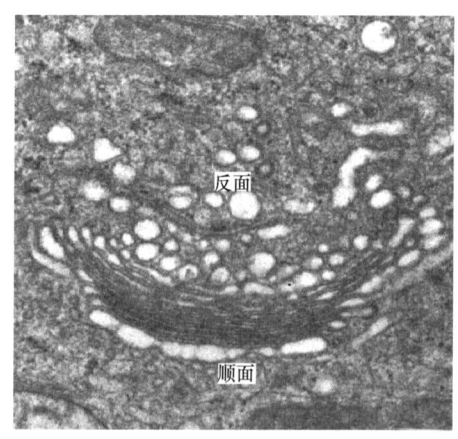
图3-11 高尔基复合体电镜图

由小囊泡、扁平囊和大囊泡(浓缩泡)组成。小囊泡由内质网分离出来,相互融合、伸展发育而成扁平囊。扁平囊中央形如圆盘的底为平板区,与周围的小囊泡相通。扁平囊有凹凸两个面:凸面向着细胞核一侧,称为形成面;凹面向着质膜一侧,称为成熟面(分泌面)。由于扁平囊中的物质逐渐积累、加工,其边缘部分膨大为大囊泡,大囊泡带着扁平囊所送来的物质形成分泌泡并离开高尔基复合体。由此可见,高尔基复合体是一种动态结构,高尔基复合体的扁平囊泡通过小囊泡的融合得以补充,而又通过大囊泡的形成得以消耗,处于一个动态平衡的状态。

(2) 高尔基复合体的功能:高尔基复合体作为内膜系统的组成部分,主要是细胞内物质加工合成的重要场所,主要进行糖蛋白的加工合成和蛋白质、脂类的水解加工,是细胞内蛋白质分选和膜泡定向运输的枢纽。高尔基复合体中存在的各种酶系对于这种功能起到了关键的作用。

高尔基复合体与脂肪肝

毒性物质作用导致高尔基复合体的萎缩与损坏。脂肪肝的形成是由于乙醇等毒性物质作用,造成肝细胞中高尔基复合体脂蛋白正常合成分泌功能丧失所致,使肝脏中合成的脂肪不能运往全身组织而在肝脏积累形成脂肪肝。

3. 溶酶体 是细胞内含有丰富酸性水解酶的一种颗粒性细胞器,由于其能分解多种大分子物质,故称之为溶酶体。溶酶体广泛存在于真核细胞中,其主要功能是对细胞内、外物质的消化;参与器官、组织退化与更新等。

(1) 溶酶体的形态结构:电镜下,溶酶体是由一层单位膜包围的圆形或卵圆形的囊状结构,呈球形或卵圆形,直径 $0.2\sim0.8\mu m$。溶酶体内含 60 多种酸性水解酶,其主要功能有:将蛋白质、多糖、脂类和核酸水解成被细胞重新利用的小分子物质,为细胞代谢提供原料;分解细胞外来物质及清除衰老、残损的细胞器;对机体起到防御保护作用等(图 3-12)。

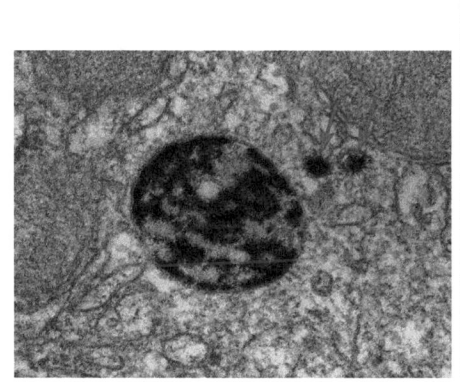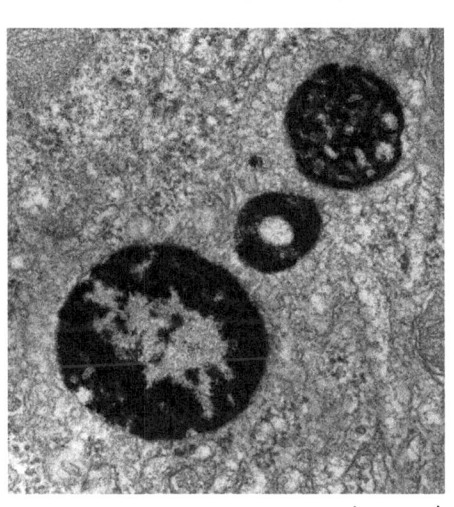

200nm

图 3-12 溶酶体电镜照片

(2) 溶酶体的功能

1) 参与细胞内物质的消化:溶酶体参与细胞内物质的消化,是指溶酶体在细胞内分解内源性和外源性物质(图 3-13)。溶酶体对内源性物质的消化,起到了清除细胞内衰老病变细胞器、促进细胞成分更新的作用,而对外源性物质的消化,则对于机体的防御起到了重大作用。

2) 参与精子的成熟过程:溶酶体对于精子的成熟以及受精起到了重要的作用。精子的头部的顶体就是由溶酶体构成(由高尔基体特化而来),精子与卵细胞外被接触时,释放水解酶消化掉卵泡外层结构,便于精子进入卵细胞。

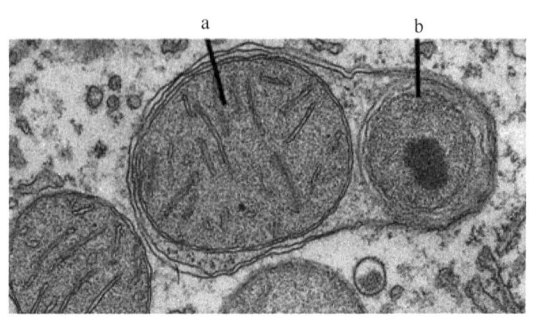

图 3-13 溶酶体的消化作用

a. 正在被溶酶体分解清除的线粒体；b. 被溶酶体分解溶化的糖原颗粒

3）参与细胞的营养功能：细胞饥饿状态下，溶酶体通过分解细胞内非必需大分子物质，为细胞生命活动提供营养和能量。

4）参与激素的分泌与调节：甲状腺素的分泌过程中，甲状腺素的前体甲状腺球蛋白在甲状腺滤泡腔内碘化，再通过吞噬作用进入吞噬细胞内，被溶酶体中的酶分解为甲状腺素再被分泌到细胞外。

溶酶体酶缺乏所导致的疾病

1. 糖原贮积病　糖原贮积病是由于常染色体上一个基因的缺陷，导致肝脏、肌肉等处溶酶体内 α-葡萄糖苷酶缺乏，糖原不能分解为葡萄糖，造成糖原在肝脏和肌肉溶酶体内大量积累。临床表现为肌无力、心脏增大、进行性心力衰竭等，多于幼年期死亡。
2. 矽肺　空气中的矽尘颗粒（SiO_2）被吸入肺组织后，被巨噬细胞吞噬形成吞噬小体，吞噬小体与内体性溶酶体融合成吞噬溶酶体。在溶酶体酶的作用下，SiO_2 形成硅酸分子，破坏溶酶体膜的稳定性，造成溶酶体破裂，硅酸分子和水解酶流入细胞质，引起巨噬细胞死亡，二氧化硅被释放，重新被其他巨噬细胞吞噬再去损伤其他吞噬细胞。肺组织局部出现胶原纤维结节，肺弹性降低，妨碍肺的功能。

4. 核糖体　存在于除哺乳动物成熟红细胞外的所有真核、原核细胞中。核糖体的主要功能是蛋白质的合成。近年来研究发现，细胞内除了从事蛋白质合成的核糖体外，还有参与 RNA 加工、编辑、基因表达调控的核糖体颗粒。

（1）核糖体的类型：核糖体可分为大亚基和小亚基两部分结构（图 3-14）。核糖体的大小亚基并不是一直在一起存在的，只有当小亚基与 mRNA 结合后，大亚基才与小亚基结合成完整的核糖体。核糖体的主要成分是蛋白质和 rRNA。核糖体按照存在部位不同分为附着核糖体和游离核糖体。①附着核糖体：指附着于粗面内质网膜上的核糖体，功能是合成分泌蛋白和膜蛋白以及溶酶体的酶。②游离核糖体：指在细胞质中游离存在的核糖体，功能是合成细胞所需的基础蛋白，供细胞本身使用。

（2）核糖体的功能：核糖体的功能主要是为多肽链的合成提供场所，在蛋白质合成过程中，多个核糖体成串排列在一条 mRNA 上，称为多聚核糖体。多聚核糖

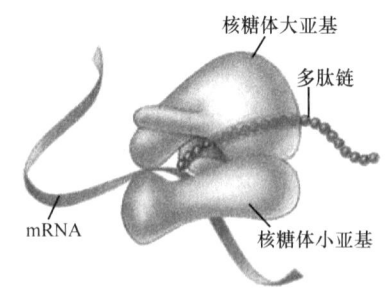

图 3-14 核糖体的结构

体形式的蛋白质合成使得一条 mRNA 分子上同时有多个核糖体进行蛋白质的合成,大大提高了蛋白质合成的效率。

5. 线粒体　普遍存在于真核细胞中,是细胞生物氧化和能量转换的主要场所,提供细胞生命活动约 80% 的能量,被誉为细胞的"动力工厂"。近年来的研究还发现,线粒体与细胞内氧自由基的生成、细胞死亡以及许多疾病的发生关系密切。

(1) 线粒体的形态结构:线粒体在光镜下呈现线状、粒状、杆状。线粒体的数目因细胞种类不同而异,同一细胞在不同的生理时期,线粒体数量变化也很大。线粒体的数量与细胞新陈代谢有关,代谢旺盛的细胞线粒体数目较多。

电镜下观察,线粒体由两层膜单位套叠而成,为封闭性囊状结构。线粒体的结构可以分为外膜、内膜、转位接触点、膜间腔、基粒和基质(图 3-15)。

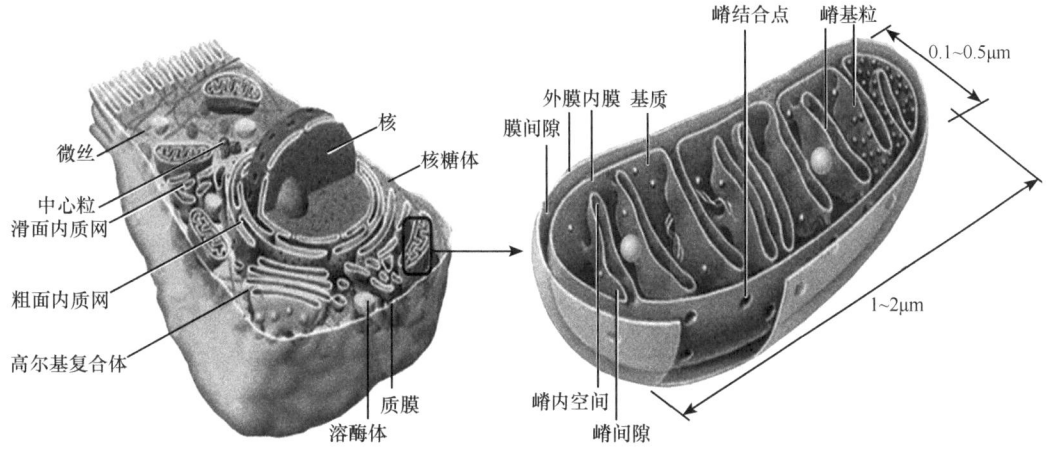

图 3-15　线粒体的位置与结构

线粒体的主要化学成分是蛋白质和脂类。线粒体中含有多种酶系,在线粒体的细胞氧化功能中起重要作用。

(2) 线粒体的功能:线粒体的主要功能是进行氧化磷酸化合成 ATP,为细胞的生命活动提供能量。它是糖类、脂肪和蛋白质最终氧化并释放能量的场所。

线粒体的功能是依靠细胞氧化来实现的。所谓细胞氧化,是指细胞在一系列酶的催化作用下,将细胞的各种功能物质彻底氧化并释放出能量的过程。在这个过程中,要消耗 O_2,释放出 CO_2,所以也称为细胞呼吸。摄入体内的能源物质经消化吸收到达细胞,经过线粒体的氧化分解,释放出大量能量储存在 ATP 分子中,随时为细胞的各种生理活动提供能量,还有一部分能量以热能形式散发,以维持体温。

线粒体与疾病

线粒体通过合成 ATP 为机体的各项生命活动提供能量,同时还调节着细胞的氧化还原状态,也是细胞内氧自由基产生的主要来源。氧自由基与细胞的很多生命活动有关。因此,维持线粒体结构和功能的正常对于细胞生命活动至关重要。而特定情况下,线粒体与疾病的发生关系非常密切,一方面线粒体作为细胞病变的一部分,是疾病在细胞水平上的一种表现;另一方面线粒体作为疾病发生的主要动因是疾病发生的关键。

6. 过氧化物酶体　由一层单位膜包裹而成的囊状细胞器,内含多种与过氧化氢代谢有关的酶。电镜下是直径在 0.6~0.7μm 之间的圆形或卵圆形的囊状结构。过氧化物酶体含有 40 多种酶,分为氧化酶类、过氧化氢酶类和过氧化物酶类三种。其主要功能有:①清除细胞代谢过程产生的过氧化氢及其他毒物:过氧化物酶体中的氧化酶可以利用分子氧将底物氧化,并产生过氧化氢,过氧化氢又可以在过氧化氢酶的催化下,氧化各种底物,如酚、甲酸、甲醛和乙醇等。氧化的结果使这些有毒性的物质变成无毒性的物质,同时也使 H_2O_2 进一步转变成无毒的 H_2O。这种解毒作用对于肝、肾特别重要。②进行细胞张力的调节:当细胞出现高浓度氧状态时,会通过过氧化物酶体的强氧化作用得以调节,避免细胞受到高浓度氧的损害。③参与脂肪酸的转化和分解。

7. 细胞骨架　是普遍存在于真核细胞中特有的细胞器,由蛋白纤维组成网架结构,由微管、微丝和中等纤维组成。细胞骨架的主要功能与细胞运动、细胞内物质运输及保持细胞形态方面有关。

(三) 细胞核

细胞核的出现是生物进化史上重要转折点,原核生物与真核生物的最主要的区别就在于细胞有没有完整的细胞核。细胞核是细胞的"司令部",是遗传信息储存、复制和转录的场所,也是细胞的代谢、生长、增殖、分化、衰老等的控制中心。

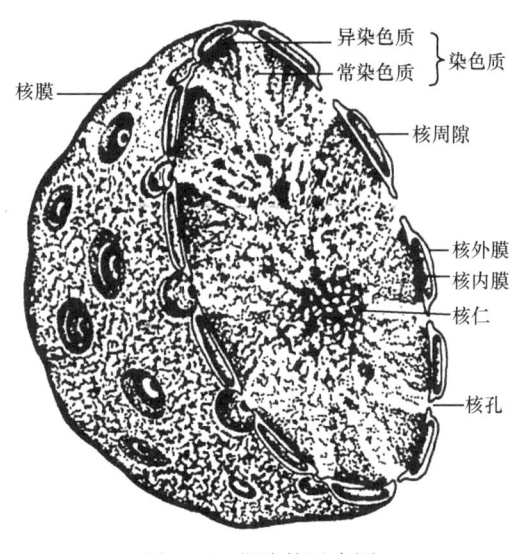

图 3-16　细胞核示意图

1. 细胞核的结构　在细胞周期的不同时期,细胞核的形态变化很大。细胞核的形态通常指间期细胞核的形态(图 3-16),由核膜、染色质、核仁和核基质组成,每个细胞通常只有一个细胞核,但也有两个或多个的,如人的肝细胞有两个细胞核,横纹肌细胞可达几十个细胞核,甚至有的细胞没有细胞核,如哺乳动物的成熟红细胞。

(1) 核膜:是包裹在细胞核表面的膜结构。在电子显微镜下观察,由双层单位膜构成,分别称为核外膜和核内膜。核外膜的外表面常附着有核糖体,与粗面内质网相连;核内膜没有核糖体附着,表面光滑。在核外膜和核内膜之间存在着腔隙,称为核周隙。核外膜与核内膜在若干地方融合形成核孔,直径为 50~70nm,数目随细胞的种类和生理状态的不同有很大的差异。在细胞分裂期核膜消失。

核膜的主要功能,一方面作为细胞核与细胞质的界膜,起到区域化作用,稳定细胞核的形态和成分;另一方面控制着细胞核和细胞质之间的物质交换,离子和小分子物质经核膜运输,大分子和颗粒物质经核孔复合体运输。

(2) 染色质与染色体:是同一物质在细胞周期的不同时期的两种表现形态。

1) 染色质的组成和结构:间期细胞核内易被碱性染料着色的物质称染色质,光学显微镜下呈颗粒状,分布不均匀,电子显微镜下为串珠状细丝。当细胞进入分裂期时,染色质高度螺旋化,缩短变粗,形成棒状的染色体。在细胞分裂末期,染色体又解除螺旋化,重新形成染色质。

染色质是由核酸和蛋白质组成的核蛋白复合体,主要化学成分是 DNA 和组蛋白,还有非组蛋白和 RNA。DNA 是蕴藏遗传信息的生物大分子,含量稳定,核小体是构成染色质的基本结构单位。每个核小体(图 3-17)包括长约 200 个碱基对的 DNA、一个八聚体和一个组蛋白 H_1 分子。H_2A、H_2B、H_3 和 H_4 各两个组成八聚体,其外由 140 个碱基对的 DNA 缠绕 1.75 圈,构成核小体的颗粒部。相邻的两个颗粒部之间是 60 个碱基对的 DNA,其上结合有 H_1,构成核小体的连接部。许多核小体彼此相连形成串珠状的细丝,即染色质结构的"串珠"模型。

2) 染色质的类型:间期细胞核中的染色质根据其形态分为常染色质和异染色质两种类型。常染色质多位于细胞核的中央部位,染色较浅,DNA 呈解螺旋状态,结构疏松,功能活跃,具有 DNA 复制及转录活性。异染色质主要分布在核内膜的边缘和核仁周围,染色较深,DNA 高度螺旋,结构紧密,功能处于抑制状态,一般无转录活性。

细胞分裂时,染色质经过螺旋、折叠形成染色体,由于在细胞周期的间期发生了染色质的复制,一条染色体由两条染色单体构成(图 3-18)。

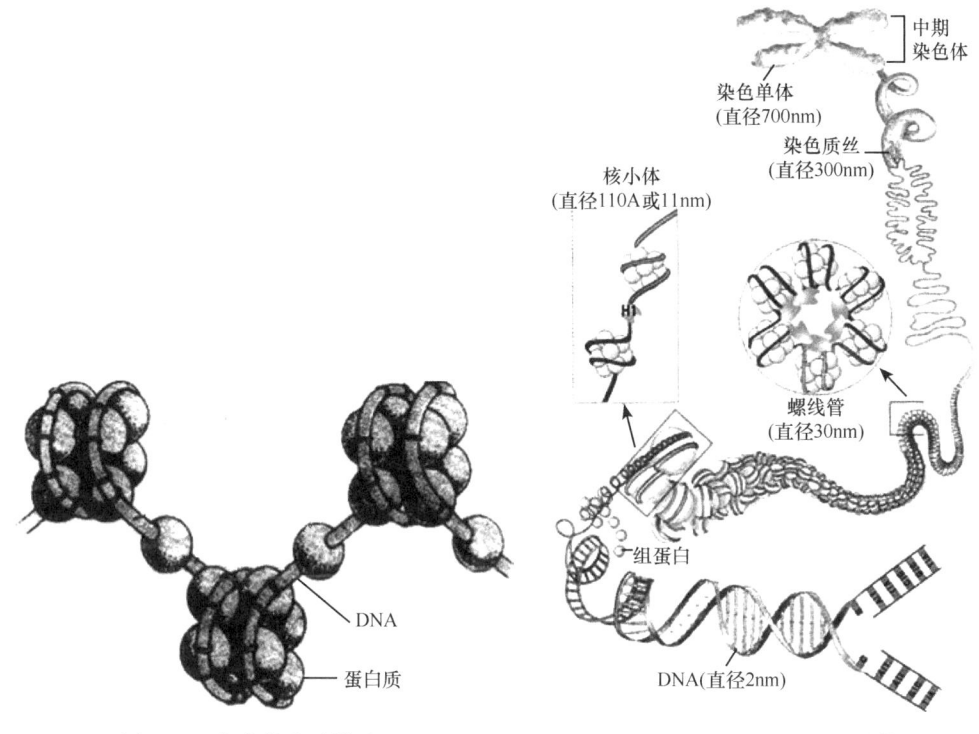

图 3-17　核小体串珠模式图　　　　图 3-18　从 DNA 到染色体

(3) 核仁:是真核细胞间期核中最明显的结构,在细胞周期中,核仁又是一个高度动态的结构,表现出周期性消失与重建。

1) 核仁的结构:核仁的主要化学成分是蛋白质、RNA 和 DNA,此外还有微量的脂类。

核仁随细胞周期的变化而变化。在分裂间期,细胞需要合成大量蛋白质,核仁快速进行 rRNA 转录,装配核糖体,形成典型的核仁结构。在分裂前期,染色质凝集成染色体,核仁消失。在分裂末期,核仁 rRNA 合成重新开始,核仁重现。核仁大小直接反映细胞内蛋白质的合成状况,蛋白质合成旺盛的细胞,核仁大而明显,如分泌细胞。

2) 核仁的功能:核仁担负着 rRNA 合成、加工和装配核糖体亚单位的功能,是细胞合成核糖体的场所。

(4) 核基质:指真核细胞的细胞核内除去核被膜、染色质、核纤层及核仁以外液态部分。核基质与 DNA 复制、RNA 转录和加工、染色体组装及病毒复制等生命活动密切相关。

第2节 人类染色体

染色体是真核细胞生物遗传信息的载体,具有储存、传递和表达遗传信息的功能。真核细胞的基因大部分存在于细胞核内的染色体上,通过细胞分裂,基因随着染色体的传递而传递,从母细胞传给子细胞、从亲代传给子代。各种不同生物的染色体数目、形态、大小各具特征。而在同一物种中,染色体的形态、数目是恒定的。

在真核生物中,一个正常生殖细胞(配子)中所含的全套染色体称为一个染色体组,其上所包含的全部基因称为一个基因组。具有一个染色体组的细胞称为单倍体,以 n 表示;具有两个染色体组的细胞称为二倍体,以 $2n$ 表示。人类正常体细胞染色体数目是 46,即 $2n=46$ 条,正常性细胞(精子或卵子)中染色体数为 23 条,即 $n=23$ 条。

一、染色体的形态特征

在显微镜下观察,在细胞增殖周期的不同时期,染色体的形态结构处于动态变化状态。细胞分裂中期时,染色体形态结构是最典型的,故常用中期染色体进行染色体研究及染色体病的诊断。

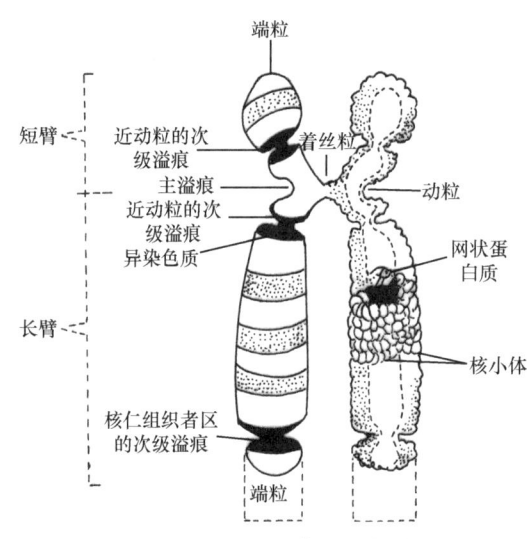

图 3-19 中期染色体的形态特征

每一有丝分裂中期的染色体都具有两条染色单体,互称姐妹染色体单体。它们各含有一条 DNA 双螺旋链。两条单体之间由着丝粒相连接,着丝粒处凹陷缩窄,称初级缢痕。着丝粒是纺锤体附着的部位,在细胞分裂中与染色体的运动密切相关,失去着丝粒的染色体片段通常不能在分裂后期向两极移动而丢失。着丝粒将染色体划分为短臂(p)和长臂(q)两部分。在短臂和长臂的末端分别有一特化部位称为端粒。端粒起着维持染色体形态结构的稳定性和完整性的作用。在某些染色体的长、短臂上还可见凹陷缩窄的部分,称为次级缢痕。人类近端着丝粒染色体的短臂末端有一球状结构,称为随体。随体柄部为缩窄的次级缢痕。次级缢痕与核仁的形成有关,称为核仁形成区或核仁组织者区(图 3-19)。

染色体上的着丝粒位置是恒定不变的,将染色体沿纵轴分为 8 等份,根据染色体着丝粒的位置可将人类染色体分为 3 种类型:①近中着丝粒染色体,着丝粒处于在染色体纵轴 1/2~5/8 处;②亚中着丝粒染色体,着丝粒处于染色体纵轴 5/8~7/8 处;③近端着丝粒染色体,着丝粒处于 7/8~末端之间(图 3-20)。

二、人类染色体的核型

将一个体细胞中的全部染色体,按其大小、形态特征顺序排列所构成的图像就称为核型。对待测细胞的核型进行染色体数目、形态特征的分析,确定其是否与正常核型完全一致,称为

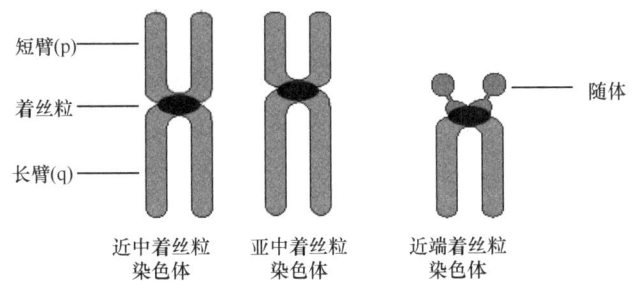

图 3-20 人类染色体的类型

核型分析,通常以有丝分裂中期的染色体作为分析对象。正常情况下,一个细胞的核型可以代表该个体的核型。将一个群体中一部分个体细胞的核型分析,综合绘制而成的模式化核型图,称为染色体组型。它代表一个物种的染色体组成。

(一) 非显带核型

随着细胞遗传学的发展,人们逐渐将染色体研究应用于临床。1959年发现了第一个由染色体异常所引起的疾病——先天愚型(Down综合征)后,越来越多的染色体病被人们发现并报道。人类非显带染色体核型是指用常规方法染色(Giemsa染色)所得到的染色体标本,染色体除着丝粒和次缢痕外,整条染色体均匀着色。

1960年美国丹佛(Denver)、1963年英国伦敦、1966年美国芝加哥相继召开了三次人类细胞遗传学国际会议,指定和修改了一系列描述人类染色体编号、识别、分组等一套统一标准的国际命名体制——丹佛(Denver)体制,作为识别和分析人类染色体的依据。丹佛体制主要依据染色体大小、着丝粒的位置和随体的有无等形态特点,把人类体细胞46条染色体分为23对,分为A、B、C、D、E、F、G共7组(表3-1)。其中1~22对为男女所共有,称为常染色体,依次编号为1~22号;另外一对与性别有关,称为性染色体,女性为XX染色体,男性XY染色体。根据性染色体的特点,X染色体列入C组,Y染色体列入G组。具有Y染色体的个体发育为男性,无Y染色体的个体发育为女性(图3-21)。

表 3-1 人类染色体分组与形态特征

组别	染色体编号	大小	着丝粒位置	副缢痕	随体
A	1~3	最大	近中、亚中着丝粒	1号可见	—
B	4~5	大	亚中着丝粒	—	—
C	6~12;X	中等	亚中着丝粒	9号可见	—
D	13~15	中等	近端着丝粒	—	有
E	16~18	较小	近中、亚中着丝粒	16号可见	—
F	19~20	小	近中着丝粒	—	—
G	21~22;Y	最小	近端着丝粒	—	21、22有;Y无

核型的描述包括两部分内容,第一部分是染色体总数,第二部分是性染色体的组成,两者之间用","分隔开。正常女性核型描述为:46,XX,正常男性核型描述为:46,XY。在正常核型中,染色体是成对存在的,每对染色体在形态结构、大小和着丝粒位置上基本相同,其中一条来自父方的精子,另一条来自母方的卵子,称为同源染色体;而不同对染色体彼此称为非同源染色体。

（二）显带核型

1. **染色体显带技术** 人类染色体非显带是单纯使用吉姆萨（Giemsa）染色方法获得的染色体标本，染色体着色均匀，并不能显示出各条染色体的微小结构特征。因此在做核型分析时，人们根据染色体的相对长度、臂比率、着丝粒指数及随体的有无来观察，在实际应用中受到了限制，对结构上发生畸变的染色体更是难以识别，易发生误诊或漏诊。随着染色体显带新技术的出现，可以准确识别每一条染色体，从而提高了核型分析的精确度，为临床染色体疾病的诊断和病因诊断提供了保证。

1968年，瑞典化学家Caspersson应用荧光染料氮芥喹吖因处理染色体标本后，在荧光显微镜下观察到每条染色体上呈现出数目不同、宽窄不一、深浅相间的横纹，这些横纹称为染色体的带。这一显带

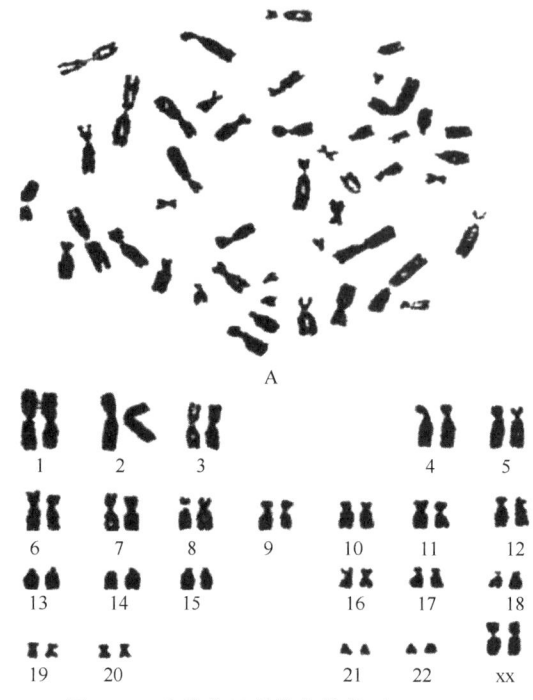

图3-21 人类非显带染色体核型(46,XX)

技术称Q显带。每条染色体的带纹都具有特异性并且相对稳定，构成这条染色体的带型。同源染色体的带型基本相同，非同源染色体的带型各异，所以可依据带型来鉴别染色体并分析其形态与结构。由Q显带所显示的带纹称为Q带，Q带带纹明显，效果稳定，但荧光持续时间短，需要依靠荧光显微镜观察并显微摄像保存图像。除Q显带外，还有G显带、R显带、T显带、C显带、N显带等显带技术。

（1）G显带：用胰蛋白酶、NaOH等处理染色体后，再用Giemsa染色。G带中的深带刚好对应Q带中的亮带，而G带中的浅带刚好对应Q带中的暗带。G带带纹清晰，标本易于保存，用普通光学显微镜就可观察。G显带目前广泛应用于染色体病的诊断和研究中（图3-22）。

（2）R显带：用盐溶液处理标本后，再用Giemsa染色。显示出与G带相反的带纹。

（3）C显带：染色体标本先用NaOH或$Ba(OH)_2$预处理后，再用Giemsa染色，有选择地对着丝粒和副缢痕部位进行深染，称为C带。可用于检测Y染色体、着丝粒区和次缢痕区的变化，也是显带染色体常用的技术。

（4）高分辨率显带染色体：1975年以来，是由J.J.Yunis等建立起来的染色体

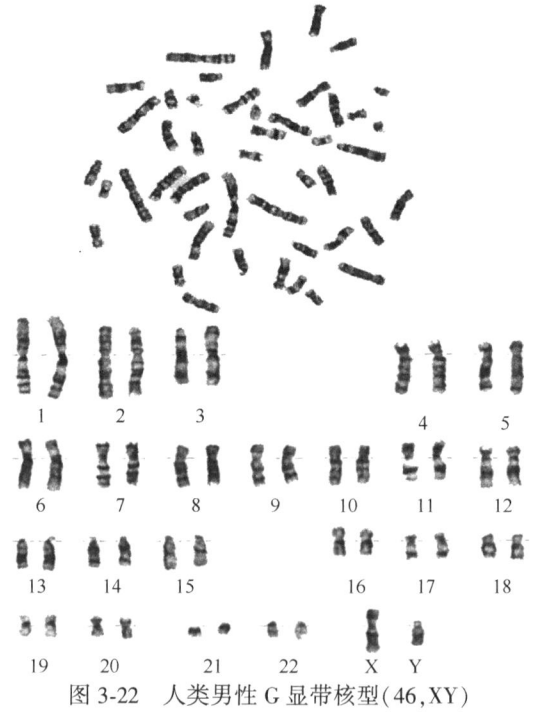

图3-22 人类男性G显带核型(46,XY)

高分辨显带技术。中期染色体螺旋化程度最高,一套染色体组带纹约 320 条。如果选择细胞分裂较早时期,螺旋化程度较低的染色体进行显带,可获得 550 条以上的带纹,即在中期染色体原有的带上分出亚带,甚至在亚带中又细分出次亚带,这种染色体称为高分辨染色体。染色体高分辨显带使人们能识别更微细的结构畸变,使断裂点的定位更为准确,发现了许多原来难以或不能确诊的染色体微畸变综合征。如 Prader-Willin 综合征,原来认为是常染色体显性遗传病,经染色体高分辨率显带分析后确定其病因为 15q11.2-q13 的微缺失。

2. **显带染色体的国际命名体制** 应用 Q、G、R 显带的方法,可显示出人类染色体 24 种客观存在的特异带型,并为识别每条染色体的异常改变提供了准确的分析依据(图 3-23)。

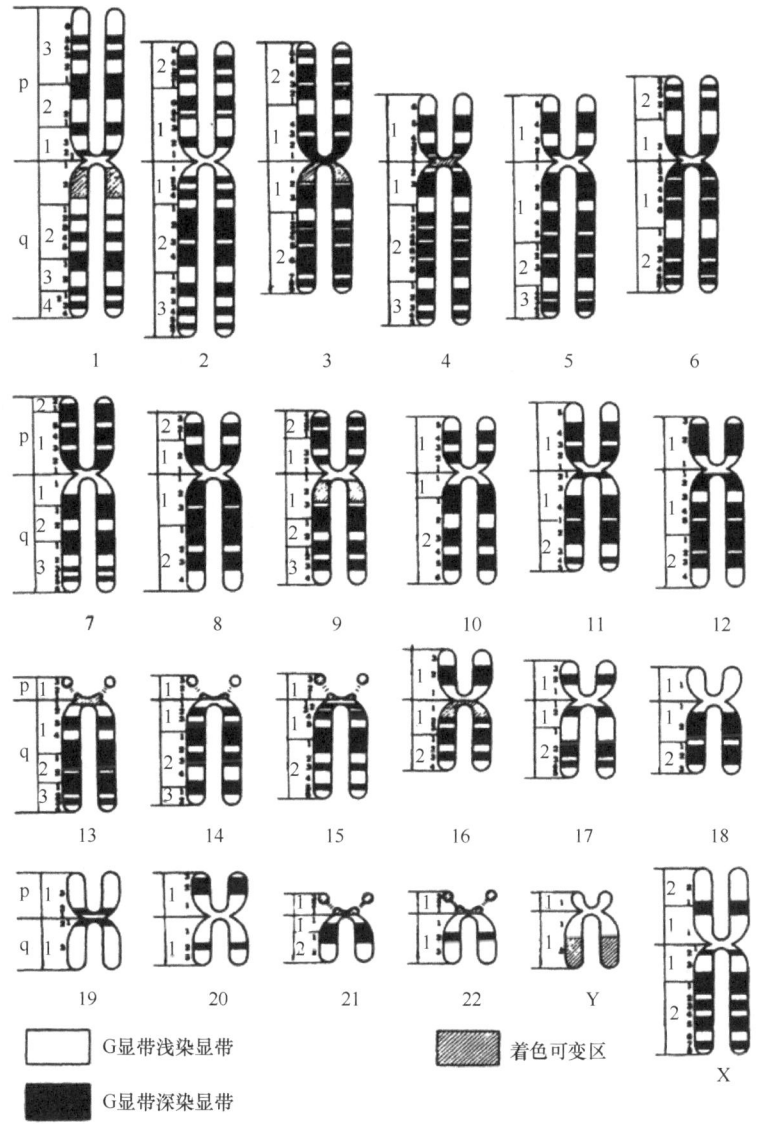

图 3-23 显带染色体

1979 年,国际人类细胞遗传学命名委员会第一次出版了《人类细胞遗传学国际命名体制》(ISCN),规定了正常及异常核型的命名格式和原则。此后,专家委员会不断对 ISCN 进行修正和补充,使这一命名体制不断完善。

根据 ISCN 的规定,将显带染色体上稳定存在、具有显著形态特征的区段作为界标。每条显带染色体通过界标可划分为若干个区,每个区又划分为若干条带。界标是识别染色体的重要指标,具有恒定而显著的形态学特征,界标包括染色体的着丝粒、两臂末端和某些比较恒定的带,是鉴别显带染色体的重要指标。

着丝粒将每条染色体分为长臂(q)和短臂(p)两段。区和带的命名是从着丝粒的一侧开始,向长、短臂的远端依次分别编号为 1 区、2 区……以及 1 带、2 带……亚带及次亚带的命名原则与带相同。特别要指出,被着丝粒一分为二的带,分别标记为短臂 1 区 1 带和长臂 1 区 1 带;作为界标的带,标记为下一个区的第一个带(图 3-24)。

在标定一条染色体特定带时,需要标明 4 项内容:①染色体号;②臂号;③区号;④带号。用符号表示,如 1p36 表示第 1 号染色体、短臂、3 区、6 带。

描述高分辨显带染色体特定带时,除了上述 4 个内容,还需标明亚带或次亚带的序号,方

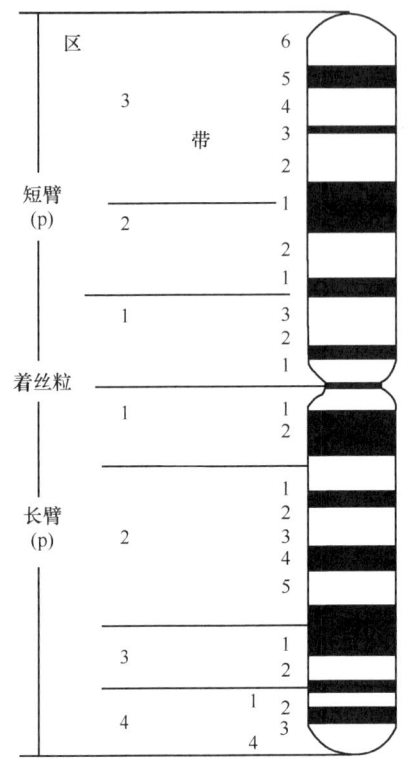

图 3-24 人类显带染色体界标、区、带示意图

法是在带和亚带之间用"."号隔开,并写明每一亚带的号数。如 5 号染色体短臂的 2 区 2 带 3 亚带,表示为 5p22.3。

三、性染色质

性染色质是人们在研究正常女性间期细胞核时,发现紧贴核膜内缘有一个直径 1μm 的椭圆形浓染小体。而正常男性间期细胞用荧光染料处理后,可在细胞核内看到一直径为 0.3μm 的强荧光小体。这两种小体分别称作 X 染色质与 Y 染色质,它们是人类性染色体的异染色质部分在间期细胞核中的一种特殊表现形式(图 3-25、26)。

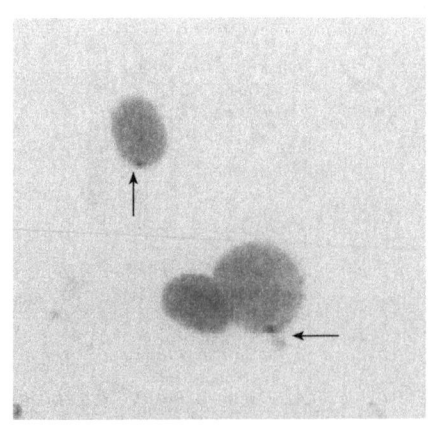

图 3-25 X 染色质

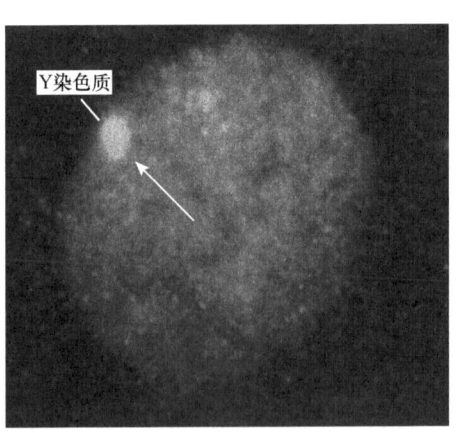

图 3-26 Y 染色质

（一）X 染色质

研究证实，几乎所有的雌性哺乳类动物（包括人类）的间期细胞核中都可发现具有性别差异的结构——X 染色质，也称 Barr 小体或巴氏小体。

正常女性性染色体组成是 XX，正常男性为 XY，女性比男性多一条 X 染色体。理论上，女性两个 X 染色体上有成对的等位基因，其表达产物应该比男性的多一倍，但实事上却并非如此。例如，葡萄糖-6-磷酸脱氢酶（G6PD）基因定位于 Xq28，在临床中并未发现正常女性的 G6PD 活性比正常男性强 1 倍。而杂合子女性酶缺乏的表现度不一，一些杂合子女性酶活性与正常女性相比无明显差异，这是为什么呢？1961 年，Marry Lyon 根据对小鼠 X 连锁的毛色基因的遗传学观察，提出了 X 染色体失活的假说，即 Lyon 假说，其要点如下。

（1）正常雌性哺乳动物体细胞中，仅有一条 X 染色体在遗传上是有活性的，另一条在间期细胞核中高度凝集，形成 X 染色质。

（2）失活大约发生在妊娠第 16 天。在此之前，雌性个体的两条 X 染色体都具有活性。到了生殖细胞形成时失活的 X 染色体活性可得到恢复。

（3）失活是随机的，并且是克隆式繁殖的。母源或父源 X 染色体失活的概率都为 1/2。一旦某一特定细胞内发生父源 X 染色体失活，那么由这个细胞增殖所产生的全部子代细胞也都是父源 X 染色体失活。反之亦然。

不论细胞内有多少条 X 染色体，仅有一条 X 染色体保持活性，其余的在间期细胞核内均表现为异固缩的 X 染色质。因此，间期细胞核内所含 X 染色质的数目等于 X 染色体数目减 1。如核型为 47,XXX 的个体，其间期核中有两个 X 染色质。女性只有一条 X 染色体保持转录活性，使得两性 X 连锁基因的产物数量相当，这种效应称为 X 染色体的剂量补偿。

（二）Y 染色质

Y 染色质是 Y 染色体长臂远端 2/3 处的异染色质区段，是男性间期细胞核中所特有的结构。间期细胞中 Y 染色质的数目与 Y 染色体的数目相同。如核型为 47,XYY 的个体，细胞核中有两个 Y 染色质。

临床上根据检测到的性染色质数目，可大致判断性染色体组成。但要确诊，仍需做染色体核型分析。

第 3 节　细胞增殖周期

细胞增殖是指细胞通过分裂使子细胞与母细胞具有相似的遗传特性，并使细胞数目增加的过程。例如，人的发育由 1 个受精卵细胞开始，经过多次细胞增殖形成约有 $2×10^{12}$ 个细胞的婴儿，在经过细胞增殖发育为约有 $2×10^{14}$ 个细胞的成人。细胞分裂在维持和更新个体正常组织中也有重要作用。

细胞分裂是一个细胞变成两个细胞的过程，细胞的分裂方式有三种。①无丝分裂：分裂时没有染色体形成和演变的各个过程。先是细胞核伸长，中央凹陷变细，呈哑铃状，接着整个细胞从中部缢裂成两部分，形成两个子细胞。在低等生物中较常见，在人体中的口腔上皮和伤口附近、离体培养细胞中也可发生。②有丝分裂：是真核生物进行细胞分裂的主要方式，在分裂过程中出现染色体的变化，分裂结果是将母细胞的物质平均分配给两个子细胞；也出现了由微管组成的纺锤丝。受精卵发育成个体、创伤愈合、组织再生等过程依赖有丝分裂，增加体细胞的数量。③减数分裂：是有性生殖的生物形成生殖细胞时发生的，形成的生殖细胞只有母细胞染色体的一半。

一、细胞增殖周期概述

细胞增殖周期(或称细胞周期)是指连续分裂的细胞,从上一次分裂结束开始,到下一次分裂结束为止所经历的过程(图3-27)。过去人们根据细胞的形态变化,将细胞周期中细胞分裂的过程称为分裂期(M期),细胞生长的过程则为分裂间期,是指细胞从一次分裂结束到下次开始分裂之前。从1951年开始,霍华德等采用放射自显影术研究细胞内DNA的复制,首次提出细胞周期由G_1、S、G_2和M期组成的新观点(图3-28)。

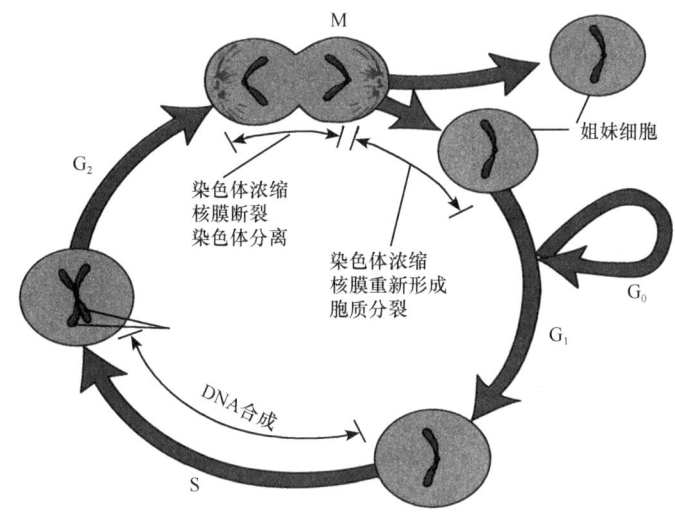

图3-27 细胞周期

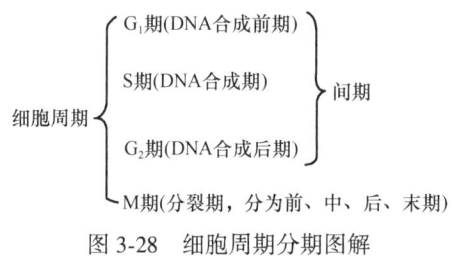

图3-28 细胞周期分期图解

二、细胞增殖周期各个时期的特点

(一) 分裂间期

1. DNA合成前期(G_1期) 此期是从细胞分裂完成到DNA合成开始之前的细胞生长发育期,细胞内进行着生物合成,主要是大量RNA、酶和蛋白质的合成,为细胞的下一步活动提供必要的物质基础。G_1期存在着细胞增殖的"阀门",称限制点,决定细胞是进入S期完成分裂,还是留在G_1期。根据细胞能否通过限制点,将G_1期的细胞分为三种类型(图3-29)。①不再增殖:又称不育细胞,它们永远停在G_1期直至死亡,丧失了分裂能力,依靠干细胞进行补充。如神经细胞、成熟的红细胞、表皮角质细胞等。②暂不增殖:又称G_0期细胞,它们暂时离开细胞周期,停止分裂,但在适当的刺激下,可重新进入细胞周期进行分裂。如肝、肾等器官的实质细胞,平时保持分化状态,只有在受到损伤需要补充时才进行增殖。③继续增殖:细胞保持分裂能力,不断地由一次细胞分裂进入下一次细胞分裂。如骨髓造血细胞、胃肠道黏膜细胞等。

2. DNA 合成期(S 期)　是从 DNA 合成开始到合成结束的全部过程,主要进行 DNA 复制、组蛋白和非组蛋白的合成、相关的酶的合成。DNA 复制完成后,DNA 含量加倍,每条染色质由 2 个 DNA 分子构成。如果用药物抑制 DNA 的复制,细胞就不会进行分裂,临床上某些化疗药物专门作用 S 期,阻断肿瘤细胞 DNA 合成,达到治疗目的。

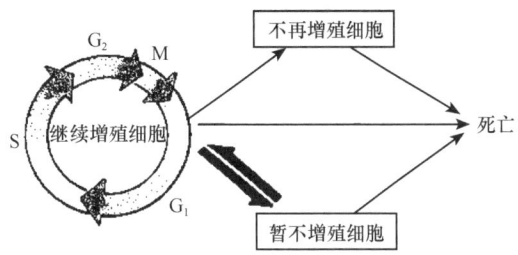

图 3-29　细胞增殖活动图解

3. DNA 合成后期(G_2期)　是从 DNA 合成结束到分裂期开始前的全部过程,主要进行 RNA 和蛋白质的生物合成,为纺锤体和新细胞膜等的形成备足原料,为分裂期所需物质和能源做准备。G_2期持续的时间较短。

(二) 分裂期(M 期、有丝分裂期)

分裂期是从间期结束的时候开始到新间期出现的全部过程,该期细胞形态变化较大(图 3-30)。

不同生物、不同组织以及机体的不同发育阶段,细胞周期的时间是不相同的。一般来说,细胞周期的长短主要取决于 G_1 期的长短。

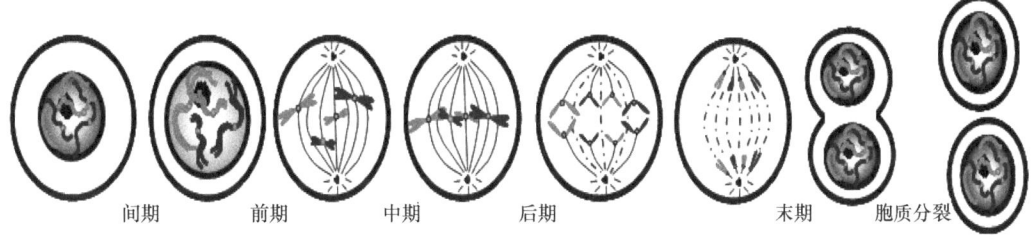

图 3-30　有丝分裂过程图解

1. 前期　指染色质开始凝集到核膜破裂为止的时期。主要变化特点:核仁消失,核膜解体,染色质螺旋化,缩短变粗形成染色体,中心粒外围出现放射状排列的微管,称星体,两星体移向两极,中间出现纺锤丝,形成纺锤体,每条前期染色体是由 2 条螺旋化的姐妹染色单体组成,染色体在纺锤体的微管的牵引下旋转、移动。

2. 中期　是从核膜消失到有丝分裂器形成的全过程,染色体达到了最大限度的浓缩,形成光学显微镜下最清晰、最易分辨、形态最典型的染色体,适宜做染色体核型分析;在纺锤丝的作用下,染色体向细胞中部移动,排列在中央形成赤道板。临床上做核型分析时常用药物(如秋水仙素)将细胞阻止在有丝分裂中期。

3. 后期　指从着丝粒分离到染色单体分别移向两极的时期。每条染色体的着丝粒一分为二,姐妹染色单体分开变成两条染色体,两组形态数目相同的染色体借助纺锤丝的牵引分别由赤道板移向细胞两极。此期细胞中的染色体条数加倍。

4. 末期　指从染色体到达两极开始,至形成 2 个子细胞。两组染色体到达细胞两极后,染色体解螺旋变成染色质,纺锤体消失,核仁重新出现,形成完整的核膜,细胞膜在赤道板处内陷,细胞质一分为二,形成两个子细胞。

(三) 有丝分裂的特点与意义

有丝分裂的特点是:染色体复制一次,完成一次有丝分裂,一个母细胞变成两个子细胞,子细胞与母细胞的染色体相同。

有丝分裂的意义:发生正常有丝分裂,将母细胞的染色体经过复制后精确地平均分配到子细胞中去,从而保证了生物的亲代和子代之间遗传物质的连续性和稳定性。

研究细胞增殖周期的临床意义

研究细胞增殖周期可以促进对疾病病因的认识,并可指导疾病的诊断与治疗。例如,肿瘤是生物体细胞正常生长失去控制导致的异常增殖,肿瘤中的继续增殖细胞与肿瘤疯长有关,对抗肿瘤药物敏感,使用化疗容易控制;暂不增殖细胞是肿瘤复发的根源,对抗肿瘤药物不敏感;不再增殖细胞丧失了分裂能力,其数量增多可使肿瘤恶性程度降低。暂不增殖细胞对物理、化学疗法不敏感,又有复发的危险,可先用血小板生长因子等诱导它们返回细胞周期再进行治疗。可用放线菌素 D 作用于 G_1 期,或作用于 G_2 期前阶段;阿糖胞苷属于 S 期特异性药物;秋水仙碱是分裂期药物。

第4节 减数分裂

一、减数分裂的概念

减数分裂是有性生殖个体性成熟时,在生殖细胞形成过程中所发生的一种特殊的分裂方式。整个细胞周期中,DNA 只复制 1 次,而细胞连续分裂 2 次,最后形成四个子细胞,即由 $2n$ 变成 n,所以称为减数分裂。

减数分裂的过程由两次分裂组成,两次分裂之间有一个间隔期。染色体数目减半及遗传物质的交换均发生在第一次减数分裂中。

二、减数分裂的过程

减数分裂包括减数第一次分裂(Ⅰ)和减数第二次分裂(Ⅱ)(图 3-31)。

1. 减数第一次分裂　同源染色体发生分离,子细胞中的染色体条数减半,只有母细胞染色体的一半,染色体的大小各不相同,为二分体型染色体。

(1) 减数分裂前间期:染色质发生精确地复制,每条染色体由两条姐妹染色单体组成。

(2) 前期Ⅰ:过程复杂,历时较长,细胞核显著增大,是减数分裂过程中最具特征和变化的时期,根据细胞形态的变化分为五期。

1) 细线期:细胞核中染色质呈现细线状,光学显微镜下看不清楚染色体。

2) 偶线期:同源染色体联会形成二价体。同源染色体是指一条来自父方,一条来自母方,大小和形态相似的一对染色体。同源染色体从某一点开始相互靠拢进行配对的过程称联会。人类的 46 条染色体形成 23 个二价体。

3) 粗线期:二价体螺旋缩短变粗,在光学显微镜下可看到每个二价体由四条染色单体构成,故称为四分体。此期可看到同源非姐妹染色单体之间有交叉互换现象发生。同源染色体的两对姐妹染色单体之间互称为同源非姐妹染色单体。

4) 双线期:联会的同源染色体相互排斥发生分离,只有交叉部位连在一起。

5) 终变期:染色体进一步螺旋化,变得更短更粗,核仁、核膜消失,纺锤体开始形成。

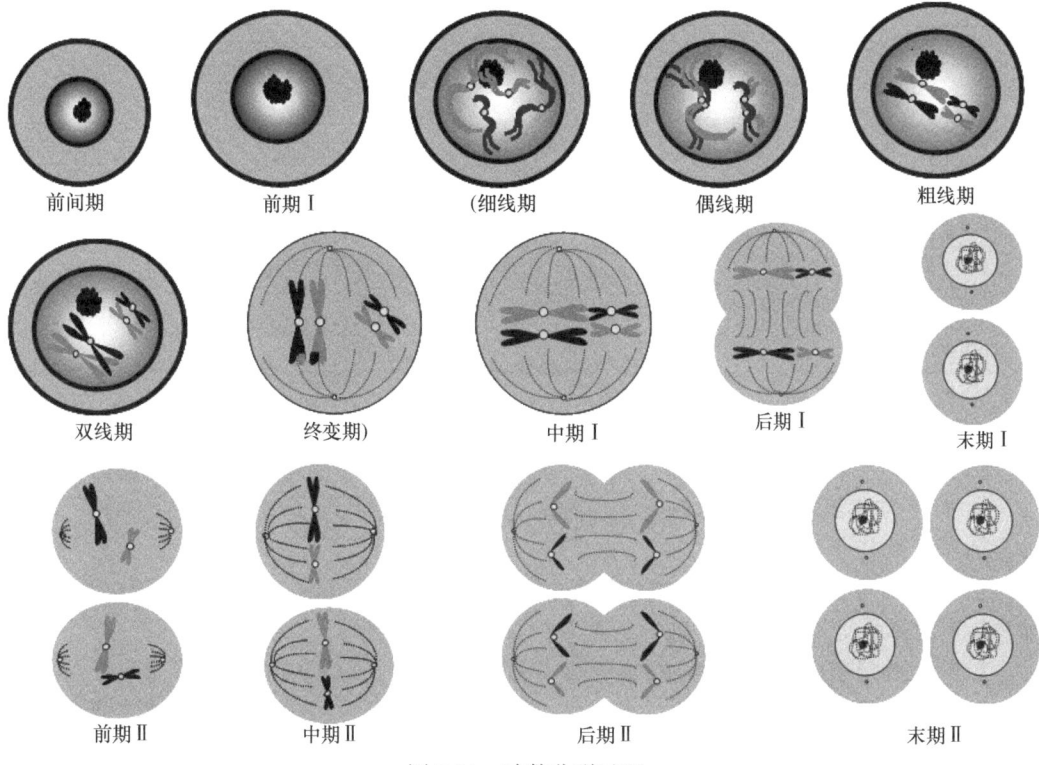

图 3-31 减数分裂过程

(3) 中期Ⅰ：各个联会的同源染色体（即四分体）排列在赤道板上。

(4) 后期Ⅰ：由于纺锤丝牵引，同源染色体彼此分离，分别被拉向细胞的两极，每一极只获得同源染色体的一条，即二分体型染色体。因此，细胞染色体数目减半，即每极含有23条染色体。但分离的23条染色体各包括2条姐妹染色单体，所含的遗传物质DNA是双份的。

(5) 末期Ⅰ：两组二分体型染色体到达两极后解螺旋变成染色质，纺锤体消失，核仁与核膜重新出现，随后胞质分裂形成两个子细胞。

2. 减数第二次分裂　此期持续时间较短，染色质不复制，每条染色体已由两条染色单体构成，细胞中染色体数目已经减半。

(1) 前期Ⅱ：核仁与核膜消失，染色质螺旋变粗形成染色体，纺锤体形成。

(2) 中期Ⅱ：染色体（二分体型）排列在赤道板上。

(3) 后期Ⅱ：每条染色体的着丝粒一分为二，两条姐妹染色单体分开变成两条单分体型染色体，被纺锤丝拉向细胞的两极。

(4) 末期Ⅱ：移到细胞两极的单分体型染色体解旋变成染色质，纺锤体消失，核仁与核膜出现，形成两个细胞核，细胞膜自中部内陷，细胞质一分为二，形成两个子细胞。

三、减数分裂的特点与意义

（一）减数分裂的特点

完成一次减数分裂，染色体仅复制一次，细胞连续分裂两次，一个母细胞变成四个子细胞，子细胞的染色体只有母细胞的一半。减数分裂包括2次连续的细胞分裂，其中减数第二次分裂与有丝分裂过程基本相似。减数分裂与有丝分裂异同见表3-2。

表 3-2 减数分裂与有丝分裂的比较

	有丝分裂	减数分裂
产生细胞类型	体细胞	生殖细胞
分裂次数	1次	2次
子细胞数目	1个分裂成2个	1个分裂成4个
子细胞染色体	与母细胞相同	只有母细胞的一半
同源染色体	无联会、无交叉互换	发生联会和交叉互换
分裂意义	在个体发育中亲子代细胞之间维持功能的稳定性	减数分裂与受精作用维持物种遗传的稳定性
相同点	染色体复制一次	

（二）减数分裂的意义

1. **维持物种染色体数目恒定** 通过减数分裂，生殖细胞中的精子和卵子染色体数减半为单倍体，受精作用后染色体数恢复为二倍体，这样保证了亲代与子代之间染色体数目、遗传物质的相对稳定。

2. **遗传规律的细胞学基础** 减数分裂中同源染色体分离，非同源染色体的随机组合，非姐妹染色单体的交叉互换，在细胞学上证实了遗传的三大定律。

3. **减数分裂是形成物种多样性的基础** 在减数分裂过程中，同源染色体分离进入不同的生殖细胞，非同源染色体的随机组合也增加了生殖细胞的种类。在同源染色体之间没有发生交换的情况下，人类23对染色体经减数分裂可形成 $2^{23}=8388608$ 种不同染色体组成的生殖细胞。如果非姐妹染色单体之间发生交换，将会增加生殖细胞中染色体组成的差异，产生不同遗传类型的后代，能形成不同染色体组成的生殖细胞，使后代个体间表现出多样性，为生物变异提供丰富的原材料。

小 结

通过以上学习，我们知道细胞是生物体结构和功能的基本单位，真核细胞由细胞膜、细胞质和细胞核构成。细胞膜是细胞表面的一层薄膜，主要化学成分有脂类、蛋白质和糖类，细胞膜能保持细胞内环境相对稳定，维持细胞正常生命活动。细胞质含有各种细胞器与细胞质基质，细胞器可分为膜性细胞器和非膜性细胞器。膜性细胞器主要有内质网、高尔基复合体、溶酶体、线粒体、过氧化物酶体等，非膜性细胞器主要有核糖体、中心体、微丝、微管、中间纤维等。细胞核是细胞的控制中心，在细胞的代谢、生长、分化中起着重要作用。细胞核的结构在细胞增殖的不同阶段变化很大，间期细胞核可见核膜、核仁和染色质等结构。中期染色体由长臂、短臂、着丝粒、次缢痕、端粒等部分组成，根据染色体上着丝粒的位置将人类染色体分为中着丝粒染色体、亚中着丝粒染色体和近端着丝粒染色体。将一个体细胞中的全部染色体按其大小和形态特征分组编号排列所构成的图形称为核型。核型分析技术有非带和显带分析两种，目前显带分析技术已成为分析染色体病的有效手段。细胞通过有丝分裂，将复制的染色体平均分配给两个子细胞，保证了细胞之间染色体形态结构和数目的相对恒定，细胞通过减数分裂形成数目减半的单倍体精子与卵子，再通过精卵结合又形成二倍体的受精卵，这既保证了亲代与子代之间染色体数目的恒定，又可形成多种多样不同遗传组合的后代，使亲代与子代之间以及子代个体之间的遗传性状有相似又有差异。

细胞各个细胞器之间无论在结构上还是功能上都是密切联系的，是具有高度组织性的统一整体，如果在构造上缺少某一部分，将对细胞的整个生命活动产生影响。

目标检测

一、填空题

1. _____是生物体的结构和功能的基本单位，也是生命活动及遗传的基本单位。
2. 细胞膜的化学成分主要有_____、_____和_____，此外还有水、无机盐和少量的金属离子。
3. 关于细胞膜的分子结构模型，目前大多数人能接受的则是_____模型。
4. 细胞质内的内质网根据其形态结构可分为两大类_____和_____。
5. 溶酶体根据其完成生理功能的不同阶段可分为_____、_____、_____。
6. 细胞周期的间期才有完整的由四个部分组成的细胞核，称为间期核，间期核结构完整，包括_____、_____、_____和_____四部分。
7. 染色体和染色质是细胞核内最重要的结构，它们是_____的载体，是同一物质在不同时期的两种表现形式。
8. 染色质在核内的分布不均匀、松散的是_____，其螺旋化程度低，有转录活性；分布致密的是_____。
9. 根据着丝粒在染色体上的位置，将染色体分为三类_____染色体、_____染色体和_____染色体。
10. 观察细胞染色体的最好时期是_____期，染色体数目增加一倍是_____期。
11. 在减数分裂的偶线期，同源染色体联会成二价体，人的23对染色体形成_____个二价体。
12. 正常男性核型描述为_____，正常女性核型描述为_____。
13. 人类的46条染色体中，有两条与性别有关，称为_____，其余的44条是男女都有的，称_____。
14. 47XXY的个体可见有_____个X染色质，_____个Y染色质。

二、选择题

1. 构成生物体的基本结构和功能单位是下列哪个（　　）
   A. 细胞膜　　　　B. 细胞核
   C. 细胞质　　　　D. 细胞

2. 在下列细胞物质运输方式中，不需能量而属于被动运输的是（　　）
   A. 内吞　　　　B. 胞吐
   C. 协助扩散　　D. 钠钾泵

3. 下列哪种细胞器的膜上有核糖体附着（　　）
   A. 粗面内质网　　B. 滑面内质网
   C. 高尔基复合体　D. 溶酶体

4. 溶酶体所含的酶是（　　）
   A. 氧化酶　　　　B. ATP合成酶
   C. 糖酵解酶　　　D. 酸性水解酶

5. 矽肺与哪一种细胞器受损有关（　　）
   A. 粗面内质网　　B. 画面内质网
   C. 高尔基复合体　D. 溶酶体

6. 核糖体的功能可表达为（　　）
   A. 细胞的动力工厂　B. 蛋白质合成的场所
   C. 细胞的骨架系统　D. 细胞内的物质运输机

7. 由两层膜围成的细胞器有下列哪种（　　）
   A. 内质网　　　　B. 线粒体
   C. 溶酶体　　　　D. 过氧化物酶体

8. 原核细胞与真核细胞的最主要的区别是（　　）
   A. 细胞膜　　　　B. 细胞质
   C. 细胞核　　　　D. 细胞器

9. 染色质的基本组成单位是下列哪个（　　）
   A. 核酸　　　　　B. 蛋白质
   C. 核小体　　　　D. 染色单体

10. 细胞核主要功能是（　　）
    A. 进行能量转换
    B. 合成蛋白质
    C. 储存和复制遗传物质
    D. 储存能源物质

11. 细胞有丝分裂过程中，发生在分裂间期的有下列哪种情况（　　）
    A. 两个姐妹染色单体形成了两个染色体
    B. 染色质变成了染色体
    C. 每个细胞中DNA分子数增加了一倍
    D. 每个细胞染色体数增加了二倍

12. 细胞有丝分裂过程中，着丝粒分裂发生在下列哪个时期（　　）
    A. 间期　　　　B. 前期
    C. 中期　　　　D. 后期

13. 正常人类体细胞染色体数目为（　　）

A. 48 条 B. 23 条
C. 45 条 D. 46 条
14. 根据 ISCN,正常女性 C 组染色体数目为( )
A. 12 条 B. 13 条
C. 14 条 D. 16 条
15. 目前临床上检查染色体,广泛采用的显带技术是( )
A. Q 显带 B. G 显带
C. C 显带 D. T 显带
16. 某个体核型为 47,XXX,则该个体间期细胞核中的 X 染色质体数目为( )
A. 3 个 B. 2 个
C. 1 个 D. 4 个
17. 下列关于染色体与染色质的叙述,正确的是( )
A. 同一物质,存在于同一时期
B. 同一物质,存在不同时期
C. 不同物质,形态不同
D. 同一物质,形态相同
18. DNA 复制发生在( )
A. G_1 期 B. S 期
C. G_2 期 D. 分裂末期
19. 临床上做核型分析,常使细胞停留在( )
A. 间期 B. 中期
C. 前期 D. 后期

三、名词解释

1. 生物膜 2. 单位膜 3. 核型 4. 细胞周期
5. 减数分裂 6. 同源染色体 7. 四分体

四、简答题

1. 细胞的基本结构包括哪几部分?
2. 细胞膜对细胞生命活动有什么作用?
3. 说出内质网的种类及功能?
4. 说出线粒体的结构与功能?
5. 比较有丝分裂与减数分裂的异同点。
6. 如何理解减数分裂中染色体变化与遗传三大定律的关系。

(林小珊)

第4章 遗传的胚胎学基础

导言 人体是自然界中进化程度最高、结构和功能最为复杂的有机体,由400万亿个以上细胞构成。不同形态结构和生理功能的细胞根据一定的规律组合起来,构成了完整的人体。有趣的是,这样一个复杂的机体竟然只是源于一个小小的细胞——受精卵。受精卵是携带有来自父体遗传信息的精子与携带有来自母体遗传信息的卵子相互融合的产物。它通过细胞的增殖、分化和一系列复杂的生物学过程,历经266天,发育成为一个成熟的胎儿,这个过程称为个体发生。

人的个体发生过程迅速而简单地重演了人类进化过程,即由单细胞生物到多细胞生物、由简单到复杂、由低级到高级。在人体的胚胎发育过程中,有的结构出现并无功能意义,有的很快退化消失,如卵黄囊;有的退化后留有遗迹,如脊索;有的则演变成了其他器官,如鳃弓。这些胚胎结构的出现、退化和演变,都是生物进化的过程的演变。

第1节 人类精子的形成

男性生殖系统由睾丸、生殖管道、附属腺和外生殖器组成。睾丸能产生精子、分泌雄激素。生殖管道是用来运输精子的结构,包括附睾、输精管和尿道,附睾还有暂时储存、营养精子和促进精子成熟的作用。附属腺包括前列腺、精囊和尿道球腺。附属腺和生殖管道的共同分泌物共同构成精浆,精浆和精子构成精液。外生殖器为阴囊和阴茎。阴囊位于腹腔外,为精子的发生提供了适宜的温度。阴茎有勃起功能,是性交器官。

一、睾丸的结构

睾丸位于阴囊中,表面覆盖有睾丸被膜,被膜包括鞘膜脏层、白膜和血管膜三层。白膜是致密结缔组织,在睾丸后缘增厚形成睾丸纵隔。其结缔组织呈放射状进入睾丸实质,形成小叶隔,并将睾丸实质分成大约250个睾丸小叶,每个小叶内有1~4条细长弯曲的生精小管,这是形成精子的结构。生精小管在近睾丸纵隔处形成直而短的直精小管,并相互吻合形成睾丸网。血管膜在白膜的深面,疏松而且薄,血管丰富。生精小管之间的结缔组织称睾丸间质(图4-1)。

二、精子的形成

睾丸内的生精小管主要由生精上皮构成,它由支持细胞和5~8层生精细胞构成。

在青春期之前,生精小管是实心结构,上皮只有精原细胞和支持细胞。进入青春期开始,生精细胞变成了一系列的细胞,根据发育的程度可以逐渐分为精原细胞、初级精母细胞、次级精母细胞、精子细胞和精子(图4-2)。由精原细胞变成精子的过程称为精子发生,一般要经历增殖期、生长期、成熟期和变形期四个时期(图4-3)。

1. **增殖期** 精原细胞紧贴在生精上皮的基膜,呈圆形或椭圆形,有丝分裂活跃,可分为A、B两型精原细胞。A型精原细胞是生精细胞中的干细胞,B型精原细胞可通过有丝分裂形成初级精母细胞。精原细胞的核型为46,XY。

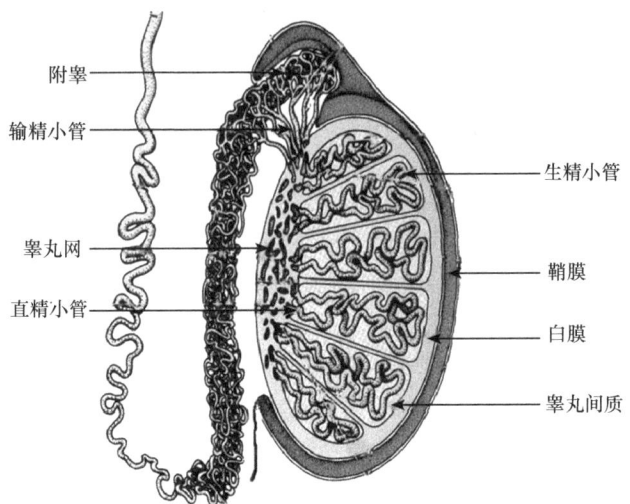

图 4-1 睾丸和附睾模式

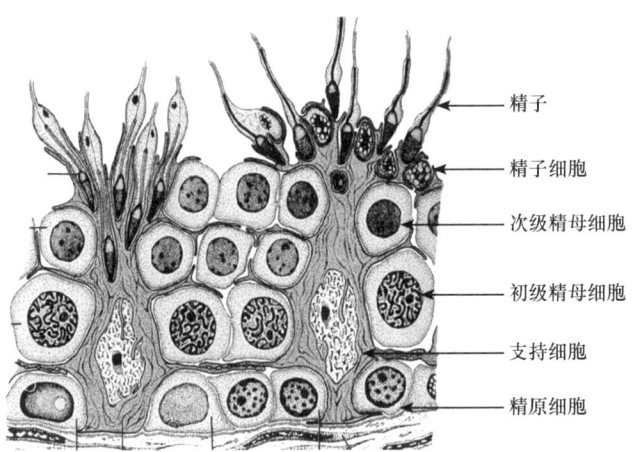

图 4-2 生精小管模式图

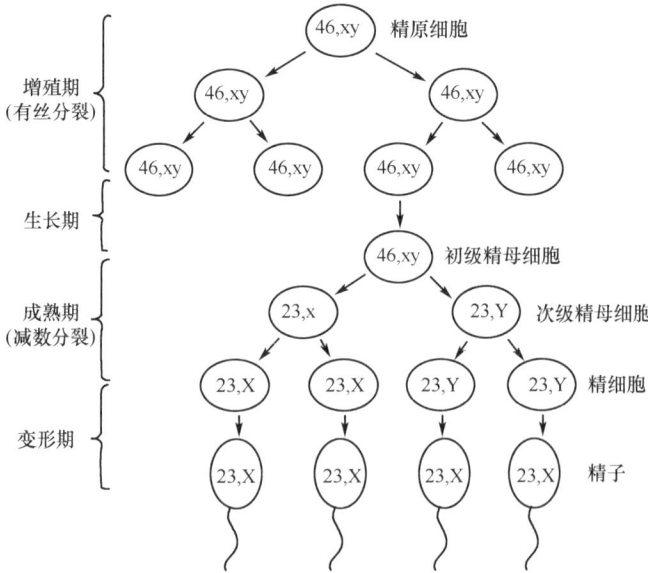

图 4-3 精子发生示意图

2. 生长期　核大而圆的精原细胞逐渐成为初级精母细胞,位于精原细胞的近腔侧,体积较大。核型为 46,XY。

3. 成熟期　初级精母细胞经过 DNA 复制后($4n$DNA),开始第一次成熟分裂,生成 2 个 $2n$DNA、单倍染色体的次级精母细胞,次级精母细胞位于初级精母细胞的近管腔,核圆形,染色体组型为 23,X 或 23,Y($2n$DNA)。第一次减数分裂持续数周。次级精母细胞经过减数第二次分裂形成精细胞。第二次减数分裂大约只需 8 小时完成经过减数分裂,一个初级精母细胞可产生四个单倍体的精细胞。精细胞位于近腔面,体积较小,数量很多,核圆,染色深。核型为 23,X 或 23,Y(nDNA)。

4. 变形期　精细胞经过形态和生理变化,发育成具有头、颈和尾的蝌蚪状能运动的精子,核型不变。

新生成的精子释放进入生精小管后,本身并没有运动能力,仅仅靠小管外周肌样细胞的收缩和管腔液的移动被输送至附睾内。在附睾内精子经过一系列复杂变化获得运动的能力,达到功能上的成熟,并大量储存在附睾。在性生活中,精子可以通过输精管的蠕动运送至尿道。精子的发生自男性性成熟之后开始不断进行,一般约需要两个半月左右完成一个周期,形成的精子储存在附睾中,与精浆组成精液。正常男子每次射出 3~5ml 精液,每毫升精液中含 1 亿~2 亿个精子。

男士紧身内裤隐患大

男性不育症发生率为 10% 左右。其中单纯女方因素约为 50%,单纯男方因素约为 30%,男女共有约 20%。男性不育症的原因有很多种,除了男性本身的一些病理原因外,现在市面上流行的紧身男士内裤,其危害往往容易被忽视。

精子的生成需要适宜的环境,睾丸只有低于腹腔内温度 2℃ 左右才有利于精子的生成和睾酮的分泌。睾酮是促进精子生成的重要物质。现在流行紧身的男士内裤,一般前面设计都是双层的,将阴囊和阴茎包裹在一起,久了导致胯下长期在高温潮湿的环境中,成为病毒细菌滋生的温床。胯下长时间的高温潮湿是引发男性前列腺炎、精索静脉曲张、精囊炎、阴囊湿疹等常见男性疾病的潜在危险。前列腺炎、精索静脉曲张和精囊炎是男性不育症常见疾病。所以专家建议多穿透风透气、散热隔离好的阴囊袋内裤,长期保持胯下干爽透气散热。

三、精子的结构

精子形似蝌蚪,大约 60μm 长,可分头尾两部。人的精子头部正面呈卵圆形,侧面呈梨形。精子的头内主要有一个染色质高度浓缩的细胞核,核的前 2/3 部分有顶体覆盖。顶体内有水解酶性质的颗粒,内含如顶体蛋白酶、透明质酸酶、酸性磷酸酶等,与受精时精子通过卵外的放射冠和透明带等卵膜有关。尾部是精子的运动装置,可分为颈段、中段、主段和末段四部分。颈段最短,位于头部之后,呈柱状或漏斗状,其内主要是中心粒,并排出 9+2 排列的微管,构成鞭毛中心的轴丝。在中段,轴丝外侧有 9 根纵行致密纤维,再外包一圈线粒体鞘,为鞭毛摆动提供能量,使精子得以快速向前运动。主段是尾部最长的部分,由轴丝和其外的筒状纤维鞘组成,可使精子尾部截面呈卵圆形。末段短,纤维鞘逐渐变细而消失,仅有轴丝(图 4-4)。

四、睾丸的内分泌功能

睾丸的内分泌功能主要包括睾丸间质细胞分泌雄激素,睾丸支持细胞分泌抑制素。

(一)雄激素

1. 雄激素的合成与代谢 雄激素是一种类固醇激素,包括睾酮、二氢睾酮等多类,睾丸间质细胞分泌的主要为睾酮。在血浆中,绝大部分睾酮与性激素结合球蛋白或白蛋白结合,极少部分是游离的。睾酮主要在肝内被灭活。在24小时内睾酮浓度会发生节律性变化,早上最高,晚上最低。正常男性在20~50岁时,体内血浆睾酮浓度为(22.7±4.3)nmol/L,之后血浆睾酮浓度会逐渐下降。

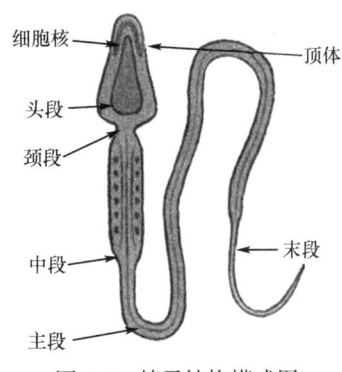

图4-4 精子结构模式图

2. 睾酮的生理作用 ①维持生精作用,提供精子生存的合适环境。实验表明,将成年大鼠的垂体摘除,导致睾丸缩小、间质细胞萎缩,从而睾酮的分泌减少使得精子发生停滞,如及时注射睾酮,可使生精过程恢复。②在胎儿时期开始促进性腺结构的分化,刺激生殖器官的生长发育,青春期后促进男性第二性征出现,如促进体毛的出现、变声、喉结突出等并维持其正常状态。③维持正常的性功能,激发性欲,提高性的兴奋。④加速蛋白质合成,包括促进机体免疫球蛋白的合成,提高机体免疫力。特别是能促进肌肉和生殖器官蛋白质合成,通过钙磷沉积促进骨骼生长,以及促进骨髓生成更多红细胞等。此外,睾酮还可影响脂质代谢,对男性性格和行为等也有影响。

(二)抑制素

抑制素由睾丸支持细胞分泌,是一类糖蛋白激素,它对腺垂体的卵泡刺激素分泌具有很强的抑制作用。

第2节 人类卵子的形成

卵子发生是在卵巢中进行的,卵原细胞经过增殖、生长、成熟阶段最终形成卵子的过程。在卵子形成的过程中,卵原细胞周围的卵泡细胞也会相应的增殖来包围卵原细胞,形成卵泡。卵子发生过程也受性激素的调控,具有明显的周期性。

女性生殖系统由卵巢、输卵管、子宫、阴道和外生殖器组成。卵巢是产生卵子(女性生殖细胞)和具有内分泌功能的器官;输卵管是输送卵细胞的管道和受精的部位;子宫是孕育胎儿及形成月经的结构;外生殖器即女阴。

一、卵巢的结构

卵巢呈卵圆形,位于子宫两旁、输卵管后下方,左右各一个,借助韧带固定在盆腔里。卵巢表面覆盖有一层与腹膜相连的表面上皮,此上皮呈单层扁平或立方形。上皮下是由薄层致密结缔组织形成的白膜。卵巢实质的外周部分称皮质,中央部分称髓质。皮质内有不同发育阶段的卵泡和结缔组织。髓质由疏松结缔组织构成,与皮质并没有明显分界。结缔组织内都含较多的弹性纤维和比较大的血管。卵巢一侧称卵巢门,血管、淋巴管和神经等从此门进出卵巢。

二、卵泡的发育和成熟

卵巢的皮质中有大量的原始卵泡。从青春期开始,卵巢在大脑垂体周期性分泌促性腺激素作用下,每28天左右有一个卵泡成熟并排卵。卵泡是由一个卵母细胞以及包绕在周围的多个卵泡细胞构成。它的发育是一个连续的过程,按照发育程度分为原始卵泡、生长卵泡和成熟卵泡(图4-5),可以历经增殖期、生长期和成熟期三个阶段(图4-6)。

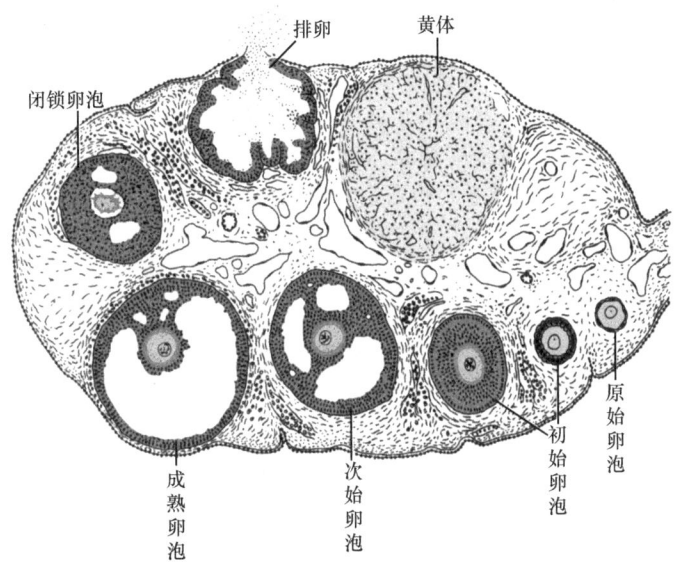

图4-5 卵巢结构模式图

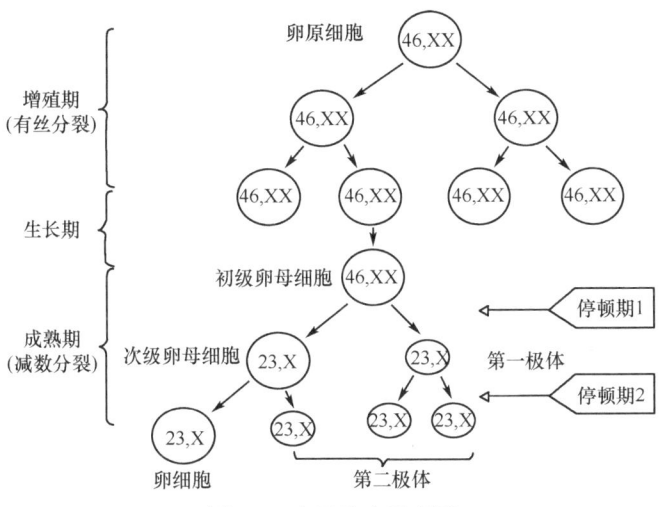

图4-6 卵子发生示意图

(一) 增殖期

人类胚胎的原始生殖细胞来源于卵黄囊内胚层,于胚胎9~10周时迁移定驻于卵巢皮质部,3~4个月时卵巢生殖上皮细胞不断增生脱落成为卵原细胞,卵原细胞的核型为46,XX。卵原细胞与周围的卵泡细胞构成原始卵泡,原始卵泡位于卵巢皮质的浅部,是处于静止期的卵泡。

(二) 生长期

在胎儿7个月左右时,所有卵原细胞增大成为初级卵母细胞,核型仍为46,XX。原始卵泡因此也生长为初级卵泡。到婴儿出生时,大多数的初级卵泡退化,每侧卵巢大约仅剩下50

万个初级卵泡,以后还会不断消失,到青春期时,只剩下3万~4万个卵泡,而且所有的初级卵母细胞都将停滞在双线期,可长达45年以上。在女性的一生中,只有300~400个卵母细胞能达到成熟和排卵阶段。从原始卵泡的生长看分为初级卵泡和次级卵泡两个阶段。

1. 初级卵泡　初级卵泡的结构变化特点是:中间的初级卵母细胞体积增大;外周的卵泡细胞由扁平状变成立方形或柱状,层数由单层增殖为多层;卵母细胞与卵泡细胞之间出现一层由它们共同分泌的,呈均质嗜酸性的糖蛋白膜,称之为透明带。透明带的作用是保护卵子,阻止异种精子进入。其下还有一层分泌性囊泡,称为皮质颗粒。受精时卵母细胞向外释放皮质颗粒,引起透明带结构变化,形成受精膜,阻止其他精子进入。

2. 次级卵泡　初级卵泡继续增大和分化,当卵泡细胞之间出现新月形的卵泡腔时,称之为次级卵泡。多个卵泡腔不断融合扩大,初级卵母细胞和周围的卵泡细胞逐渐居于卵泡腔的一侧,突入卵泡腔,形成卵丘;次级卵泡的卵母细胞会继续增大,外面仍然包裹透明带;紧贴透明带的一层高柱状卵泡细胞呈放射状排列,称为放射冠;分布在卵泡期周围的卵泡细胞排列成颗粒状,称颗粒层;卵泡周围的结缔组织内细胞增殖分化,形成卵泡膜。

(三) 成熟期

次级卵泡发育到最后形成成熟卵泡。成熟卵泡也可称为三级卵泡,位于卵泡内,被数层颗粒细胞包绕,体积很大,占据皮质全层且向卵巢表面突出,形成卵丘。在排卵前36~48小时,初级卵母细胞完成第一次减数分裂,形成一个大的次级卵母细胞和一个小的第一极体。次级卵母细胞的染色体核型为23,X(2nDNA)。随后,次级卵母细胞开始第二次成熟分裂,但是仅仅停留在分裂中期。

三、排卵与黄体生成

(一) 排卵

成熟卵泡破裂,次级卵母细胞及其外周的透明带和放射冠自卵巢排向腹膜腔的过程称为排卵。生育期女性每28天左右即一个月经周期排卵一次。排卵的时间约在每个月经周期的第14天,一般每次排卵1个,偶尔排两个或以上,双侧卵巢交替排卵。如果排出的卵在24小时内未受精,次级卵母细胞会退化吸收。如果受精,次级卵母细胞会继续第二次成熟分裂,生成一个成熟卵细胞和一个第二极体。这时的卵细胞染色体核型为23,X(nDNA)。

(二) 黄体生成

排卵后,残留的颗粒层、卵泡膜和血管向卵泡腔内塌陷,在黄体生成素的作用下,逐渐发育为一个体积大而富含血管的内分泌细胞团,因为新鲜时呈黄色,称黄体。黄体的发育取决于排出的卵是否受精。若卵未受精,黄体持续2周后退化,称月经黄体;若卵受精并妊娠,在绒毛膜促性腺激素的刺激下,黄体继续增大发育,可维持6个月或更久,称月经黄体。黄体退化后会被结缔组织取代,称白体。

四、卵巢的内分泌功能

卵巢主要分泌雌激素、孕激素、少量雄激素和抑制素。

(一) 雌激素

1. 雌激素的合成和代谢　卵巢分泌的雌激素主要为雌二醇,在卵巢排卵前由卵泡分泌,排卵后由黄体分泌。在月经周期中,雌激素水平呈周期性波动。雌激素随着卵泡的发育浓度增高,在排卵前一周明显增多,排卵前一天达到最高,旋即下降。黄体生成后,雌激素再次升高。所以在月经周期,雌激素有两次高峰,黄体期雌激素低于卵泡期。血中雌二醇绝大部分与血浆中性激素结合球蛋白或白蛋白结合。雌二醇主要在肝降解为雌三醇排出体外。

2. 雌激素的生理功能

(1) 对生殖器官的作用：①雌激素协同腺垂体分泌的卵泡刺激素，促进排卵。②促进输卵管上皮增生，增强其运动能力，利于精子与卵子运行。③促进子宫发育，使子宫内膜分泌清亮、稀薄的黏液，益于精子穿行；分娩时，能增强子宫肌兴奋性，提高子宫肌对催产素的敏感性。④使阴道分泌物呈酸性（pH4~5），以增强阴道的抵抗力。

(2) 对乳腺和第二性征的作用：雌激素能刺激乳腺导管和结缔组织增生，促进乳腺发育，使全身毛发和脂肪分布具有女性特征，骨盆宽大，臀部肥厚。

(3) 对代谢的作用：①促进蛋白质合成，从而促进生长发育。②刺激成骨细胞活动，抑制破骨细胞活动，加速骨的生长，促进骺软骨的愈合。③提高血中载脂蛋白含量，降低血胆固醇浓度，从而对抗动脉硬化。④高浓度的雌激素能促进醛固酮分泌，致使水、钠潴留。

(二) 孕激素

1. 孕激素的合成和代谢　卵巢分泌的孕激素主要为孕酮，由黄体分泌。在黄体生成之前，孕激素水平都很低。黄体生成后，孕激素水平明显增加。排卵后 5~10 天，出现高峰。血中孕酮绝大部分与血浆皮质类固醇结合球蛋白或白蛋白结合。孕酮在肝降解成孕二酮排出体外。

2. 孕激素的生理功能　基本上是在雌激素基础上发挥作用。

(1) 对子宫的作用：①使雌激素作用下增生的子宫内膜进一步增厚，有利于孕卵的生存和着床。②为胚泡提供丰富的营养，促进的胚泡生长。③抑制母体对胎儿的排斥，安宫保胎。④使宫颈黏液减少而变稠，阻挡精子通过。

(2) 对乳腺的作用：在雌激素的作用基础上，促进乳腺腺泡发育，并为妊娠后泌乳做准备。

(3) 产热作用：孕酮可作用于下丘脑体温调节中枢，升高基础体温，使女性基础体温在排卵前出现短暂降低，在排卵后升高 0.5℃ 左右，并在黄体生成后一直维持此水平上。临床上常将这个双相变化，作为判定排卵的标志之一。

第3节　受精与胚胎发育

一、受　精

精子和卵子结合为一个新细胞的过程称之为受精，新形成的这个细胞即受精卵。这一过程始于精子初与卵子的外层被膜相遇开始，终于第一次卵裂前在中期赤道板上母源与父源染色体混合。发生部位在输卵管壶腹部。发生时间是排卵后 12 小时内。

受精的过程包括：精子获能、顶体反应、透明带反应、原核形成和融合。

排卵排出的次级卵母细胞处于第二次减数分裂中期，会与透明带和放射冠一起进入输卵管，并向子宫方向移动，并停留在输卵管壶腹部。在生精小管内形成并在附睾内成熟的精子还不能使卵子受精，一定要经过获能后才有受精能力。精子获能是精子在女性生殖管道、尤其是输卵管中运行时完成的。此时，精子表面的某些糖蛋白衣和精浆蛋白从精子头部脱落，顶体表面细胞膜裸露，完成获能。获能后的精子碰到卵细胞周围的放射冠时，释放顶体酶，溶解其颗粒细胞之间的基质，穿越放射冠并接触透明带。精子与透明带黏附后释放顶体酶，使精子能够穿越透明带与卵细胞膜融合，称顶体反应。精子与卵细胞的融合能释放卵浆内的溶酶体酶，从而改变透明带的性质，灭活透明带表面的精子种特异性受体，阻止精子的穿越，称透明带反应。透明带反应能保证单精受精，防止多精入卵。精子的进入启动卵细胞迅速完成第二次成熟分裂,生成了成熟卵子。卵子的细胞核称卵原核,精子的细胞核紧靠卵原核并膨大,形成精原核。精卵原核向细胞中部靠拢,相互融会,核膜消失,染色体混合,形成了一个含有 46 条染色体的二倍体细胞——受精卵。至此受精过程完成。

受精是生殖过程中的关键环节,受精卵是精子与卵子融合的产物。受精的意义在于:①精卵的结合,恢复了二倍体核型,从而保证了物种的稳定性;②父系和母系遗传物质的融合,形成了新的基因组合和染色体组合,促进了个体遗传多样性;③受精决定了新个体的性别,激活了卵细胞代谢,启动了受精卵的卵裂,是新个体的开端。未受精的卵细胞无法完成第二次减数分裂,于排卵 24 小时后退变死亡。

第三代试管婴儿技术

"试管婴儿"实际上就是"体外受精和胚胎移植"(IVF-ET)技术,是把卵子和精子都拿到体外来,让它们在体外人工控制的环境中完成受精过程,然后把早期胚胎移植到女性的子宫中,在子宫中孕育成为孩子。它的过程比较复杂,主要包括以下几步。

1. 促排卵治疗 为了保证有可以移植的胚胎,要从女性体内获得多个卵子。因此,首先要对女性进行促排卵治疗。
2. 取卵 医生在 B 超引导下应用特殊的取卵针经阴道穿刺成熟的卵泡,吸出卵子。
3. 体外受精 当女性取卵时,男性进行取精。精液经过特殊的洗涤过程后,将精卵放在特殊的培养基中,以期自然结合。
4. 胚胎移植 受精后数日,应用一个很细的胚胎移植管,通过子宫颈将最好的胚胎移入母体子宫,根据年龄、胚胎质量和既往试管婴儿的结局,决定移植胚胎的个数,通常移植 2~3 个胚胎。
5. 黄体支持 女性在取卵周期通常存在黄体功能不足的现象,需要应用黄体酮或绒毛膜促性腺激素进行黄体补充、支持。如果没有妊娠,停用黄体酮,等待月经来潮。如果妊娠了,则继续应用黄体酮,通常至 B 超看到胎心后 3 周。
6. 妊娠的确定 在胚胎移植后 14 天测定血清绒毛膜促性腺激素(HCG),确定是否妊娠。在胚胎移植后 21 天再次测定血清 HCG,以了解胚胎发育的情况。在胚胎移植后 30 天经阴道超声检查,确定是否宫内妊娠,有无胎心搏动。

二、卵裂与胚泡发育

(一)卵裂与胚泡形成

受精卵形成后的早期细胞分裂称为卵裂,卵裂的子细胞称为卵裂球。随着卵裂的进行,卵裂球会出现越来越明显的差异,称细胞分化;卵裂一直在透明带内进行,但随着卵裂球数目增多,每个卵裂球体积逐渐变小。

受精后的第 3 天,卵裂球的数目达 12~16 个,排列非常紧密,形似桑椹,称桑椹胚。桑椹胚已有明显的细胞分化。卵裂的同时,输卵管平滑肌产生节律性收缩,管壁上皮细胞纤毛摆动,形成管内液体流,让受精卵向子宫方向移动,桑椹胚逐渐由输卵管进入子宫腔。进入宫腔的桑椹胚继续分裂,数目更加增多,于受精后第 7 天形成囊胚状的胚泡。

胚泡由胚泡腔、内细胞群和滋养层 3 部分组成。胚泡中间的腔称胚泡腔,内含胚泡液;在胚泡腔的一端有一团不规则的细胞团,称内细胞群,会发育成胎儿;胚泡的壁由单层细胞构成,能吸收营养,称滋养层,与内细胞群相邻的部分称胚端滋养层,会发育成胎盘。胚泡在受精后第 4 天到达子宫腔,此时,透明带变薄并消失,胚泡与子宫内膜接触,开始植入(图 4-7)。

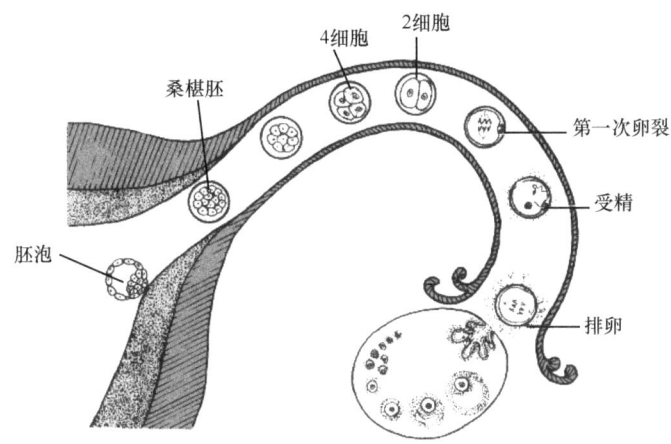

图 4-7 排卵、受精、卵裂示意图

（二）植入

胚泡逐渐进入子宫内膜的过程称植入，又称着床。植入开始于受精后的第 5~6 天，完成于第 11~12 天。

受精后第 5 天末，包绕胚泡的透明带溶解消失，胚端滋养层黏附于子宫内膜表面，分泌溶组织酶分解黏附的子宫内膜功能层。此时，胚端滋养层的细胞迅速分裂增殖为两层，内层的细胞滋养层和外层的合体滋养层。合体滋养层无细胞界限；细胞滋养层界限清楚，呈立方形，其细胞不断分裂增殖，加入并增厚合体滋养层。受精后的第 9 天，胚泡已经深入子宫内膜，表面上皮处的缺口由一团非细胞物质的——凝栓填充。受精后的第 12 天左右，胚泡完全进入子宫内膜，表面的植入口已被上皮完全覆盖，植入完成。

（三）蜕膜

胚泡植入的部位通常在子宫底或子宫体上部。植入的过程中，子宫内膜会发生复杂变化，称蜕膜反应。经过蜕膜反应后的子宫内膜称蜕膜，一般分成 3 个部分：位于胚泡深面的部分称基蜕膜（或底蜕膜）；覆盖胚泡的浅层蜕膜称包蜕膜；其余部分的蜕膜称壁蜕膜。

三、二胚层胚盘及其相关结构的形成

（一）二胚层胚盘的形成

胚泡植入后，内细胞群分裂增殖，于受精后第 7~8 天分化为上下两层：上层细胞呈高柱状，称上胚层；下层细胞呈低立方形，称下胚层。这两层细胞只间隔一层基膜紧密相贴，形成的椭圆形盘状结构，称二胚层胚盘。

（二）羊膜囊和初级卵黄囊的形成

受精后的第 8 天，上胚层细胞继续增生，细胞之间出现一个小腔隙并逐渐扩大，因此上胚层被分成两层细胞：贴近细胞滋养层内面的一层细胞形成羊膜；与下胚层相贴的仍为上胚层。两层细胞的边缘延续，从而环绕中央的羊膜腔，一起构成了羊膜囊，羊膜腔内充满了羊水。受精后第 9 天，下胚层的边缘细胞增生且沿细胞滋养层内面向下迁移，形成一层扁平的体外腔膜。这层膜与下胚层共同构成了一个初级卵黄囊，囊腔就是原来的胚泡腔，其顶就是下胚层。

（三）胚外体腔和次级卵黄囊的形成

受精后第 11 天，细胞滋养层内侧与外体腔膜及羊膜间出现一层网状组织形成的胚外中胚层。受精后第13天，胚外中胚层的逐渐增厚，使其中出现了一些小腔隙，并融合为一个大腔，即胚外体腔。胚外体腔使胚外中胚层间隔成两部分：一部分称胚外体壁中胚层，铺衬在滋养层的内表面和羊膜囊的外表面；另一部分称胚外脏壁中胚层，覆盖在初级卵黄囊的表面。此时，二胚层胚盘和羊膜囊、卵黄囊的大部分被胚外体腔所环绕，悬吊在滋养层上，形成了体蒂。受精后第2周末，下胚层的边缘细胞增生，沿外体腔膜向下迁移，在初级卵黄囊内形成了次级卵黄囊。次级卵黄囊的出现使初级卵黄囊脱离了胚盘并萎缩退化形成外体腔泡，位于胚外体腔中（图4-8）。

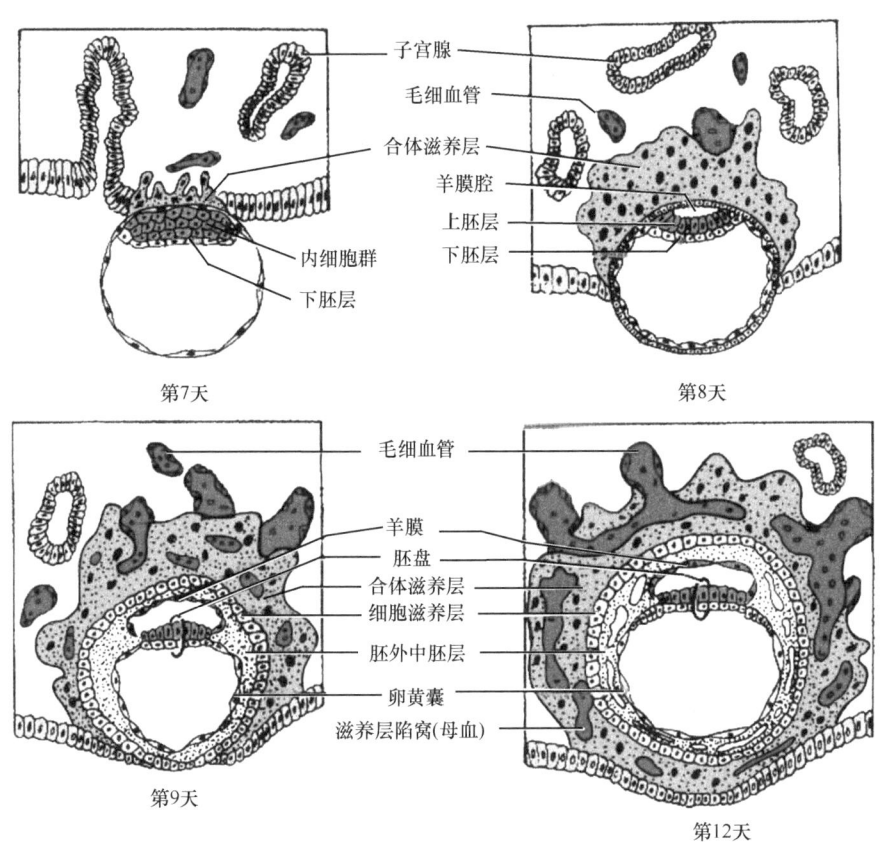

图4-8　植入、二胚层胚盘形成示意图

四、三胚层胚盘的形成及各胚层的分化

受精后第15天，上胚层细胞增生且向胚盘尾端中线迁移，在胚盘尾端的中轴线上出现了一条纵行的细胞柱，称原条。其头端膨大，称原结。原结背侧凹陷，称原凹。增生的上胚层细胞经原条下陷，首先迁入下胚层，并逐渐形成了一层新的细胞，称内胚层。经原条迁移的另外一部分上胚层细胞则在上胚层与内胚层之间扩展，逐渐形成了一层新的细胞，称中胚层。内胚层和中胚层之后的上胚层，称外胚层。这三个胚层形成了一个头端较宽、尾端较窄的椭圆形盘状结构，称三胚层胚盘。这就是人体发育的原基，可形成人体的各种细胞、组织和器官（图4-9）。

（一）外胚层的分化

受精后第19天左右，外胚层位于胚盘中轴线两侧的细胞增生，由单层先变成假复层再变成复层，形成一个头端宽、尾端窄的椭圆形细胞板，称神经板。接着神经板两侧凸起，称神经

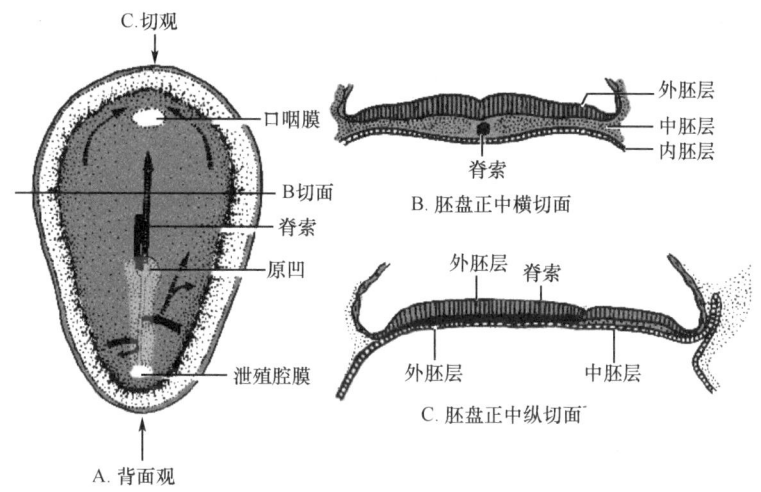

图 4-9 三胚层胚盘形成示意图

褶;中央凹陷,称神经沟。随后神经沟开始闭合。受精后第 24 天时,头端留下一个未闭合的前神经孔,尾端留有一个未闭合的后神经孔。最后分别闭合形成一条完全封闭的神经管,其头端将分化成为脑,尾端将分化成为脊髓。

在神经沟闭合为神经管时,其外侧缘细胞形成两条纵行细胞索,称神经嵴。这是周围神经系统的原基,可分化成脑神经节、脊神经节以及交感副交感神经节等。此外,神经嵴细胞还可分化为嗜铬细胞、黑色素细胞等。还可参与头面部骨、软骨、肌肉等的形成。神经沟闭合后所覆盖的表面外胚层将分化为表皮及其衍生结构,还分化为感觉器的感觉上皮,等等。

(二)中胚层的分化

受精后第 16 天左右,中胚层位于胚盘中轴线两侧的细胞增生,形成两条加厚的中胚层组织带,称轴旁中胚层。胚盘两旁边缘的中胚层称侧中胚层。轴旁中胚层和侧中胚层之间的称间介中胚层。

1. 轴旁中胚层的分化 受精后第 17 天左右,轴旁中胚层增生并围绕中心放射状排列,形成体节球。体节球会演化为 42~44 对体节。体节横断面呈三角形,中央有腔隙,称体节腔。体节内侧壁和腹壁细胞包绕脊索等将形成脊椎骨,外侧壁将分化为真皮和皮下组织。体节外侧壁在分化之前会在内侧产生一层新细胞,将分化为骨骼肌。

2. 间介中胚层的分化 间介中胚层较狭窄,头侧部分节段性增生,称生肾节,将分化为前肾;尾侧部分不分节,称生肾索,将分化为中肾;生肾索内侧部分增生,形成生殖嵴,将分化为生殖腺;生肾索外侧部分称生后肾组织,参与形成后肾。可见,间介中胚层将分化成泌尿系统和生殖系统。

3. 侧中胚层的分化 侧中胚层分隔成脏壁中胚层和体壁中胚层两部分,前者将分化为消化管壁上的如结缔组织、平滑肌,以及腹膜、胸膜、心包膜脏层;后者将分化为腹壁和体壁外侧的结缔组织、肌肉以及腹膜、胸膜、心包膜的壁层。

(三)内胚层的分化

受精后的第 3 周末或 4 周初,胚盘开始卷折形成头褶、尾褶和侧褶,并逐渐加大。盘状胚盘逐渐变成圆筒状,内胚层卷入配体内,形成原始消化管。内胚层可分化为消化管的黏膜上皮和管壁上的消化腺,也可分化为肝脏、胆囊、胰腺、膀胱、尿道、前列腺等器官的上皮。

五、胎膜与胎盘

胎膜和胎盘都是胚体的重要附属结构,主要对胚体起营养、保护、内分泌等作用。胎膜包括绒毛膜、羊膜和脐带等。胎盘由母体部和子体部构成。

(一) 绒毛膜

受精后第 2 周末,合体滋养层和细胞滋养层突出胚泡形成初级绒毛干。第 3 周初,滋养层内覆盖的胚外中胚层长入初级绒毛干中轴,形成次级绒毛干。而滋养层与胚外中胚层形成的这个包绕胚胎且长出次级绒毛干的板状结构,称绒毛膜板。次级绒毛干和绒毛膜板合称绒毛膜。第 3 周末,绒毛膜上的胚外中胚层产生了小血管,此时的具有血管的绒毛称三级绒毛干,其分支浸泡于母血中。受精后第 6 周末,底蜕膜中的绒毛膜上绒毛由于营养充足而茂盛,称丛密绒毛膜;包蜕膜中的则由于营养缺乏而萎缩退化,称平滑绒毛膜。底蜕膜和丛密绒毛膜共同形成胎盘。

(二) 羊膜

羊膜是由羊膜上皮和胚外中胚层构成,薄而透明,包绕胚体。羊膜腔内充满羊水,其由羊膜上皮分泌和转运形成,不断通过胎儿吞咽被肠道吸收,保持一种动态平衡。妊娠足月时羊水可达到 1000~1500ml。羊水少于 500ml 称羊水过少,通常预示胎儿肾发育不全或尿路梗阻等;羊水超过 1500ml 称羊水过多,通常预示胎儿上消化道闭锁等。羊水不仅给胎儿提供生长发育适宜的微环境,也可保护胎儿免受外力损伤,还可防止与周围组织粘连。在分娩时,羊水能促进宫颈扩张,冲洗产道。

(三) 脐带

脐带的形成与胚盘的卷折有关,呈条索状,是胎儿与母体进行物质交换的唯一通道。脐带一端连于胎儿脐部,一端连于胎盘的胎儿面。脐带外由羊膜包裹,内有结缔组织以及两条脐动脉、一条脐静脉相互盘绕,螺旋形走形。足月胎儿的脐带长 40~60cm,直径 2cm 左右。长度不足 35cm 称脐带过短,可引起胎盘早剥等;脐带超过 80cm 称脐带过长,可发生脐带绕颈或缠绕肢体导致发育不良等异常。

(四) 胎盘

1. **胎盘的结构** 胎盘是由胎儿的丛密绒毛膜和母体的底蜕膜构成,是胎儿与母体进行物质交换的重要结构。胎盘呈圆盘状,中央稍厚,边缘略薄。足月胎盘直径 15~20cm,平均厚约 2.5cm。胎盘分为胎儿面和母体面。胎儿面的表面较光滑,上覆羊膜,脐带一般附着于其中央或稍偏中央,脐血管分支由脐带附着处向四周辐射状走形。母体面较粗糙,被不规则的沟分隔成 15~25 个小区,称胎盘小叶。

2. **胎盘的血液循环** 胎盘内存有母体和子体两套血液循环;母体血液循环通路起于子宫动脉分支,经螺旋动脉及绒毛间隙的血池汇进子宫静脉的分支;胎儿血液循环通路起于脐动脉,经绒毛内毛细血管汇入脐静脉。流经绒毛间隙的母体血与流经绒毛毛细血管的胎儿血并不沟通,之间隔着一薄层结构,即胎盘膜。胎盘膜是一层选择性透过膜,胎儿血与母血就是通过这层膜进行物质交换,此膜对一些有害物质有屏障作用,又称胎盘屏障。胎盘屏障由绒毛内毛细血管内皮及基膜、合体滋养层和细胞滋养层上皮及基膜,以及两基膜之间的结缔组织构成(图 4-10)。

3. **胎盘的功能**

(1) 物质交换:胎儿和母体直接的物质交换就是通过胎盘进行的。胎儿生长发育所需氧气和营养物质通过胎盘从母体获取,而胎儿代谢产生的二氧化碳和废弃物通过胎盘排至母体。

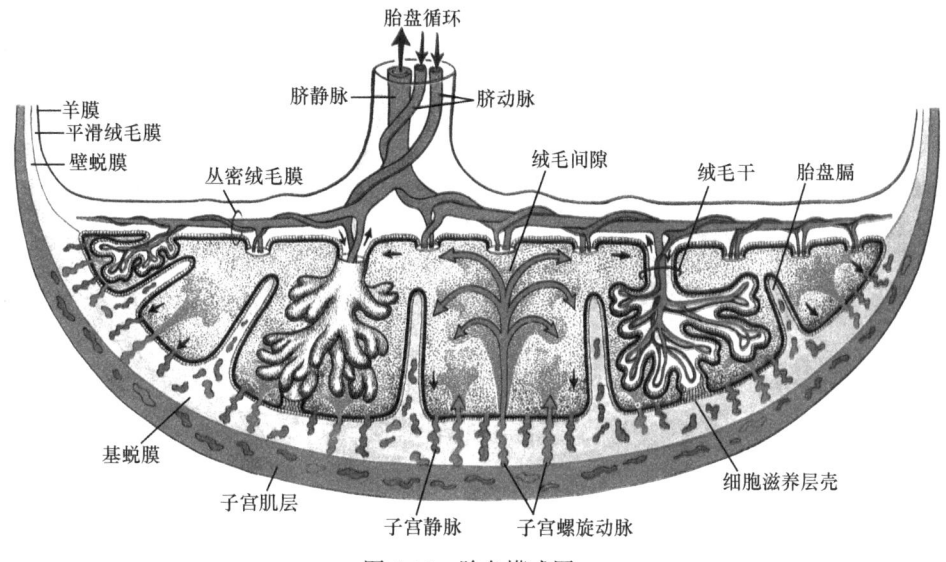

图 4-10　胎盘模式图

(2) 防卫屏障：胎盘屏障能阻止某些母血中的有害物质进入胎儿血。但大多数药物可能通过胎盘屏障进入胎儿体内，因此妊娠期间不要轻易服用未经医生核准的药物。此外，胎盘屏障虽然对多数细菌有屏障功能，但不能阻止病毒的通过。有些具有致畸作用的药物、病毒和化学物质等进入发育中的胚胎后，可能引起先天性畸形。

(3) 内分泌功能：胎盘主要分泌绒毛膜促性腺激素、胎盘催乳素、胎盘孕激素和胎盘雌激素，这些激素对妊娠的正常进行及胎儿的正常生长发育起非常重要的作用。绒毛膜促性腺激素可促进卵巢黄体持续存在及旺盛分泌，维持妊娠正常进行，还可抑制母体对胎儿、胎盘的免疫排异；胎盘催乳素能促进孕妇乳腺生长及促进胎儿发育；胎盘孕激素和胎盘雌激素于妊娠第 4 个月开始分泌，逐渐取代卵巢黄体孕激素和雌激素的功能。

双 胞 胎

每个卵巢每次排出一个卵子，受精后可以孕育一个胎儿。一次怀孕两个胎儿的称为双胞胎，一次怀孕两个以上胎儿的称为多胞胎。产生双胞胎的机会往往由遗传的因素决定，或者是随机的，一般不受人为的意志控制。双胞胎有双卵双胎和单卵（同卵）双胎两种，前者约占 2/3，后者约占 1/3。

双卵双胎是卵巢一次排出了两个卵子，并分别与两个精子受精，形成两个受精卵，以后分别发育成各自独立的两个胎儿。双卵双胎的两个受精卵不同，两个胎儿有各自的遗传基因。因此，胎儿的性别和血型可以相同，也可以不同，其容貌与一般兄弟姐妹相似。同卵双胎则是由一个受精卵多复制了一套，分裂为两个受精卵，以后各自发育形成两个胎儿。因此，两个胎儿就具有完全相同的遗传基因，不但性别相同、容貌相似，血型、体质和神经精神类型也相同。双胎妊娠在产前检查时可发现子宫大小比同月份的单胎妊娠者明显增大，腹部可以触到多个小肢体和两个胎头，在不同部位可以听到两个频率不同的胎心音，在一分钟内两者的心率差别常达 10 次以上。利用胎儿监护仪和 B 超检查，可以在妊娠 12～15 周时做出诊断。

小 结

胚胎学属于形态学范畴,我们要通过对胚胎标本的观察、模型的观察并启动形象思维,掌握由细胞到胚胎的演变。胚胎学最大的特点就是胚胎的各种形态结构在不断地发生变化,而且变化速度很快,变化程度很大。有的组织结构在几天内,甚至是几个小时内就会变得面目全非甚至完全消失。因此,在观察、理解、记忆这些变化时,除了三维概念外,还要有时间观念。随着社会的进步和科学的发展,人们更深入地利用胚胎学的理论和技术去改善人类生殖过程和遗传问题。这就是各种形式的辅助生殖技术,统称生殖工程。胚胎学的发展不仅让人类逐渐破译了生殖过程的奥秘,更逐渐实现了人类对生殖过程和遗传基因的改善和调控。

目 标 检 测

一、填空题

1. 生精上皮由_____细胞和_____细胞构成。
2. 卵泡由中央的一个_____细胞和周围许多_____细胞组成。
3. 月经周期包括_____、_____和_____三个时期。
4. 胚泡由_____、_____和_____构成。
5. 在胚盘脊索的头侧和原条的尾侧,各有一个薄膜状的小区,分别称_____和_____,它们都是由_____和_____接相贴而成。

二、选择题

1. 精子头部的结构是(   )
   A. 浓缩的细胞质　　B. 浓缩的细胞核和顶体
   C. 碱性磷酸酶　　　D. 浓缩的细胞质和鞭毛
2. 排卵不排出(   )
   A. 卵泡液　　　　　B. 透明带
   C. 放射冠　　　　　D. 成熟卵母细胞
3. 卵受精后产生男婴,精子的染色体组型是(   )
   A. 22,Y　　　　　　B. 22,X
   C. 23,X　　　　　　D. 23,Y
4. 人类卵原细胞的染色体数目是(   )
   A. 46条　　　　　　B. 23条
   C. 22条　　　　　　D. 48条
5. 初级精母细胞的核型是下列哪一种(   )
   A. 46XX　　　　　　B. 23X
   C. 23X或23Y　　　　D. 46XY
6. 次级卵母细胞的核型是下列哪一种(   )
   A. 46XX　　　　　　B. 23X
   C. 23X或23Y　　　　D. 46XY
7. 胚盘内的中胚层是来自(   )
   A. 外胚层　　　　　B. 内胚层
   C. 胚外中胚层　　　D. 体蒂
8. 脊索是来自(   )
   A. 体节　　　　　　B. 体蒂
   C. 原条　　　　　　D. 原结
9. 正常妊娠至分娩时的羊水量是(   )
   A. 2000～2500ml　　B. 1500～2000ml
   C. 1000～1500ml　　D. 500～1000ml

三、名词解释

1. 精子形成　2. 排卵　3. 植入　4. 胎盘屏障

四、简答题

1. 比较精子与卵子发生过程中的异同点。
2. 阐述受精的部位、过程和意义。
3. 试述二胚层胚盘及相关结构的发生。

(谢　丽)

第5章　单基因遗传与单基因遗传病

导言　人类的遗传性状是多种多样的。除了正常基因表达的正常性状外,还有突变基因经过表达而形成的异常性状或遗传病。单基因遗传就是指某种性状或疾病主要受到一对等位基因的控制,其遗传方式符合孟德尔式遗传。这种性状或疾病则称为单基因遗传性状或单基因遗传病。

孟德尔利用豌豆进行杂交实验,总结出了分离定律和自由组合定律;摩尔根利用果蝇进行杂交实验,总结出了连锁与互换定律。这三个定律被称为遗传学的三大基本定律,奠定了遗传学的理论基础。

第1节　遗传的基本规律

生物体遗传变异的现象尽管极其复杂,但有一定的规律可循。分离规律、自由组合规律和连锁与互换规律,通常称为遗传变异的"三大规律"。在这三个规律中,前两个规律是由奥地利的孟德尔在100多年前根据豌豆杂交试验结果总结出来的,合称为孟德尔遗传规律。后者是1910年,摩尔根和他的学生以果蝇为研究对象进行杂交实验总结出来的,又称为摩尔根遗传规律。其中分离规律是最基本的遗传规律,其他两个规律都是以分离规律为基础的。这三大遗传定律,奠定了现代遗传学的理论基础。这些定律不仅适合于动植物,也适合于人类。

一、分　离　定　律

(一) 分离现象

孟德尔曾经试用过玉米、菜豆、豌豆等多种作物的杂交试验,但最后确定以豌豆这种自花授粉作物作为试验材料,以豌豆的七对相互容易区别又稳定的相对性状作为研究对象,进行实验观察,并对实验结果进行统计处理。通过了8年试验(1856~1864),取得了重要成果,发表了在遗传学史上具有划时代意义的重要论文《植物的杂交试验》,初步揭示出了两个遗传的基本规律。

所谓性状,是指生物个体所表现出来的各种形态特征和生理生化等特性的统称。每一生物个体都有它的综合性状,不同个体所表现的综合性状是极其多样的,如花的颜色,人耳垂的形状、眼皮与头发的形态等。同种生物同一性状的不同表现类型称为相对性状,如红花与白花、人的双眼皮与单眼皮等都是一对相对性状。

豌豆有许多性状,孟德尔经过栽培观察,发现了七对区别明显的相对性状。他首先选用了纯种的圆滑豌豆和纯种的皱缩豌豆作为亲本(P)进行杂交实验,无论用哪一种作父本或母本,其F_1代种子都是圆滑豌豆。孟德尔在豌豆的其他六对相对性状的杂交试验中(表5-1),获得了类似的结果。即F_1全部个体的性状表现一致,都只表现一个亲本的性状,而另一个亲本的性状隐而未现。对在F_1代所表现出来的亲本性状,称为显性性状,而F_1代不能表现出来的亲本性状称为隐性性状。

表 5-1　孟德尔豌豆七对相对性状的杂交实验结果

性状类别	亲本的相对性状	F_1性状	F_2性状及数量	比率
种子的形状	圆滑-皱缩	圆滑	圆滑(5474);皱缩(1850)	2.96:1
子叶的颜色	黄色-绿色	黄色	黄色(6022);绿色(2001)	3.01:1
花的位置	腋生-顶生	腋生	腋生(651);顶生(207)	3.14:1
花的颜色	红花-白花	红花	红色(705);白色(224)	3.15:1
茎的高度	高茎-矮茎	高茎	高茎(787);矮茎(277)	2.84:1
豆荚的形状	饱满-皱缩	饱满	饱满(882);皱缩(299)	2.95:1
未成熟豆荚颜色	绿色-黄色	绿色	绿色(428);黄色(152)	2.85:1

用F_1代种子长出的植株进行自交(自花授粉),所产生的F_2代的不同个体之间表现不同,有的个体表现了显性性状,有的个体表现了相对应的隐性性状,两者之比大致是 3:1。对于同一个体后代出现不同性状的现象,称为性状的分离现象。隐性性状在F_2中能够重新表现出来,说明它在F_1代中不过是暂时隐蔽,而并未消失。

(二) 分离现象的分析

杂种后代性状的分离是生物界普遍现象。为什么会出现这一现象呢? 孟德尔首先提出了遗传因子分离假说,科学地解释了分离现象的产生原因,这一假说已被现代遗传学所广泛应用。现根据孟德尔的这一假说,结合细胞学基础知识,将分离规律的原理综合为以下几点。

(1) 生物体每一性状都有相应的遗传因子(基因)控制。性状有显性与隐性的区别,基因(因子)也有显性和隐性之分。显性性状被显性基因控制着,隐性性状被隐性基因所控制。

为了研究和表示方便,习惯上以拉丁字母为基因的符号,显性基因用大写字母表示,如 A,隐性基因用小写字母来表示,如 a。同一对的相对性状则由同一对的相对基因控制。如双眼皮与单眼皮为一相对性状,而双眼皮基因(A)与单眼皮基因(a)为一相对基因;红花基因(C)与白花基因(c),等等。遗传学上,把同源染色体上同一位点不同形式的基因,称为等位基因(图 5-1)。

(2) 同染色体一样,基因在体细胞中是成对存在的(如 RR 或 Rr 或 rr),其中一个来自父本,一个来自母本。当生物体进行生殖而产生配子时,各对等位基因随着同源染色体的减数分裂而彼此分开,因此在每个配子中都含有体细胞等位基因中的一个。

(3) 同一对等位基因,因其组成不同而有三种情况。两个基因都是显性基因时,如 RR,表现显性性状;两个基因都是隐性基因时,如 rr 时,则表现隐性性状;以上两种情况统称"同质结合",这样的个体叫纯合体。当两个基因一个为显性,一个为隐性时,如 Rr 时,只表现显性基因(R)所控制的性状,而隐性基因(r)所控制的性状得不到表现。对于这种基因组成叫"杂合",这样的个体叫杂合体。等位基因不论在杂合或在纯合状态下,等位基因之间彼此互不融合或混杂,都保持其独立性。显然,由同质结合的个体所产生的配子,都带有相同的基因。例如,纯合的父本 RR 个体产生的雄配子都带有一个 R 基因,而纯合的母本 rr 个体产生的雌配子都带有一个 r 基因。当雌雄配子受精结合后,F_1代所有个体就这一基因位点的基因组成则全部是 Rr,而没有其他。这就是F_1就这一性状全部表现为显性性状的根源。隐性性状虽未表现,但隐性基因依然存在,因而后代仍有表现的机会。

(4) 杂种(F_1)个体由于是异质结合的,所以产生带不同基因的配子,如 Rr 能产生带 R 基因的配子和带 r 基因的配子,其数量各占 50%。母本产生雌配子是两种,父本产生雄配子也是两种。当受精时,两种雌配子与两种雄配子结合的机会又是随机且相等的,结果在F_2中,必然是 RR 占有 1/4，Rr 占 2/4，rr 占 1/4。RR、Rr 都是显性性状，共占 3/4，所以显性性状的个体与隐性性状的个体比例为 3∶1（图 5-1）。图中 P 表示亲本，G 表示配子，F_1 表示子一代，F_2 表示子二代。

控制生物性状的基因组合形式称为基因型，如 RR、Rr、rr 等。表现型是指个体可观察到或可以检测到的某一性状，也称表型，如红花、白花等。基因型是表现型的遗传基础，而表现型是基因型在一定条件下的外在反映。一般情况下，凡基因型相同的个体只要所处的环境条件相同，其表现型就一样；但表现型相同的个体，其基因型却不一定相同。如圆滑豌豆基因型可能是 RR，也可能是 Rr。

（三）分离现象的验证

为了验证上述解释的正确性，孟德尔又设计了测交实验，即用 F_1 代杂合个体与隐性纯合亲本进行杂交，用以测定杂合体基因型的方法。实验结果完全符合预期结果（图 5-2），F_2 代出现了 1∶1 的分离比例。

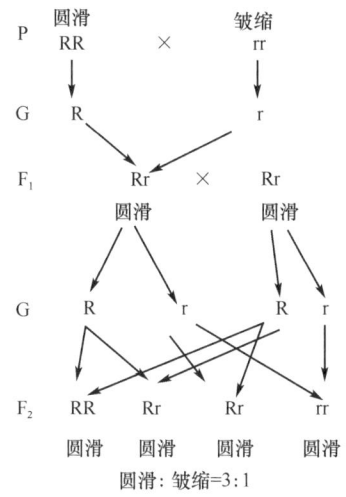

图 5-1 圆滑豌豆与皱缩豌豆杂交示意图

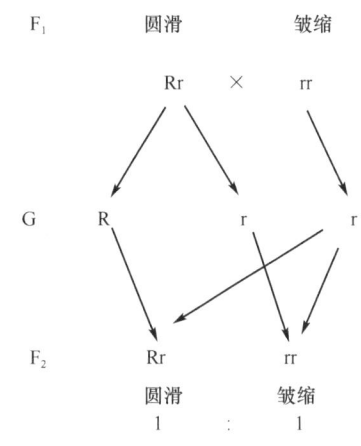

图 5-2 豌豆测交示意图

（四）分离定律的内容和细胞学基础

综上所述，总结出如下结论：在生物体中，一对等位基因共同存在于一个细胞中的同源染色体上，在形成配子时等位基因随着同源染色体的分离而彼此分离，分别进入到不同的配子中去，这就是分离定律，也称孟德尔第一定律。减数分裂时同源染色体的分离是分离定律的细胞学基础。分离定律的实质是等位基因的分离。本定律适用于由一对同源染色体上的一对等位基因控制的一对相对性状的遗传。

二、自由组合定律

孟德尔在研究了一对相对性状的遗传后，又对两对或两对以上的相对性状进行了研究，分析它们杂交后代的遗传规律，并总结出自由组合定律。

（一）自由组合现象

孟德尔通过实验发现，纯合体黄圆与绿皱杂交后，后代只有黄圆。杂合体黄圆与黄圆杂交后，后代出现性状分离，有 4 种表型，分别是黄圆、黄皱、绿圆、绿皱，比例接近 9∶3∶3∶1。

（二）自由组合现象的分析

豌豆子叶颜色黄和绿是一对相对性状，受控于一对等位基因。黄色是显性性状，受显性基因 Y 控制,绿色是隐性性状,受隐性基因 y 控制。豌豆种子形状圆和皱是另一对相对性状,受另一对等位基因控制。圆是显性性状,受显性基因 R 控制,皱是隐性性状,受隐性基因 r 控制。孟德尔选用纯种黄色圆滑(黄圆)、基因型为 YYRR 的豌豆与纯种绿色皱缩(绿皱)、基因型为 yyrr 的豌豆作为亲本进行杂交,结果子一代(F_1)全部为黄圆种子。F_1 自交后 F_2 共得到了 556 粒种子,性状出现了分离,有四种表现型,分别为黄圆、黄皱、绿圆、绿皱。其中黄圆 315 粒、黄皱 101 粒、绿圆 108 粒、绿皱 32 粒,比例约为 9∶3∶3∶1。

上述实验结果,如按一对相对性状来分析仍符合分离定律:

黄∶绿=(315+101)∶(108+32)=416∶140=2.97∶1

圆∶皱=(315+108)∶(101+32)=423∶133=3.18∶1

其中,黄圆、绿皱与亲本性状相同,称亲组合;黄皱、绿圆是亲本性状的重新组合,称为重组合(图 5-3)。

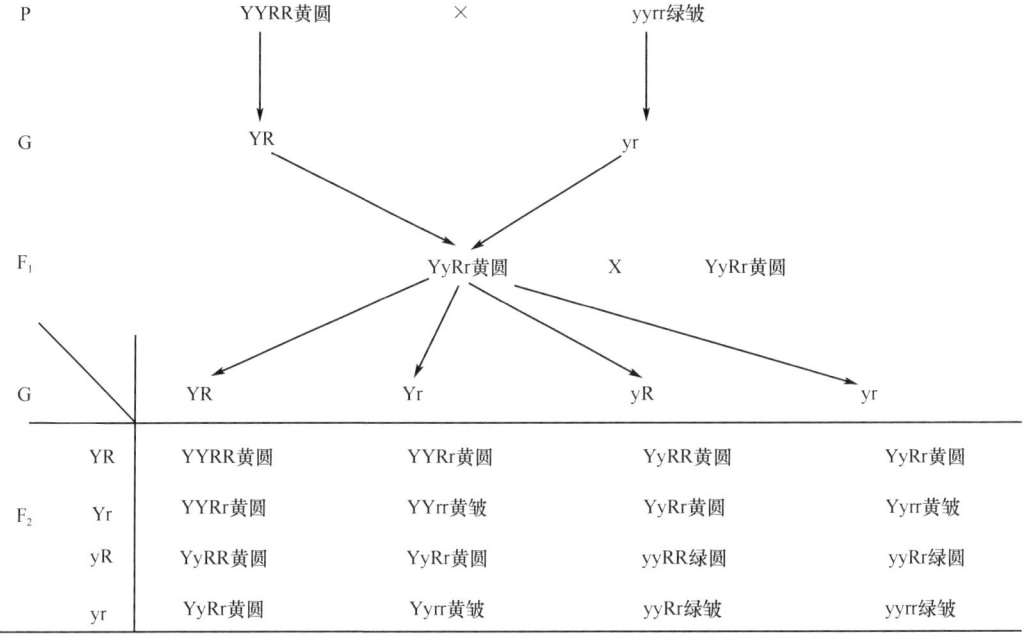

图 5-3 黄圆豌豆与绿皱豌豆杂交图解

(三) 自由组合现象的验证

为了进一步验证,孟德尔仍然进行了测交实验,即用 F_1 代黄圆豌豆(YyRr)与隐性纯合亲本绿皱豌豆(yyrr)进行杂交。按孟德尔的假设,F_1 代黄圆豌豆(YyRr)将形成 4 种数量相等的配子,即 YR、Yr、yR、yr;纯合绿皱豌豆(yyrr)只形成一种配子 yr,雌雄配子随机受精后,F_2 代将出现黄圆(YyRr)、黄皱(Yyrr)、绿圆(yyRr)、绿皱(yyrr)4 种表现型,并且呈 1∶1∶1∶1 的分离比例(图 5-4)。实验结果与其预期完全一致,验证了他的推测。

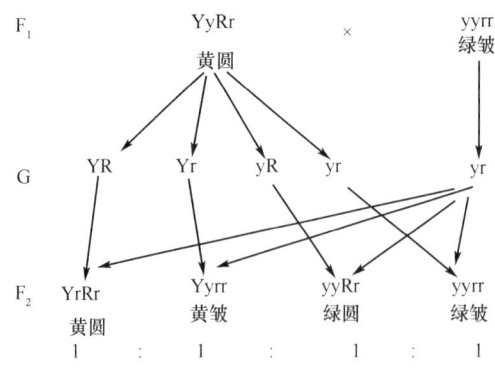

图 5-4 F1 代黄圆豌豆与绿皱豌豆测交图解

（四）自由组合定律的内容和细胞学基础

综上所述，得出如下结论：在生物体中，控制两对或两对以上相对性状的等位基因分别位于两对或两对以上的同源染色体上，在形成配子时，等位基因随着同源染色体的分离而分离，非同源染色体上的非等位基因随着非同源染色体的自由组合而组合到不同的生殖细胞中。这就是自由组合定律（law of independent assortment），或称孟德尔第二遗传定律。减数分裂时同源染色体彼此分离，非同源染色体随机组合是自由组合定律的细胞学基础。

孟德尔与豌豆

孟德尔（1822.7.20-1884.1.6）出生在奥地利西里西亚（现属捷克）海因策道夫村的一个贫寒的农民家庭里。孟德尔自幼对植物的生长和开花非常感兴趣，1840年考入奥尔米茨大学哲学院，主攻古典哲学，还学习了数学，1843年进入布隆城奥古斯汀修道院当修道士，期间在维也纳大学学习了植物学、动物学、物理学和化学等课程。从1856年开始做了8年豌豆杂交实验，主要研究了7对相对性状：种子形状、子叶颜色、种皮颜色、豆荚形状、豆荚颜色、花生位置、植株高度，发表了《植物杂交试验》的论文，提出了遗传单位是遗传因子（现代遗传学称为基因），归纳出分离规律和自由组合规律。孟德尔的不朽论文令人遗憾的是没有引起生物界同行们的注意，直到1900年欧洲三位不同国籍的植物学家在各自的豌豆杂交试验中分别予以证实后，才受到重视和公认。

三、连锁与互换定律

美国遗传学家摩尔根和他的学生用果蝇作为实验材料进行杂交实验总结出连锁与互换定律，1926年发表了《基因论》，提出了基因在染色体上呈直线排列的理论，补充和发展了孟德尔的遗传学说，极大地推动了遗传学的向前发展。

（一）完全连锁遗传

野生果蝇为灰身、长翅类型（简称灰长）。摩尔根等人在实验室培养过程中又发现了黑身、残翅的突变类型（简称黑残）。用纯合的灰身长翅（BBVV）果蝇与纯合的黑身残翅（bbvv）果蝇杂交，F_1代全部为灰身长翅（BbVv）果蝇，所以灰身（B）对黑身（b）是显性，长翅（V）对残翅（v）显性，然后用F_1代雄性果蝇与黑身残翅的雌性果蝇测交，按照自由组合定律分析，F_2代应该出现灰身长翅、灰身残翅、黑身长翅、黑身残翅四种类型，并且比例也应是1∶1∶1∶1。但测交结果并非如此，F_2代只出现了灰身长翅和黑身残翅两种亲本类型，分离比例为1∶1。

摩尔根认为，灰身（B）和长翅（V）基因位于同一条染色体上，黑身（b）和残翅（v）基因位于另一条同源染色体上，因此F_1代（BbVv）雄性果蝇产生配子过程中，随着同源染色体的分离，仅能形成含BV基因和bv基因两种类型的雄配子，与雌配子bv随机受精后，F_2代只能是灰身长翅（BbVv）和黑身残翅（bbvv）两种类型（图5-5）。像这种位于同一条染色体上的基因彼此间是连锁在一起的，连锁的基因在减数分裂时并没有发生互换，完全随着染色体的动态变化而作为一个整体向后代传递，这种遗传现象被称为完全连锁（complete linkage）。这样，F_1灰身长翅雄果蝇和隐性亲本黑身残翅雌果蝇测交后代完全是亲本组合，没有重新组合。

完全连锁现象在生物界并不常见，仅在雄果蝇和雌家蚕中存在，常见的是不完全连锁遗传。

（二）不完全连锁遗传

摩尔根让 F_1 代灰身长翅（BbVv）的雌果蝇与黑身残翅（bbvv）的雄果蝇测交，F_2 代出现了四种类型：灰身长翅（BbVv）占 41.5%，黑身残翅（bbvv）占 41.5%，灰身残翅（Bbvv）占 8.5%，黑身长翅（bbVv）占 8.5%，其中 83% 是亲本组合，17% 是重新组合（图 5-6）。

摩尔根认为，F_1 代雌果蝇配子形成过程中，基因 BV 和 bv 多数保持原来的连锁关系，但由于同源染色体的联合和同源非姐妹染色单体间的交换，使部分连锁基因 BV 和 bv 之间发生互换，这样可以产生 BV、Bv、bV、bv 四种雌配子，当其与雄配子 bv 受精后，将会形成四种类型的 F_2 后代（图 5-6）。由于发生同源非姐妹染色单体间的交叉互换的细胞毕竟是少数，因此 F_1 代雌果蝇产生的亲本组合类型 BV 和 bv 的配子数量多，而重新组合类型 bV 和 Bv 的配子数量少，这种遗传现象称为不完全连锁（incomplete linkage）。

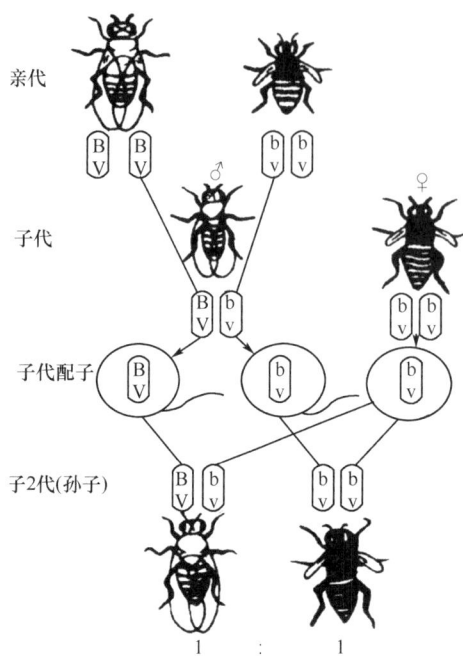

图 5-5　果蝇的完全连锁图

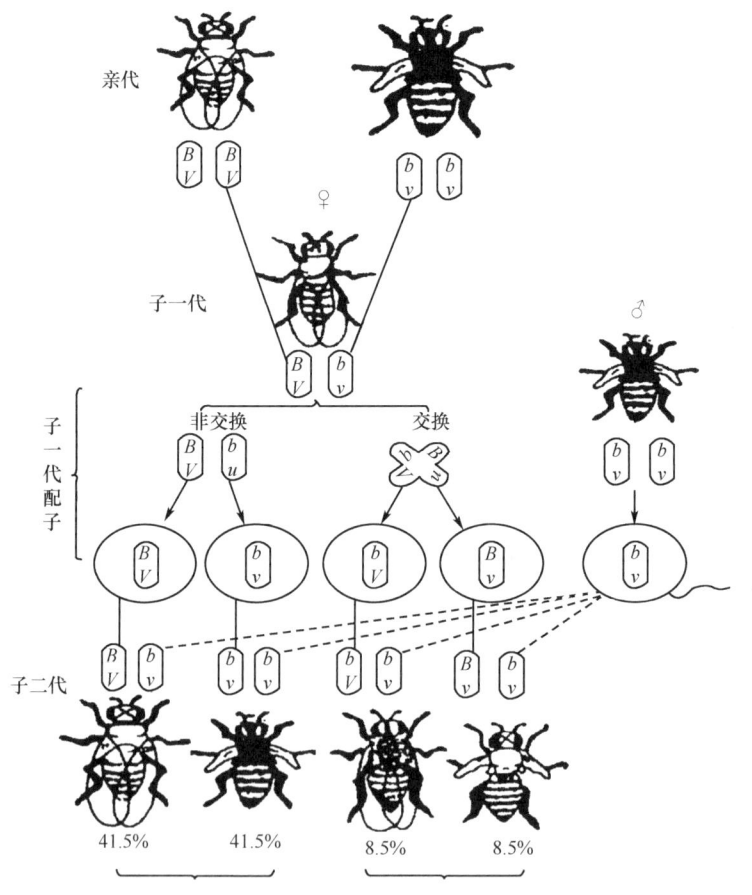

图 5-6　果蝇的不完全连锁图解

(三) 连锁与互换定律的内容和细胞学基础

在生物体中，分布在同一条染色体上的基因彼此间是连锁在一起的，构成了一个连锁群，作为一个整体向后代传递，这种遗传方式称为连锁遗传(linkage)。但位于同一条染色体上的基因并非总是连锁在一起，在减数分裂形成配子时，同源染色体上的等位基因之间可以发生交换而使基因重组，构成新的基因连锁关系而向后代传递，这种遗传方式被称为不完全连锁遗传，又称为互换遗传(crossing over)。这就是摩尔根总结出的连锁与互换定律，又称为遗传学第三定律。

互换定律的实质是在减数分裂前期Ⅰ同源非姐妹染色单体之间片段交换，使某些等位基因的位置相互对换而基因重组，构成新的基因连锁关系。同源染色体的联会和同源非姐妹染色单体间的交换是连锁与互换定律的细胞学基础。

连锁和互换是生物界普遍存在的现象。在同一对染色体上有许多的基因，它们彼此相互连锁构成一个连锁群。生物所具有的连锁群数目一般与生物体细胞中染色体对数一样。例如，果蝇有4对染色体，可构成4个连锁群；人类有23对染色体，其中22对常染色体构成22个连锁群，X染色体和Y染色体的连锁基因不同，各构成一个连锁群。因此，人类共有24个连锁群。同一连锁群内的各对等位基因之间可以发生互换，通常用互换率表示，也叫重组率。互换率是指两对基因之间发生交换的频率，可用以下公式求得：

互换率(%) = 重组合类型数/(重组合类型数+亲组合类型数)×100%

一般地，互换率的大小与同源染色体上的两对等位基因之间的距离有关。距离越远，发生交换的可能性越大；距离越近，发生交换的可能性越小。可见，互换率可以反映两个基因在同一条染色体上的相对距离。两基因在染色体上的距离可用图距单位来衡量，当互换率是1%时为1厘摩(cM)。由此可推测同一对染色体上非等位基因之间的相对位置，再将每一种生物染色体上连锁基因的相对位置确定下来。用这种方法绘制而成的基因组图叫连锁图。

摩尔根与果蝇

摩尔根(1866-1945)出生于美国肯塔基州列克星敦的豪门贵族。摩尔根自幼热爱大自然，童年时代即漫游了肯塔基州和马里兰州的大部分山村和田野，还曾经和美国地质勘探队进山区实地考察，采集化石。1880年考进肯塔基州立学院预科学习，两年后顺利地转入了霍普金斯大学本科，选择了理科专业，学习数学、物理学、化学、天文学、博物学、农学和应用工程学等。从1904年到1928年，摩尔根创建了以果蝇为实验材料的研究室，果蝇做实验材料的优点是：果蝇性状之间差别大，易区别，体型小，生命力强，生活周期短（在25℃条件下，12天可完成一个世代）。经常观察果蝇的相对性状有：翅膀的长短（有长翅和残翅两种性状）、身体的颜色（有灰色和黑色两种性状）、眼睛的颜色（有红眼和白眼两种性状）。摩尔根在研究室从事进化和遗传方面的工作，发现染色体的遗传机制，创立染色体遗传理论，提出了基因的连锁与互换定律。

第2节 系谱和系谱分析

研究人类性状、疾病的遗传规律不能像研究动植物那样可以人为地进行杂交实验，而是通过观察这些性状或疾病在家系内分离或传递而进行推断，所以需要特殊的研究方法，即系谱分析法(pedigree analysis)。系谱分析法是临床上研究人类遗传性状和疾病最常用的方法。进行系谱分析既有助于判断患者是否有遗传病,又有助于区分是单基因病、多基因病还是线粒体疾病,还可用于遗传咨询中个体患病风险的估计和基因定位中的连锁分析等。

所谓系谱(pedigree),是指从先证者入手,详细调查某种疾病在一个家族中的发病情况后,用规定的符号和一定的格式将调查结果绘制成为患者与家族各成员相互关系的图解,又称为家系图。系谱中常用符号(图 5-7)表示。

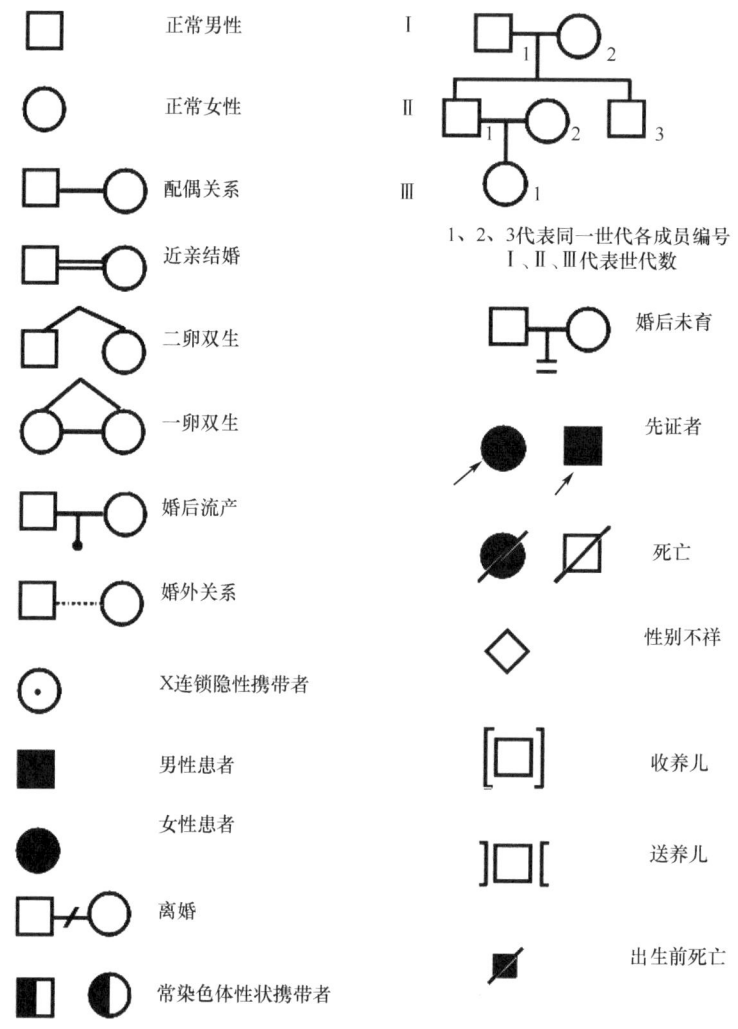

图 5-7 系谱中的常用符号

在系谱中,先证者(proband)是指该家族中第一个被医生或遗传研究者发现罹患某种遗传病的患者或具有某种性状的成员。系谱中不仅包括患病的个体,也包括家族中所有的健康成员。通过系谱可以对这个家系进行回顾性分析,以便确定所发现的某一疾病(或特定性状)在这个家系中是否有遗传因素的作用及其可能的遗传方式,从而为其他具有相同遗传病的家系或患者提供预防或诊治的依据。在系谱分析时,仅依据一个家族的系谱资料往往不能反映出该病遗传方式特点,通常需要将多个具有相同遗传性状或遗传病的家族系谱作综合分析(统计学分析),才能比较准确而可靠地做出判断。在调查和绘制系谱时还要注意:患者的年龄、病情、死亡原因、是否近亲婚配等;一个家族中检查的人数愈多愈好,大家族才能提供更多的信息,系谱一般要求有三代以上的成员情况;调查时要深入实地察看查询,多收集资料综合分析,以确保资料准确无误;系谱中不能表达的内容应记录在病历内备查。

第3节 常染色体遗传病

单基因遗传病是指受一对等位基因影响而发生的疾病。单基因遗传病的遗传符合孟德尔定律,故又称为孟德尔式遗传病。

根据基因所在染色体的位置不同(常染色体或性染色体)和基因性质(显性或隐性)的不同,将单基因遗传病分为:常染色体显性遗传病、常染色体隐性遗传病、X连锁显性遗传病、X连锁隐性遗传病和Y连锁遗传病。据2007年世界统计数据显示,人类细胞核基因组决定的单基因遗传性状有17654种,包括常染色体遗传的16613种,X连锁遗传的985种,Y连锁遗传的56种。其中,与人类疾病相关的基因座有10314个。目前记载的单基因遗传病中,约一半以上是常染色体显性遗传,36%是常染色体隐性遗传,约10%为X连锁遗传。

一、常染色体显性遗传

控制某种性状或疾病的基因位于常染色体(1~22号染色体)上,而且致病基因的性质是显性的,这种遗传方式就称为常染色体显性遗传(autosomal dominance inheritance,AD)。由此引起的疾病称为常染色体显性遗传病。人群中常染色体显性遗传病的发病率约为0.9%,目前已经被认识的有4458种,较为常见的如家族性高胆固醇血症Ⅰa型、Huntington病和神经纤维瘤等(表5-2)。

表5-2 一些常见且重要的常染色体显性遗传病(性状)

疾病	致病基因	基因定位	表型MIM编号
家族性结肠息肉	APC	5q21-q22	#175100
齿质形成不全	DGI1	4q21.3	#125490
软骨发育不全	FGFR3	4p16.3	#100800
Mafan综合征	MBN1	15q21.1	#154700
多指(趾)(轴后AⅠ型)	PAPA1	7p13	#174200
肌强直性营养不良	DMPK	19q13.1-q13.3	#160900
脊髓小脑性共济失调Ⅰ型	ATXN1	6p23	#164400
视网膜母细胞瘤	RB1	13q14.1-q14.2	#180200

在线人类孟德尔遗传数据库

在线人类孟德尔遗传(OMIM)(http://www.ncbi.nlm.nih.gov/sites/entrez?db=OMIM)是人类基因和遗传病表型的数据库。截止2009年底统计,OMIM记载的单基因遗传总条目为19 831个,其中常染色体遗传条目18 586个,X连锁遗传1123个,Y连锁遗传59个,线粒体遗传63个。该网站的主要特点是有20多个相关链接和强大的搜索功能。如当搜索phenylketonuria(苯丙酮尿症)时,搜索结果主要有OMIM编号、疾病或基因名称、临床特征、生化特征、遗传方式、分子遗传学、致病机制、诊断、治疗、等位变异型和参考文献等内容。

在常染色体显性遗传病中,假定用 A 表示显性致病基因,a 表示相对应的隐性正常基因,则基因型 AA 和 Aa 的个体患病,基因型 aa 的个体正常。人类的致病基因最初都是由正常基因突变而来的。基因突变的频率是很低的,突变率约为 $10^{-6} \sim 10^{-4}$/基因/代,所以对于常染色体显性遗传病来说,患者的基因型绝大多数为杂合的基因型(Aa),纯合的基因型(AA)是致死的,在临床上比较少见。且在大多数病例中,纯合子患者比杂合子患者要严重得多。

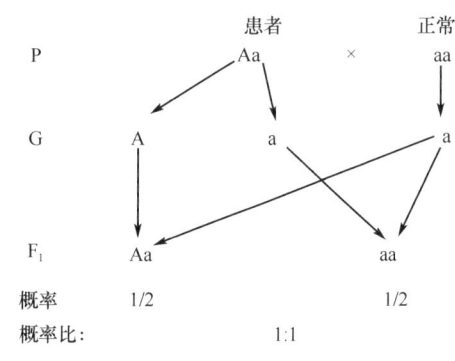

图 5-8　AD 病人与正常人婚配图解

如果常染色体显性遗传病患者(Aa)与正常人(aa)结婚,婚后所生子女约有 1/2 是患病个体,1/2 为正常人。而且这样一对夫妇,他们每生育一次,其子女都有 1/2 的患病风险。这与孟德尔结果相类似(图 5-8)。

由于基因表达受到多种复杂的内外环境因素的影响,杂合子(Aa)有可能出现不同的表现形式,因此将常染色体显性遗传又分为以下几种亚型。

(一) 完全显性遗传

在常染色体显性遗传疾病中,杂合子(Aa)患者与显性纯合子(AA)患者的表现型完全相同,临床症状并无区别,称为完全显性遗传(complete dominance inheritance)。在杂合子(Aa)中,显性遗传基因 A 的作用完全表现出来,隐性基因 a 的作用完全被掩盖,从而使杂合子(Aa)表现出与显性纯合子(AA)完全相同的症状。

例如,短指(趾)症是常染色体完全显性遗传病的典型例子,它的主要症状是患者由于指骨(趾骨)短小或缺如,致使手指(足趾)变短。已知短指对正常指为显性性状,如果用 A 表示短指基因,a 表示正常指基因,基因型 AA 和 Aa 的个体都是短指症患者,临床表现相同,但临床上所见到的短指症患者基因型绝大多数为杂合子(Aa);基因型(aa)的个体表现为正常指。

当短指症(Aa)患者与正常指(aa)个体婚配,按孟德尔分离定律计算,其所生子女中约有 1/2 是短指症患者,约有 1/2 是正常指个体。也可以说,这对夫妇每生一个孩子都有 1/2 的可能是短指症患儿。图 5-9 是一例短指症家族系谱图。

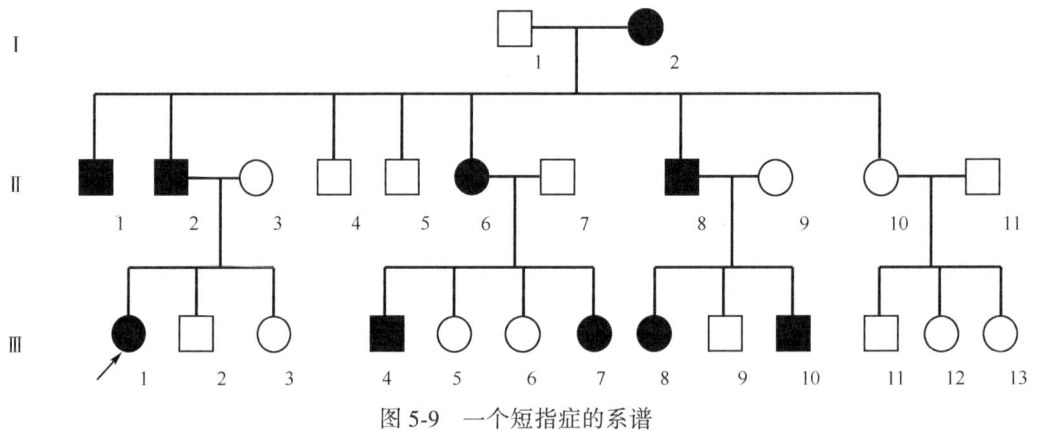

图 5-9　一个短指症的系谱

并指症Ⅰ型也是完全显性的遗传病。可伴有手部或其他部位畸形,常在双侧同时发生,呈对称性。以发生在中环指间者最多,有时可有 3 个、4 个或全部手指并指。并指程度深浅不一,有的仅在指根部并指,表现为指蹼短浅;有的为全指并指,相邻手指完全连在一起(图5-10)。

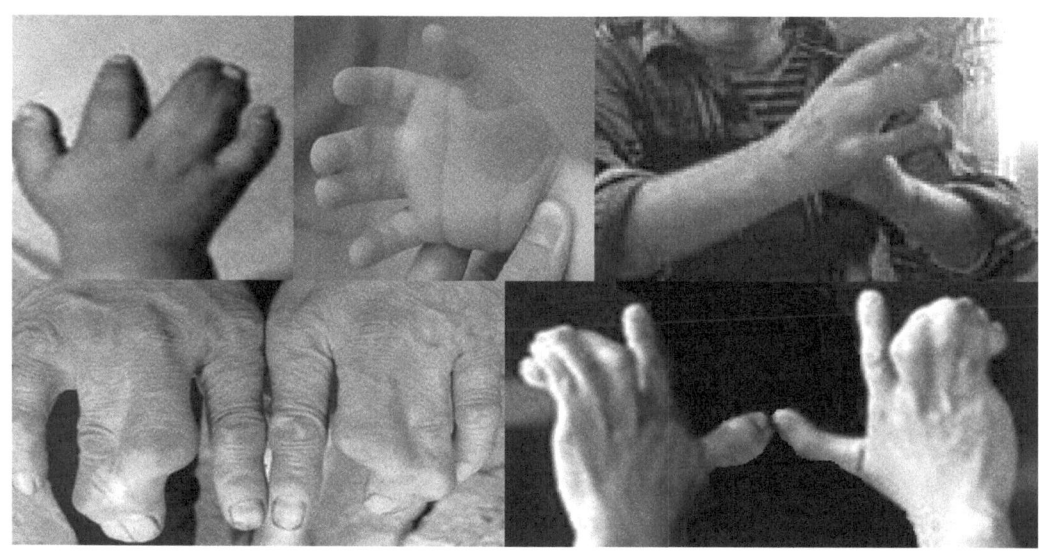

图 5-10　并指症患者的手部

图5-11是一个并指症Ⅰ型家系的系谱图。

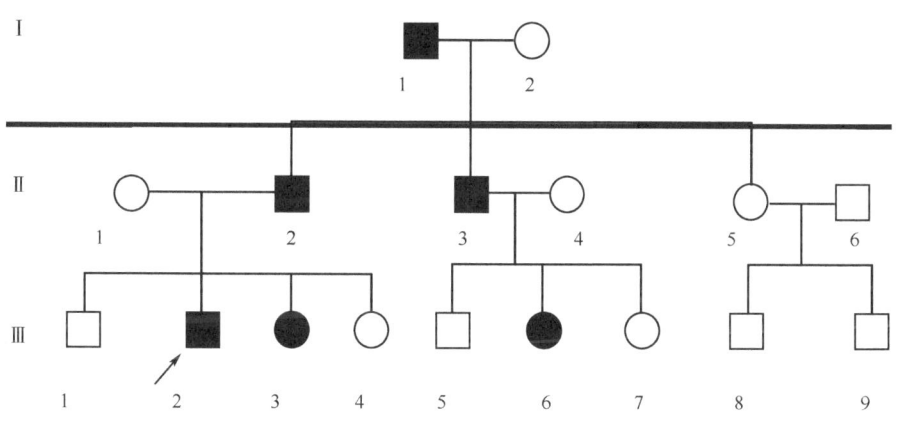

图 5-11　并指症Ⅰ型家系的系谱图

从以上典型的病例中可以看出,常染色体完全显性遗传具有如下特点:①由于致病基因位于常染色体上,因而致病基因的遗传与性别无关,即在系谱中男女发病机会均等。②患者的双亲之一必有一方是患者,且患者绝大多数是杂合子,患者的同胞中约有1/2的为患者,患者的子女中约有1/2的为患者,也就是说,患者婚后每生育一次都有1/2的生出该病患儿的风险。在小家系中同胞的发病比例不一定能准确反映出来,但如果把相同病种、婚配方式相同的小家系总计起来分析,就可以看到近似的发病比例。③系谱中可见连续传递,即系谱中每代都可能出现患者。④双亲无病时,子女一般不会发病(除非发生新的基因突变或一些不规则显性遗传)。

(二) 不完全显性遗传或半显性遗传

在常染色体显性遗传病中,杂合子(Aa)的表现型介于显性纯合子(AA)与隐性纯合子(aa)的表现型之间,称为不完全显性遗传(incomplete dominance inheritance)或半显性遗传

(semi-dominance inheritance)。在杂合子(Aa)中,隐性基因 A 的作用也得到一定程度的表现,所以在不完全显性遗传病中,杂合子(Aa)为轻型患者,纯合子(AA)为重型患者。当两个杂合子(Aa)婚配后,后代的表型比例不是 3∶1,而是 1∶2∶1。如 β-珠蛋白生成障碍性贫血、软骨发育不全症、家族性高胆固醇血症、苯硫脲尝味能力等。

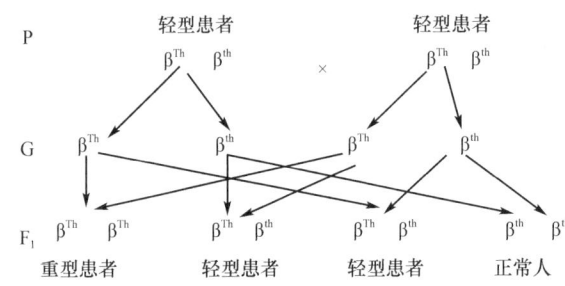

图 5-12　两个轻型 β 地中海贫血患者婚配图解

β-珠蛋白生成障碍性贫血(或称 β-地中海贫血),在中国南方的人群中携带率达到 10% 以上。主要是由于血红蛋白 β 链合成障碍而造成的贫血。不同基因的个体,由于 β 链合成受到不同程度的影响,因而在临床上会出现不同的病情:① 显性纯合子($\beta^{Th}\beta^{Th}$)是重型患者,不能合成或只能合成很少量的 β 链,因此患者在出生后几个月内便出现严重的进行性贫血,常靠输血维持生命,多在婴幼儿期夭折;② 杂合子($\beta^{Th}\beta^{th}$)是轻型患者,β 链合成部分受抑制,所以临床症状较轻,只表现轻度或中度贫血,一般可活至成年;③ 隐性纯合子($\beta^{th}\beta^{th}$)是正常人,β 链合成正常(图 5-12)。

软骨发育不全又称胎儿型软骨营养障碍、软骨营养障碍性侏儒等,是一种由于软骨内骨化缺陷的先天性发育异常。本病纯合子(AA)患者病情严重,多在胎儿期或新生儿期死亡,而杂合子(Aa)患者在出生时即有体态异常:四肢粗短(侏儒),手指平齐,下肢向内弯曲,胸椎后突,腰椎前突,以后者更为明显;头颅增大,有的病人有轻度脑积水,穹隆及前额突出;智力发展正常,牙齿好,肌力亦强,性功能正常等;婴儿如未夭折,成年后可以胜任各种工作,预后良好。本病主要是由于长骨骨骺端软骨细胞形成及骨化障碍,影响了骨的生长所致(图 5-13)。致病基因已定位于 4p16.3。

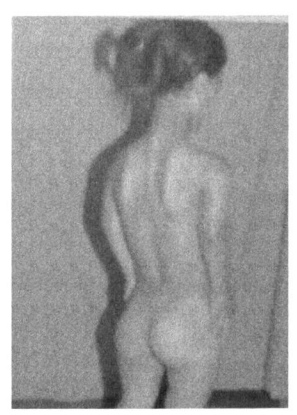  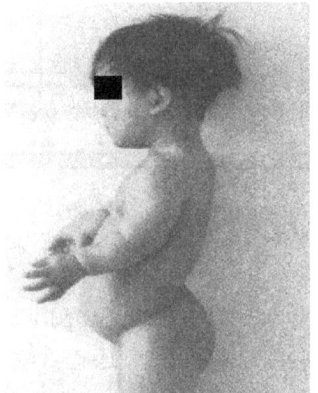

图 5-13　软骨发育不全症患者

(三) 共显性遗传

一对等位基因之间彼此没有显性和隐性的区别,在杂合状态时,两者的作用都完全表现出来,这种遗传叫共显性遗传(codominance inheritance)。

人类血型系统有 20 多种,其中 ABO 血型和 MN 血型遗传就是共显性遗传典型的例子。ABO 血型是由红细胞表面抗原决定的,红细胞表面有 A 抗原,血清中有 β 抗体者为 A 血型;红细胞表面有 B 抗原,血清中有 α 抗体者为 B 血型;红细胞表面有 AB 抗原时,血清中无抗体者为 AB 型；红细胞表面无 AB 抗原，而血清中有 α 和 β 两种抗体时为 O 血型。

ABO 血型是由一组复等位基因（multiple alleles）决定的，它们分别是 I^A、I^B、i。这三种基因位于 9 号染色体长臂的同一位点，互为等位基因，但对于每个人来说只能具有其中的两个基因。像这种在一对同源染色体的某一特定位点上有三种或三种以上的等位基因称为复等位基因。是基因突变多向性的表现。I^A 决定红细胞表面有 A 抗原，I^B 决定红细胞表面有 B 抗原，i 决定红细胞表面既没有 A 抗原又没有 B 抗原。I^A 和 I^B 对 i 都是显性的；I^A 和 I^B 之间无显性与隐性之分，而表现为共显性。因此，基因型 $I^A I^A$、$I^A i$ 表现为 A 血型，基因型 $I^B I^B$、$I^B i$ 表现为 B 血型，基因型 ii 表现为 O 血型，而基因型 $I^A I^B$ 则表现为 AB 血型（表 5-3）。

表 5-3 ABO 血型的特点

表型（血型）	基因型	红细胞抗原	血清中的天然抗体
A	$I^A I^A / I^A i$	A	β
B	$I^B I^B / I^B i$	B	α
AB	$I^A I^B$（共显性）	A,B	—
O	ii	—	α,β

根据分离定律的原理，如果知道了双亲的血型，就可以推断出子女中可能出现什么血型或不可能出现什么血型。这在法医学的亲权鉴定上有一定的意义（表 5-4）。

表 5-4 双亲血型和子女血型的遗传关系

双亲的血型	子女可能出现血型	子女不可能出现血型
A×A	A,O	B,AB
A×O	A,O	B,AB
A×B	A,B,AB,O	—
A×AB	A,B,AB	O
B×B	B,O	A,AB
B×O	B,O	A,AB
B×AB	A,B,AB	O
AB×O	A,B	AD,O
AB×AB	A,B,AB	O
O×O	O	A,B,AB

例如，如果父母双亲分别是 AB 型血和 O 型血，子女可能是 A 型或 B 型血，不可能是 AB 型血和 O 型血（图 5-14）。

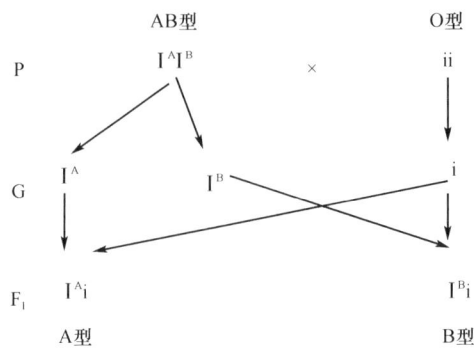

图 5-14　AB 血型个体与 O 血型个体婚配图解

ABO 血型不相容

母婴血型不合易引起新生儿溶血症。原因是在母亲妊娠期间，胎儿红细胞可通过胎盘进入母体，刺激母体产生新的血型抗体，该抗体又通过胎盘进入胎儿体内，与红细胞发生抗原抗体反应，可引起红细胞破裂。因个体差异，母体产生的血型抗体量及进入胎儿体内的量不同，当胎儿体内的抗体达到一定量时，导致较多红细胞破裂，表现为新生儿溶血症。如母亲为 O 型血，父亲为 A 型、B 型或 AB 型，如果胎儿为 A 型或 B 型时，母亲的抗 A 或抗 B 抗体通过胎盘进入胎儿血液循环，可发生免疫性溶血反应导致新生儿溶血性黄疸。这种情况在我国比较常见，北方约半数新生儿黄疸是由此引起。引起新生儿溶血性黄疸的因素较多，仅仅查出母子 ABO 血型不合还不能确诊，尚需检查新生儿血中是否有抗 A 或抗 B 抗体，母血中抗 A 或抗 B 的抗体浓度也应相当高。ABO 血型不合导致溶血一般较轻，引起胆红素脑病致死者较少见。

（四）不规则显性遗传

在有些常染色体显性遗传病中，杂合子（Aa）由于所处的遗传背景和环境因素的影响，使显性基因的作用没能表达出来，或者表达的程度有差异，使显性性状的传递不规则，这种遗传现象称为不规则显性遗传（irregular dominance inheritance）。如多指症、Marfan 综合征、成骨发育不全症 I 型、I 型神经纤维瘤等。

如在多指症中，有些杂合子（Aa）个体携带有显性致病基因（A），不一定表现为疾病，但显性致病基因依然可以向后代传递，使后代中可以出现该病的患儿，因此在系谱中可以出现隔代遗传的现象。

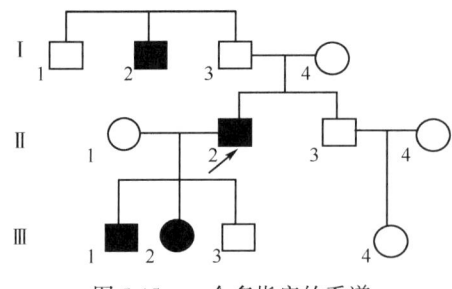

图 5-15　一个多指症的系谱

图 5-15 是一个多指症的系谱。在该系谱中，先证者 II_2 的 3 个子女中一个正常，2 个患多指症，这证明该先证者是杂合子（Aa.）。而他的父母 I_3 和 I_4 都正常，而其伯父 I_2 是多指症患者。由此可见，他的父亲 I_3 可能是杂合子（Aa），由于其遗传背景和环境因素的影响，而使显性致病基因（A）的作用未能显示出来，所以父亲 I_3 手指正常，但并不影响其将致病基因传给后代，使后代

出现患者,从而出现了隔代遗传的现象。

形成上述这种现象的最常见的原因之一是外显率降低。所谓外显率,是指具有一定基因型的个体在特定环境中形成相应表现型的比例,一般用百分率(%)来表示。外显率等于100%者为完全外显,外显率低于100%者为不完全外显或外显不全。如有20名携带有致病基因A的杂合子,只有16名形成了与显性基因相应的症状,另外4人未出现相应的症状,则该杂合子(Aa)的外显率为16/20×100% = 80%。

另外,在多指症的另一些杂合子(Aa)个体中,显性基因A的作用虽然表现出相应的症状,但不同个体间症状表现出的轻重程度有所不同,如有的多指(趾)数目不一,有的多指(趾)长短不等。这种杂合子(Aa)因某种原因而导致的个体间表现程度(轻重)的差异(图5-16),一般用表现度(expressivity)来表示。

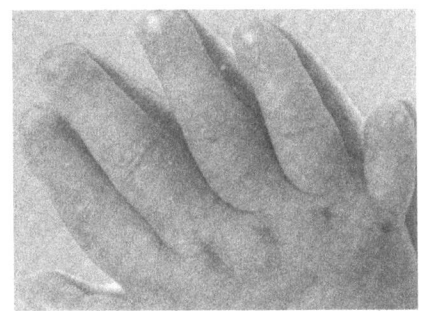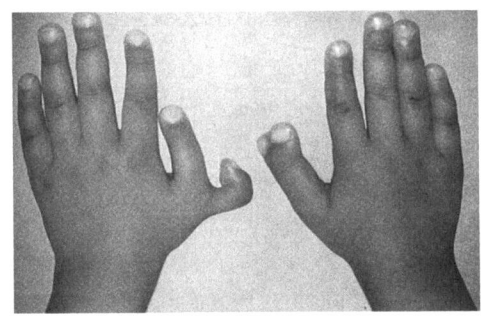

图5-16 多指症患者的手部

Marfan综合征(Marfan syndrome)也是一种比较常见的不规则显性遗传病。患者的主要患病器官为骨骼、心血管系统和眼。临床表现为:患者的身体瘦高,四肢细长,两臂伸长的长度大于身高,躯体上半(头顶到耻骨联合)与下半(耻骨联合到脚底)的比例降低,手指如蜘蛛样指,颅骨细长,硬腭高拱,常见鸡胸或漏斗胸,常伴有韧带松弛及脊柱侧凸。眼部典型损害为晶状体脱位,也可出现高度近视眼、视网膜剥离等。该病患者60%~80%有心血管疾病,最常见是二尖瓣的功能障碍,二尖瓣腱索破裂和主动脉瘤破裂可引起过早死亡。本综合征的重型患者可有骨骼、眼、心血管系统的严重损害;轻型患者则只有各器官不同程度的损伤或只有骨骼和眼的异常,或骨骼和心血管系统的异常。同一家系中的不同患者可有不同器官的不同程度损害,表现为不规则显性遗传(图5-17)。

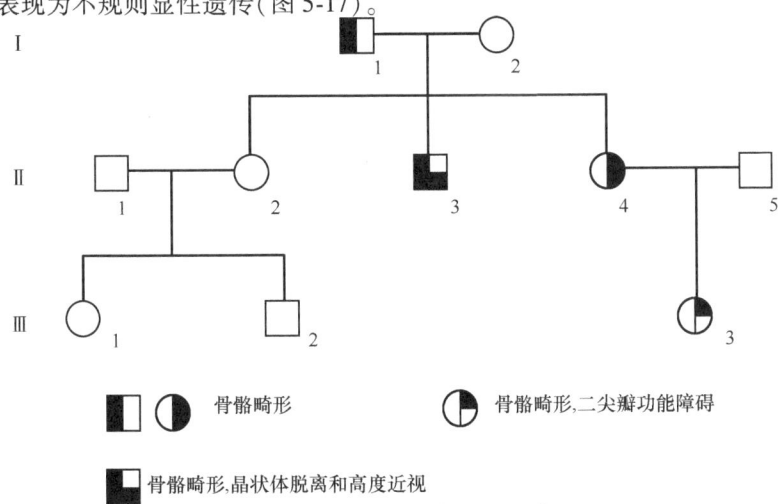

图5-17 Marfan综合征的系谱

成骨发育不全综合征(osteogenesis imperfecta syndrome)也是一种典型的表现度有个体差异的例子。主要临床表现为骨折、蓝色巩膜和进行性传导性耳聋。在同一家系中,基因型相同的个体由于个体之间表现度的不同而临床表现亦不同。重型患者可有早发和频发的骨折,脊柱侧凸,2/3的患者有白色巩膜,而1/3的患者有蓝色巩膜,耳聋和牙本质发育不全。轻型患者有骨折或蓝色巩膜,无脊柱侧突和耳聋。在一个家族内可看到受累器官的差异和严重程度的不同,因而成为不规则显性遗传。

值得注意的是,外显率与表现度是两个不同的概念,切不可混淆。其根本的区别在于前者阐明了基因表达与否,是"质"的概念;而后者要说明的是在表达前提下的表现程度的差异,是"量"的概念。

(五) 延迟显性遗传

在常染色体显性遗传中,杂合子(Aa)在生命的早期致病基因并不表达或虽然表达但尚不足以引起明显的临床表现,只有在达到一定的年龄后才表现出疾病,这种遗传方式称为延迟显性遗传(delayed dominance inheritance)。

Huntington 舞蹈病又称慢性进行性舞蹈病,是一种常染色体显性遗传病。患者的子女中半数可得病,男女患病机会均等,多在30~40岁开始发病,但也有10余岁或60岁以后才发病的病例。临床表现为不自主舞蹈样动作及进行性痴呆。脑明显缩小,重量小于1000g,最突出的是两侧尾状核和壳核的萎缩,以致侧脑室明显扩张。大脑皮质特别是额、顶叶萎缩显著,白质也减少。镜下,可见尾状核和壳核中选择性小神经细胞丢失,伴星形胶质细胞增生和胶质纤维化,类似的病变可见于丘脑腹侧核和黑质(图 5-18)。

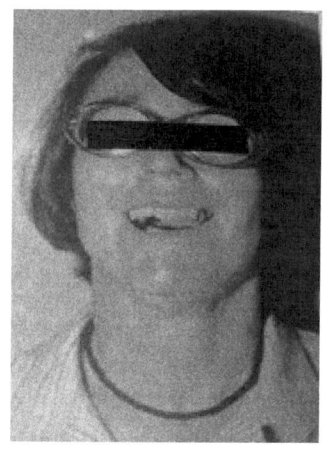
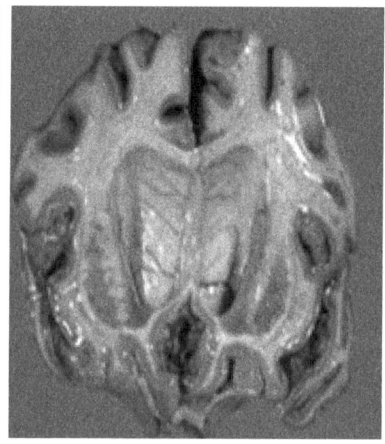
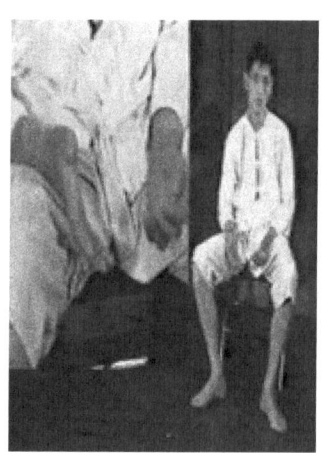

图 5-18 Huntington 舞蹈病患者及其脑部

本病呈进行性发展,病程多为10~15年,最后死于并发症。Huntington病的致病基因已定位于4p16.3。该基因5′端有(CA.G)n三核苷酸重复序列。正常人重复9~34次,平均20次;患者重复37~100次,平均约46次。

脊髓小脑性共济失调 I 型也是一种常染色体显性遗传病。常于30~40岁发病,但也有14岁或73岁以后发病的。患者有小脑萎缩,脑桥和橄榄体变性,脊髓小脑束萎缩。患者步态不稳、行走困难,上肢动作笨拙,语言不清、吞咽困难,摇头和舞蹈样动作。此外,可有眼外肌麻痹、眼震颤、腱反射亢进。该病的致病基因(SCA.1)定位于6p23,致病基因的产物称为共济失调蛋白(ataxin)。其基本缺陷在于外显子中的三核苷酸(CA.G)n重复的扩展。正常人的CA.G重复25~39次,患者的CA.G重复51~58次。

除 Huntington 病以外,许多疾病的遗传也都有延迟显性的现象,如遗传性痉挛性共济失调症、成年型多囊肾、视网膜母细胞瘤、腓骨肌萎缩症、视网膜色素变性 AD 型和遗传性出血性毛细血管扩张症等。家族性多发性结肠息肉也是延迟显性遗传病。该病患者的结肠壁上有许多大小不等的息肉,临床主要症状为便血并伴黏液。35 岁前后,结肠息肉可恶化成结肠癌。

二、常染色体隐性遗传

控制某种性状或疾病的基因位于常染色体(1~22 号染色体)上,而且致病基因的性质是隐性的,这种遗传方式就称为常染色体隐性遗传(autosomal recessive inheritance,AR)。由常染色体上的隐性致病基因引起的疾病称为常染色体隐性遗传病。目前已被确认的常染色体隐性遗传病有 1730 种(表 5-5)。例如,白化病 I 型、苯丙酮尿症、尿黑酸尿症、先天性聋哑、高度近视、半乳糖血症、肝豆状核变性、镰状细胞贫血病等。先天性代谢病多数为 AR 遗传。

表 5-5 一些常见且重要的常染色体隐性遗传病

疾病	致病基因	基因定位	表型 MIM 编号
尿黑酸尿症	*HGD*	3q21-q32	#203500
血色素沉积症	*HFE*	6p21.3	#235200
半乳糖血症	*GACT*	9p13	#230400
镰形细胞贫血	*HBB*	11p15.5	#603903
眼皮肤白化病 I 型	*TYR*	11q14-q21	#203100
苯丙酮尿症	*PAH*	12q24.1	#261600
肝豆状核变性	*ATP7B*	13q14.3-q21.3	#277900

(一)常染色体隐性遗传病的特征

在 AR 遗传的等位基因 A 和 a 中,a 为突变致病基因,个体只有在基因型为 aa 时才表现为疾病,而杂合子(Aa)虽然带有一个致病基因,但隐性致病基因(a)的作用会被显性正常基因(A)掩盖,因此杂合子(Aa)表型与正常人(AA)相同,但却可以将隐性致病基因遗传给后代。这种带有致病的遗传物质(基因)但表型正常并能将遗传物质传递给后代的个体称为携带者(carrier)。最常见的婚配类型是两个携带者(Aa×Aa)婚配(图 5-19)。

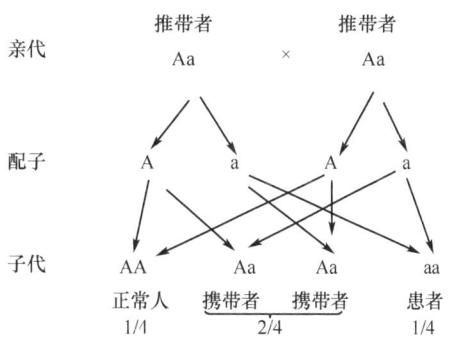

图 5-19 两名白化病携带者婚配图解

白化病(albinism)是较常见的常染色体隐性遗传病。患者皮肤毛发呈白色,虹膜淡灰色,畏光,眼球震颤。由于患者体内编码酪氨酸酶的基因发生突变,导致酪氨酸酶缺陷,不能产生黑色素。该病的致病基因位于 15q11-q12。

苯丙酮尿症 I 型(phenylketonuria I,PKU I),是一种遗传性代谢病,在我国的发生率是 1/16 500。患儿出生时正常,毛发淡黄,皮肤白皙,虹膜黄色,尿有鼠臭味或霉臭味。3~4 个月后,出现智力发育障碍,肌张力高,常有痉挛发作,行走时步态不稳。约有 1/2 患病胎儿早期流产,1/2 患儿生长迟缓、小头并有严重的智力低下。

本病主要是由于苯丙氨酸羟化酶(PHA)基因缺陷,引起苯丙氨酸羟化酶遗传性缺陷,导致苯丙氨酸不能转变为酪氨酸,结果在血清中积累。过多的苯丙氨酸进入旁路代谢,生成苯丙酮酸、苯乳酸和苯乙酸,堆积于人体内而导致疾病。PHA 基因已定位于 12q12.1。

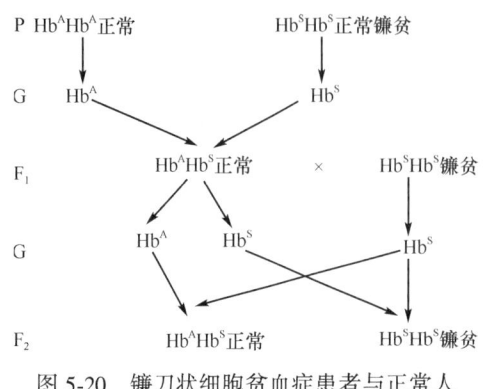

图 5-20　镰刀状细胞贫血症患者与正常人之间的婚配图

再如镰刀状细胞贫血症患者,因 β 珠蛋白基因的第 6 位谷氨酸变为缬氨酸而导致红细胞变成镰刀状而致病。从杂合子($Hb^A Hb^S$)患者的症状上来看,是常染色体隐性遗传病,但杂合子($Hb^A Hb^S$)患者的血细胞在显微镜下看,既有正常细胞,还有镰刀状的细胞,属于共显性遗传。图 5-20 是正常人与镰刀状细胞贫血症患者纯合子($Hb^S Hb^S$)、镰刀状细胞贫血症患者杂合子($Hb^A Hb^S$)与镰刀状细胞贫血症患者纯合子($Hb^S Hb^S$)之间婚配的图解。

图 5-21 是一例白化病 I 型患者的系谱。从该系谱中可以看到常染色体隐性遗传的系谱特点:①患者的双亲往往表型正常,但都是致病基因的携带者;②患者的同胞患同样疾病的可能性为 1/4,表型正常的同胞中有 2/3 的可能性为携带者;③系谱中看不到连续传递,系谱中患者往往是散发的;④由于致病基因位于常染色体上,故男女患病机会相等;⑤近亲婚配时,后代发病概率明显增高。

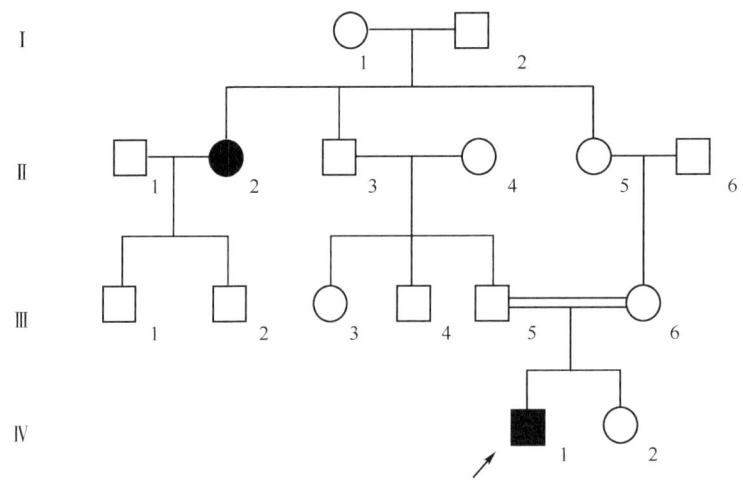

图 5-21　白化病 I 型患者的系谱

值得注意的是,常染色体隐性遗传病患者同胞患同样疾病的可能性在理论上为 1/4,但临床上观察的结果往往大于 1/4,这是由于小家系中同胞数较少,有时看不到准确的发病比例,如果将相同婚配类型的小家系合并起来分析,就会看到近似的发病比例。

(二)近亲结婚和亲缘系数

事实上,一些发病率极低的遗传病仅见于近亲结婚所生的子女中。通常将 3~4 代内有共同祖先的个体称为近亲。近亲结婚是指在前几代(3~4 代)中有共同祖先的两个个体之间的婚配。近亲结婚后代发病风险较高的原因在于,近婚双方容易从共同的祖先继承到相同的隐性致病基因,这些相同基因在传递给下一代时,得到基因纯合的几率比随机婚配高,故表现为发病风险增高。

历史上,有些国家和地区曾鼓励近亲婚配,不过现在大多数国家都已禁止。我国《婚姻法》中有直系血亲和三代以内的旁系血亲禁止结婚的规定,所以我国近亲婚配的比率大大降低。可是在一些偏僻、落后的农村或山区以及一些少数民族地区,还存在近亲婚配的现象。

对于具有共同祖先的个体之间的亲缘关系用亲缘系数来衡量。亲缘系数是指具有共同祖先的两个个体在同一个基因座位上具有相同等位基因的概率。近亲婚配时,夫妇双方有一定的血缘关系,即在一定程度上有相同的遗传基础。如父亲的基因型为 Aa,他将 A 或 a 传递给子女的可能性各为 1/2。同理可知,母亲的任何一对基因的其中一个传给子女的可能性也是 1/2。另外,父亲将自身任何一对基因中的某一个同时传给两个子女的可能性是 1/2×1/2 = 1/4,母亲将自身任何一对基因中的某一个同时传两个子女的可能性也是 1/2×1/2 = 1/4。这样可推知:两个同胞从同一个亲本那里得到相同基因的总概率为 1/4+1/4 = 1/2,即为同胞间的亲缘系数(表 5-6)。

表 5-6 亲缘关系与亲缘系数

亲属级别	家族成员	亲缘系数
一级亲属	父母与子女、同胞兄妹	1/2
二级亲属	叔兄妹、姑侄、舅甥女	1/4
三级亲属	表兄妹、堂兄妹	1/8

按照亲缘系数的远近,一个家系中的亲属可分为一级亲属、二级亲属和三级亲属等。

亲缘系数可用于近亲结婚中 AR 遗传病发病风险的计算。如一种 AR 遗传病的携带者频率为 1/50,一个人若随机婚配时,其子女的发病风险为 1/50×1/50×1/4 = 1/10 000,如某人与表兄弟姐妹(三级亲属)婚配,其子女发病风险为 1/50×1/8×1/4 = 1/1600,比随机婚配子女的发病风险高约 6.25 倍。一种 AR 遗传病在群体中的发病率越低,近亲婚配后代的发病相对风险就越高。

例如图 5-22 为一个苯丙酮尿症系谱,已知苯丙酮尿症人群中的携带者概率是 1/65,问Ⅲ$_2$和Ⅲ$_3$(近亲婚配)及Ⅲ$_4$和Ⅲ$_5$(随机婚配)两对夫妇生下患儿的可能性各是多少?在进行单基因病的发病风险估算时,首先要根据系谱中已有的患者,推算有关的其他个体的相关基因型的可能性。苯丙酮尿症是一种 AR 遗传病,父母双方必须同为携带者(杂合子)才可能生出该 AR 遗传病的患儿。因此,计算Ⅲ$_2$和Ⅲ$_3$及Ⅲ$_4$和Ⅲ$_5$后代的苯丙酮尿症发病风险时,首先要考虑每对夫妇同时是携带者的可能性各有多大。

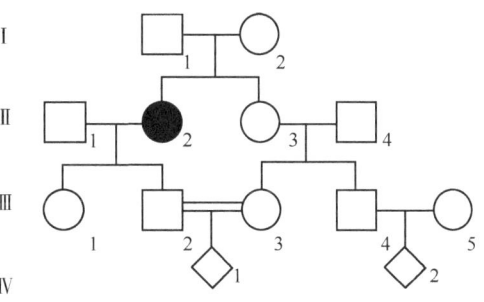

图 5-22 一例苯丙酮尿症系谱

以 a 代表隐性致病基因,在Ⅲ$_2$和Ⅲ$_3$婚配情况下,由于Ⅱ$_2$是患者,Ⅱ$_2$的基因型应是 aa。Ⅲ$_2$的表型正常,Ⅱ$_2$与Ⅲ$_2$之间是亲子关系,Ⅱ$_2$的两个隐性基因必有一个传递给Ⅲ$_2$,故Ⅲ$_2$的基因型可以推断出是 Aa,是肯定的携带者(是携带者的概率为 1)。Ⅱ$_3$的双亲表型正常,Ⅲ$_3$与Ⅱ$_3$是同胞且Ⅲ$_3$的表型正常,在这种情况下Ⅱ$_3$是携带者的概率为 2/3。Ⅱ$_3$与Ⅲ$_3$的亲缘系数是 1/2,故Ⅲ$_3$是携带者(Aa)的可能性为 2/3×1/2 = 1/3。Ⅲ$_2$和Ⅲ$_3$同是携带者的总概率为 1/3×1 = 1/3,当Ⅲ$_2$和Ⅲ$_3$同是携带者时其子女患病风险为 1/4,所以Ⅲ$_2$和Ⅲ$_3$这对表兄妹近亲结婚后下一代苯丙酮尿症的再发风险为 1/3×1/4 = 1/12。

Ⅲ$_4$和Ⅲ$_5$这对夫妇属于非近婚的婚配方式,由于Ⅲ$_4$的家系中已有患者的出现,很多情况下这样的夫妇会到医院去进行遗传咨询。Ⅲ$_4$和Ⅱ$_3$是一级亲属,Ⅱ$_3$是携带者的概率为 2/3,

估Ⅲ₄是携带者的概率为 2/3×1/2 = 1/3。Ⅲ₅与Ⅲ₄无血缘关系,她是携带者的概率就是人群中携带者的概率(1/65),那么Ⅲ₄和Ⅲ₅这两对夫妇同是携带者的总概率即为 1/3×1/65 = 1/195,Ⅲ₄和Ⅲ₅的下一代苯丙酮尿症的再发风险为 1/4×1/195 = 1/780。这个风险比Ⅲ₃与其表哥Ⅲ₂近亲结婚后代的再发风险(1/12)低 65 倍。由此可以看出,近亲结婚的危害是使子代患病的可能明显升高。

第 4 节 性连锁遗传病

控制一种性状或疾病的基因位于性染色体上,那么该基因的传递就与性别相关,其遗传方式称为性连锁遗传,又称为伴性遗传。性连锁遗传按照传递基因所在性染色体的不同可分为 X 连锁遗传(X-linked inheritance,XL)和 Y 连锁遗传(Y-linked inheritance,YL)。X 连锁遗传又根据基因显隐性的不同分为 X 连锁显性遗传和 X 连锁隐性遗传两种。目前已被确认的 X 连锁遗传病有 412 种。

在 X 连锁遗传中有两大特点:一是男性为半合子。所谓半合子,是指男性只有一条 X 染色体,其 X 染色体上的基因在 Y 染色体上缺少与之对应的等位基因,因此男性只有成对基因中的一个成员,故称半合子。因此,只要 X 染色体上有致病基因,都可以表现出相应的症状。二是存在交叉遗传现象。所谓交叉遗传,是指在 X 连锁的遗传中男性的 X 染色体上的致病基因只能来源于自己的母亲,将来只能传给自己的女儿,不存在由男性向男性传递的现象。

一、X 连锁显性遗传

位于 X 染色体上的显性致病基因所控制的性状或疾病的遗传,叫 X 连锁显性遗传(X-linked dominance inheritance,XD)。由 X 染色体上的显性致病基因引起的疾病称为 X 连锁显性遗传病。临床上常见有抗维生素 D 性佝偻病、遗传性肾炎、色素失调症、高氨血症Ⅰ型、口面指综合征和 Albright 遗传性骨营养不良等(表 5-7)。

表 5-7　一些常见且重要的 X 连锁显性遗传病

疾病	致病基因	基因定位	表型 MIM 编号
鸟氨酸氨甲酰转移酶缺乏症	*OTC*	XP21.1	#311250
小眼畸形	*HCCS*	XP22	#309801
口面指综合征	*OFD1*	XP22.3-22.2	#311200
Alport 综合征	*COL4A5*	Xq22.3	#301050
色素失调症	*IKBKG*	Xq28	#308300

在 X 连锁显性遗传病中,假定显性致病基因为 A,隐性正常基因为 a,则男性的基因型有两种:X^AY(患者)和 X^aY(正常)。女性的基因型有三种:X^AX^A(患者)、X^AX^a(患者)和 X^aX^a(正常)。由于女性有两条 X 染色体,只要其中任何一条 X 染色体带有致病基因就会患病,所以女性的发病率高于男性的发病率。在临床上见到的女性患者绝大多数是杂合子(X^AX^a)。很少见到女性纯合子患者,且女患者的病情往往较轻。这是因为常见婚配类型为:女性杂合子(X^AX^a)患者×正常男性(X^aY)(图 5-23)或男性患者(X^AY)×正常女性(X^aX^a)(图 5-24),很少见到女性纯合子患者(X^AX^A)×男性患者(X^AY)的婚配类型。

抗维生素 D 性佝偻病(vitamin D resistant rickets)属于 X 连锁显性遗传病。致病基因位于 Xp22.2-22.1。患者由于肾小管对磷酸盐的重吸收和小肠对钙、磷的吸收障碍,造成尿磷增加、血磷降低、骨质钙化不全而引起佝偻病。患儿多于 1 岁左右开始发病,可出现 O 形腿、X

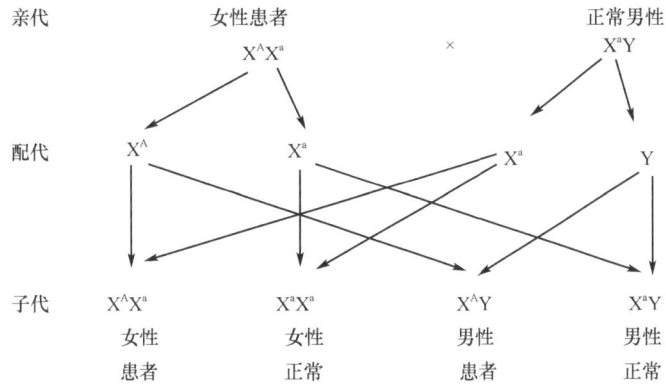

图 5-23 女患者与正常男性婚配图解

形腿、鸡胸等骨骼发育畸形、多发性骨折、骨痛、不能行走和生长发育缓慢等临床表现。女性患者的病情较男性患者轻,少数只有低磷酸盐,或仅有骨骼异常。男性患者病情严重,下肢常出现畸形(图 5-24)。这种佝偻病不仅会出现在婴儿期,在整个儿童期都存在,甚至在青春期仍在进展。对于这种佝偻病,采用常规剂量的维生素 D 治疗无效果,必须联合使用大剂量的维生素 D 和磷酸盐才能起到治疗效果,故称为抗维生素 D 性佝偻病。

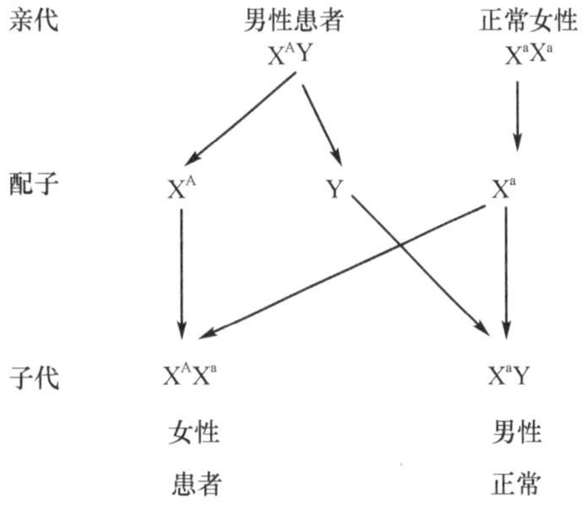

X 连锁显性遗传系谱特点:①系谱中女性患者多于男性患者,但女患者病情往往较男性患者

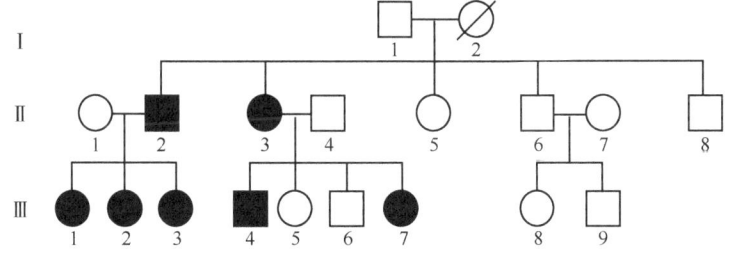

图 5-24 男性患者与正常女性婚配图解

轻;②患者的双亲中有一方是患者,如果双亲都无病,子女一般不会患病(基因突变除外);③系谱中可见连续遗传现象;④有交叉遗传现象,即男性患者的后代中,女儿都将是患者,儿子都正常;女性患者的后代中子女各有 1/2 的患病风险(图 5-25)。

图 5-25 一例抗维生素 D 性佝偻病的系谱

二、X 连锁隐性遗传

位于 X 染色体上的隐性基因所控制的性状或疾病的遗传,就叫 X 连锁隐性遗传(X-linked recessive inheritance, XR)。由 X 染色体上的隐性致病基因引起的疾病称为 X 连锁隐性遗传病。临床上常见有红绿色盲、甲型血友病、假肥大型肌营养不良和家族性低血色素贫血等(表 5-8)。

表 5-8　一些常见且重要的 X 连锁隐性遗传病

疾病	致病基因	基因定位	表型 MIM 编号
Wiskort-Aldrich 综合征	*CYBB*	XP11.23-p11.22	#301000
慢性肉芽肿	*CGD*	XP21.1	#306400
眼白化病 I 型	*GPR*143	XP22.3	#300500
鱼鳞病	*STS*	XP22.32	#308100
血友病 B	*F9*	Xq26	#306900
黏多糖贮积症 II 型	*IDS*	Xq28	#309900
Fabry 病	*GLA*	Xq22	#301500

在 X 连锁隐性遗传病中,致病基因为 a,正常基因为 A,则男性的基因型有两种:X^AY(正常)和 X^aY(患者)。女性的基因型有三种:即 X^AX^A(正常)、X^AX^a(携带者)和 X^aX^a(患者)。女性当两条 X 染色体上的等位基因都是隐性纯合子(X^aX^a)时才表现为患者,杂合子(X^AX^a)时隐性基因控制的性状不表现出来。而男性只有一条 X 染色体,所以只要 X 染色体上有一个隐性致病基因(X^aY)就会患病,所以男性的发病率高于女性的发病率。常见婚配类型:女性携带者(X^AX^a)×正常男性(X^AY);女性携带者(X^AX^a)×男性患者(X^aY)。

红绿色盲患者不能正确区分红色和绿色,该病决定于 X 染色体上两个紧密相连的隐性红色盲基因和绿色盲基因,一般把它们综合在一起考虑,称为红绿色盲基因。红绿色盲的发病率在男女性别中差别很大,在我国男性红绿色盲的发病率约为 7%,女性的发病率为 0.5%。

如果一个红绿色盲男性患者(X^aY)与一个色觉正常女性(X^AX^A)婚配,子代中女儿色觉正常,但都是携带者,儿子都正常(图 5-26)。男性患者的致病基因只传给女儿,不传给儿子。

如果红绿色盲女性携带者(X^AX^a)与色觉正常男性(X^AY)婚配,子代中女儿全部色觉正常,但有 1/2 是携带者,儿子中将有 1/2 为患者(图 5-27)。携带者母亲的致病基因可传给女儿,也可传给儿子,使儿子患病,故男性患者的致病基因只能从母亲那里传来。

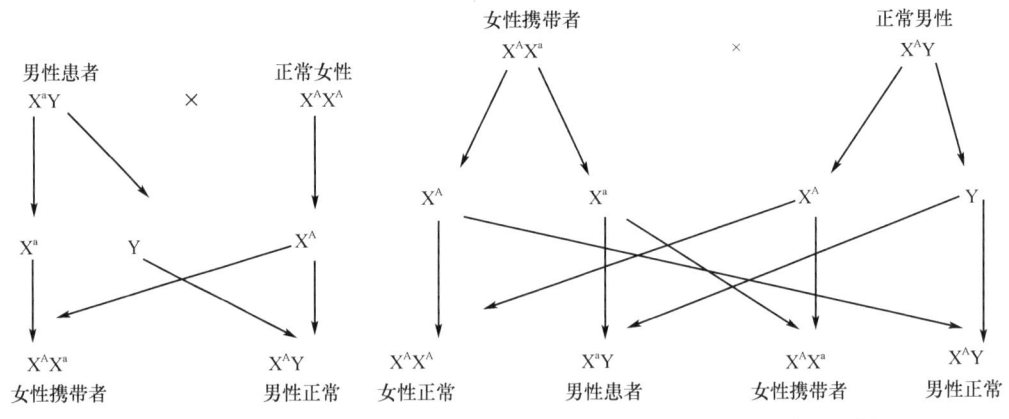

图 5-26　男性患者与正常女性婚配　　图 5-27　色盲女性携带者与正常男性婚配

如果女性携带者(X^AX^a)与男性色盲患者(X^aY)婚配,子代中儿子将有 1/2 为患者,1/2 为正常;女儿中将有 1/2 为患者,1/2 正常,但都是携带者(图 5-28)。因此女性患者的父亲一定是患者,母亲若表型正常,则一定为携带者。

假性肥大型肌营养不良主要发生于男孩,患儿的肌膜透过性增强,肌肉中的一些酶漏出至血液中,因此引起肌肉变性。Duchenne 型肌营养不良(Duchenne muscular dystrophy,DMD)

是假肥大性肌营养不良症的主要类型,是严重致死性神经肌肉系统的 XR 病,其发病率为出生男婴的 1/3500。DMD 患儿开始走路就显现出肌肉无力,多在 5~6 岁时症状明显,表现为走路鸭型步态、上下楼困难、Gower 症阳性,多数患者腓肠肌假性肥大。患儿的肌萎缩进行性加重,到 10 岁左右不能自主走路,一般 20 岁之前死于呼吸及循环衰竭,部分患儿伴有不同程度的智力低下。假肥大性肌营养不良的另一型为 Becker 型肌营养不良(BMD),其发病率比 DMD 明显低,但 BMD 发病较晚,一般 10 岁左右开始发病,临床表现与 DMD 相似,但病程缓慢,症状较轻,往往可以生育后代。DMD 和 BMD 都是抗肌萎缩蛋白(dystrophin)遗传性缺陷所致(图 5-29)。

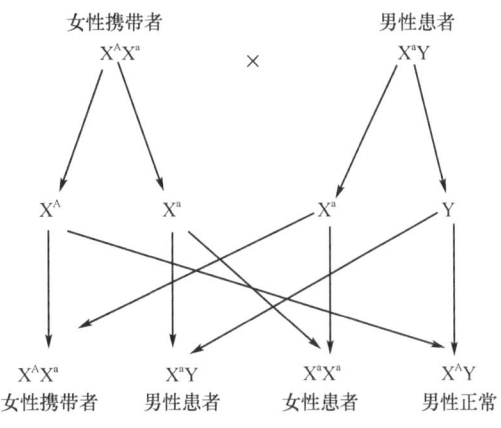

图 5-28　色盲女性携带者与男性患者婚配

DMD 基因定位于 Xp21.2-p21.3,是目前已知最大的致病基因,约占 X 染色体的 1%,长约 2400kB,含 79 个外显子。

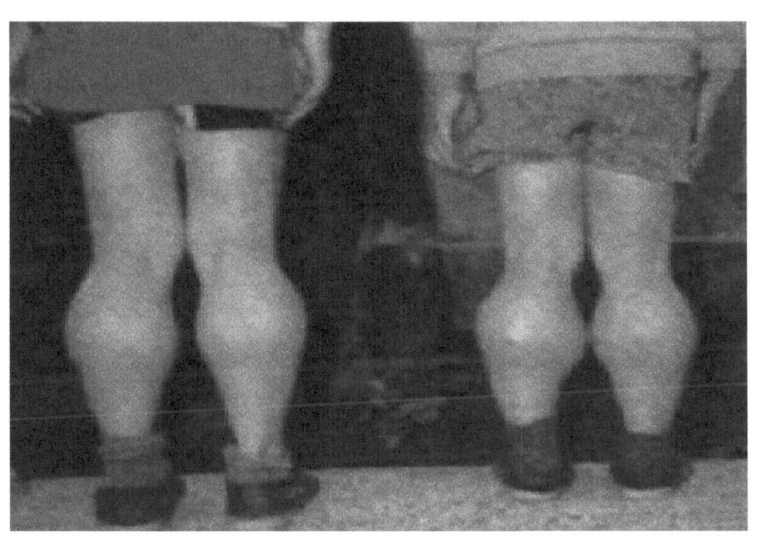

图 5-29　假肥大型肌营养不良患者腓肠肌假性肥大图片

图 5-30 为一个假肥大型肌营养不良系谱,该系谱反映了 X 连锁隐性遗传病系谱的特点:①人群中男性患者远多于女性患者,且系谱中往往只能见到男患者;②有交叉遗传和隔代遗传现象;③双亲无病时,儿子可能发病,女儿则不会发病;儿子一旦发病,其母亲一定是致病基因的携带者;④男性患者的兄弟、外祖父、舅父、姨表兄弟、外甥及外孙等也可能是患者。

血友病 A 也是一种典型的 X 连锁隐性遗传病,致病基因定位于 Xq28。患者由于缺乏凝血因子Ⅷ而导致凝血障碍,在皮下、肌肉内反复出血,可形成瘀斑和血肿;在关节腔出血可致关节畸形(图 5-31),严重者可因颅内出血而死亡。

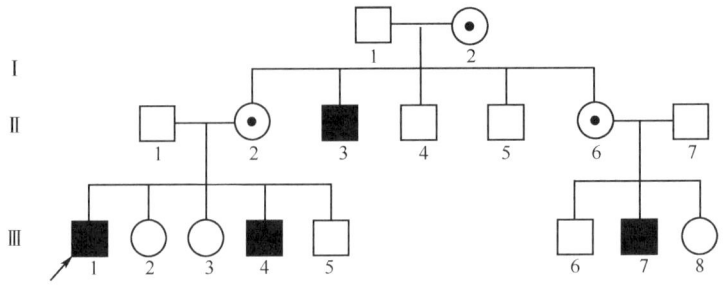

图 5-30　假肥大性肌营养不良患者的系谱

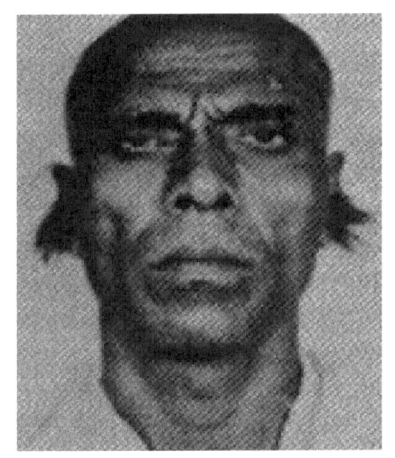

图 5-31　外耳道多毛症患者

三、Y 连锁遗传

位于 Y 染色体上的基因所控制的性状或疾病的遗传就叫 Y 连锁遗传（Y-linked inheritance）。由 Y 染色体上的致病基因引起的疾病称为 Y 连锁遗传病。由于 X 染色体上缺少相应的等位基因，因此它必将随着 Y 染色体而传递，即只能从父亲传递给儿子，再由儿子传递给孙子，所以 Y 连锁遗传又叫全男性遗传或限雄性遗传（holandric inheritance）。据 2002 年统计，Y 连锁致病基因有 43 个，目前已被确认的 Y 连锁遗传病有 19 种。

如外耳道多毛症是一种 Y 染色体连锁遗传病，该家系中的全部男性个体到青春期，在外耳道上可长出 2~3cm 长的成丛黑色硬毛，常伸出耳孔之外（图 5-31）。该家系中的全部女性个体均无此症状（图 5-32）。外耳道多毛症受 Y 染色体上的外耳道多毛基因控制。

此外，目前较肯定的 Y 连锁基因还有睾丸决定因子、无精子因子、箭猪病基因、H-Y 抗原基因等。

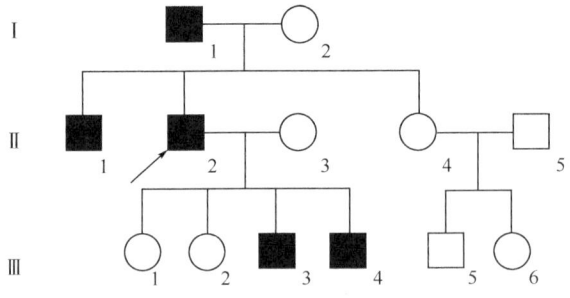

图 5-32　一个外耳道多毛症的系谱

第 5 节　单基因遗传病的有关问题

根据基因突变的性质，通常把与其所控制的相应表型分为显性遗传和隐性遗传两大类。理论上，两者在群体中呈现出各自的分布规律，且应符合孟德尔的分离比例，但实际上某些突变基因性状的遗传存在着许多例外情况。

一、基因的多效性和遗传异质性

基因多效性是指一个基因可以决定或影响多个性状,产生多种表型效应。在生物个体的发育过程中,很多生理生化过程都是相互联系、相互依赖的。基因的作用是通过控制新陈代谢的一系列生化反应而影响个体发育,从而决定性状的表现。因此,一个基因的改变直接影响其他生化过程的正常进行,从而引起其他性状的改变。这方面的例子很多,如苯丙酮尿症是一种常染色体隐性遗传病,由于一对基因隐性突变,使苯丙氨酸羟化酶缺陷,引起苯丙氨酸主要代谢受阻,黑色素不能形成,出现白化症状;随着苯丙氨酸代谢旁路的开放,形成过多的苯丙酮酸,并由尿排出,导致苯丙酮尿症;而苯丙酮酸及其衍生物又可影响脑的发育,造成智力障碍。再如半乳糖血症是一种糖代谢异常症,患者既有智力发育不全等神经异常,还具有黄疸、腹水、肝硬化等消化系统症状,甚至还可出现白内障等。因此,虽然只是一对基因的突变,但却可出现多种异常表现。

表现型是由基因型和环境因素共同决定的。但同一表现型并不一定是一种基因型表达的结果,有可能是几种基因型都表现为同一表现型。这种表现型相同而基因型不同的现象称为遗传异质性。由于遗传基础不同,它们的遗传方式、发病年龄、病情以及再发风险等都可能不同。例如,先天性聋哑人群中的先天性聋哑患者,约75%的遗传方式为AR,另外还有AD、XR、多基因遗传和环境因素导致的。目前已经发现,在常染色体隐性遗传的聋哑病例中又分Ⅰ型、Ⅱ型和半致死型等。Ⅰ型共有35个不同位点的致病基因。在这35个基因座位上,任一等位基因处于纯合状态下,均可导致先天性聋哑,占全部先天性聋哑的68%,人群中携带者频率高达16%。这可以解释为什么一对夫妇均为聋哑,但所生子女全部正常的情况。这是因为夫妇双方的聋哑基因不在相同的基因座位上(图5-35),故不发病。Ⅱ型有6个基因座,每个基因座纯合均可导致先天性耳聋。半致死型患者常伴发智力低下和性腺发育不全,受累者只占同胞的6.25%~12.5%,而不是25%,这是由于半致死所致。

大多数遗传病都有遗传异质性。如进行性肌营养不良症有许多类型,其临床症状相似,但其遗传方式不尽相同。Duchenne(DMD)型和Becker(BMD)型为X连锁隐性遗传;肢带型、面肩肱型和远端型为常染色体显性遗传。而苯丙酮尿症虽然都是常染色体隐性遗传的,但可区分为经典型(Ⅰ型)、Ⅱ型、Ⅲ型等亚型。经典型为苯丙氨酸羟化酶缺乏所致,可用低苯丙氨酸饮食治疗;Ⅱ型为二氢蝶啶还原酶缺乏所致,对低苯丙氨酸饮食治疗无反应;Ⅲ型为二氢生物蝶啶合成酶缺乏所致,控制饮食后,出现肌张力低下和运动发育迟缓。由于治疗措施和预后不同,因此鉴别经典型与Ⅱ型、Ⅲ型十分重要。由于遗传基础不同,具有遗传异质性疾病的遗传方式、发病年龄、病程进展、病情严重程度、预后以及复发风险等都可能不同。总之,随着研究的不断深入,将会发现更多的遗传性疾病是异质性的。这对于临床诊断、治疗、预防是非常重要的。

二、表型模拟

由环境因素的作用使某一个体的表现型恰好与某一特定基因的作用所产生的表型相同或相似,这种由环境因素引起的表现型称为表现型模拟或拟表型(phenocopy)。例如,环境因素也可以引起先天性聋哑。母亲在妊娠的早期若感染风疹病毒,风疹病毒可严重影响胎儿内耳的发育而导致先天性聋哑,或由于使用药物(链霉素)引起的聋哑。风疹病毒或药物所致的先天性聋哑与常染色体隐性遗传的先天性聋哑具有相同的表型,这种拟表型是由于环境因素的影响,并非生殖细胞中基因本身的改变所致。因此,这种聋哑不遗传给后代。

三、从性遗传和限性遗传

从性遗传是指位于常染色体上的基因由于个体性别差异而造成的表达比例不同或表达

程度不同的现象,此现象不是由性染色体上基因控制的,而是由于不同性别的体质差异或体内修饰基因差异所带来的不同影响。如秃顶表现为从额角部向上或头顶中心向周围进行性对称性地脱发。该病与患者体内的雄激素含量水平有关,男性杂合体患者一般在35岁出现秃顶,而女性由于体内雄激素含量水平较男性低,故女性杂合体不出现脱发,只有纯合体才出现较轻的脱发症状,但也仅为头顶部少量脱发或毛发稀疏、细软等。再如原发性血色病是一种AD遗传病,患者由于含铁的黄素在组织中大量沉积,引起皮肤色素沉着、肝硬化、糖尿病三联综合征。群体中男性发病较女性高10～20倍,究其原因,可能是由于女性月经、流产或妊娠等生理或病例性失血导致铁质丢失,减轻了铁质的沉积,故不易表现出症状。

一些控制遗传性状的基因不在性染色体上,而是在常染色体上,由于基因表达的性别限制,只在一种性别表现,不在另一种性别表现,称为限性遗传(sex-limited inheritance)。如子宫阴道积液,是由常染色体隐性基因决定的,只在女性纯合体才表现;又如男性的前列腺癌,这些主要是由于解剖学结构上的性别差异造成的。

从性遗传和限性遗传这两个术语很容易混淆,它们之间的区别在于:限性遗传指一种表现型只局限于一种性别,在另一种性别上无法体现;从性显性只是在基因型杂合状态下,某种性别的表现度较轻,但在基因型纯合状态下两种性别都能体现。

四、遗 传 印 记

遗传印记是哺乳动物及人类普遍存在的一种遗传现象,很难用经典的孟德尔定律来解释。根据孟德尔定律,控制某一性状或遗传病的基因无论来自父方还是来自母方,所产生的表型效应是相同的,但是研究发现,同一基因由不同性别的亲本传给子女可引起不同的表型效应,像这样由双亲性别决定基因功能上的差异称为遗传印记。即这些等位基因在传递上是符合遗传学基本规律的,但在表达方面受传递双亲性别的影响。

例如,Prader-Willy综合征(PWS)和Angelman综合征(AS)是涉及15q11-q13区域的染色体缺失的两种完全不同的疾病。当患儿缺失的15号染色体来自父亲时,表现为PWS,即暴饮暴食、过度肥胖、智力缺陷、行为异常、身材矮小、性腺功能减退;当患儿缺失的15号染色体来自母亲进,表现为AS,即大嘴、呆笑、步态不稳、癫痫和严重的智力低下。这两种综合征的15号染色体缺失分别来自父亲和母亲,说明遗传印记所致的相同基因不同表达的可能性。再如Huntington舞蹈病是一种常染色体延迟显性遗传病,常于30～40岁时发病,如果是母亲传来的,则子女的发病年龄不会提前且症状不加重,仅表现为舞蹈样动作;如果是从父亲传来的致病基因,由于遗传印记而发病早且病情严重,经过几代男性的传递可使患者在20岁前发病,这也是遗传早现。早现现象一般来自于不稳定、可扩展的三核苷酸重复序列。正常人重复9～34次,平均20次;患者重复37～100次平均约46次。Huntington舞蹈病发病年龄的变化及病情轻重程度均与传递致病基因的亲本即遗传印记有关(图5-33)。

五、遗传早现与动态突变

遗传早现是指一些遗传病(通常为显性遗传病)在连续几代的遗传中,发病年龄提前而且病情严重程度增加的现象。如遗传性小脑共济失调(Marie型)是一种延迟显性遗传病,发病年龄一般在35～40岁,临床表现早期为行走困难,站立时摇摆不定,语言不清;晚期下肢瘫痪。图5-33可见I_1发病年龄为39岁,II_3在38岁开始发病,III_3在30岁发病,而IV_1在23岁就已瘫痪。

近10多年来发现,遗传早现是由于动态突变或遗传印记引起的。动态突变伴随着世代的传递使短串联重复序列的拷贝数不断扩增,在达到一定的倍数后就导致疾病的发生,病情的严重程度和发病年龄也逐代加重和提前。重复拷贝数越多,病情越严重,发病年龄越早。

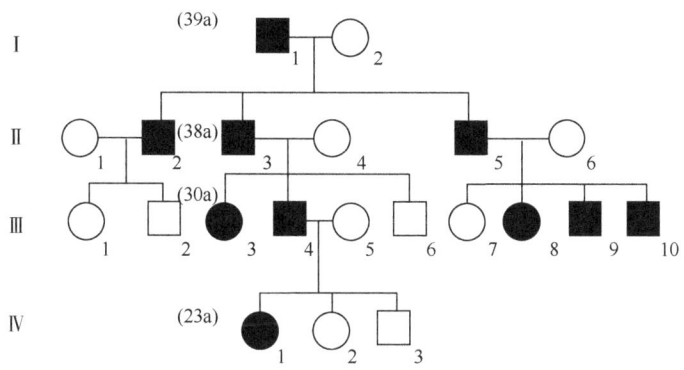

图 5-33 一个遗传性小脑共济失调（Marie 型）的系谱

迄今为止,发现与动态突变有关的遗传病有 20 多种,主要是神经肌肉系统遗传病,在一些与发育有关的基因中同样有此现象。

小 结

通过以上学习,我们知道:生物的遗传变异现象尽管其复杂,但有一定的规律可循,分离规律、自由组合规律、连锁与互换定律就是遗传的三大规律。分离规律是指生物体在形成配子时等位基因随着同源染色体的分开而彼此分离,分别进入到不同的配子中去。自由组合规律是指生物体在形成配子时,等位基因随着同源染色体的分离而分离,非同源染色体上的非等位基因随着非同源染色体的自由组合而组合到不同的生殖细胞中。连锁与互换定律是指在生物体中,分布在同一条染色体上的基因彼此间是连锁在一起的,构成了一个连锁群,作为一个整体向后代传递,这种遗传方式称为连锁遗传。但位于同一条染色体上的基因并非总是连锁在一起,在减数分裂形成配子时,同源染色体上的等位基因之间可以发生交换而使基因重组,构成新的基因连锁关系而向后代传递,这种遗传方式被称为互换遗传。

单基因遗传病是指受一对等位基因影响而发生的疾病。根据基因所在染色体的位置不同（常染色体或性染色体）和基因性质（显性或隐性）的不同,将单基因遗传病分为:常染色体显性遗传（AD）病、常染色体隐性遗传（AR）病、X 连锁显性遗传（XD）病、X 连锁隐性遗传（XR）病和 Y 连锁遗传（YL）病。

系谱分析法是研究单基因病的常见方法,是指从先证者入手,详细调查某种疾病在一个家族中的发病情况后,用规定的符号和一定的格式将调查结果绘制成为患者与家族各成员相互关系的图解,又称为家系图。在临床上能熟练分析各种单基因遗传病的遗传规律和再发风险,不仅要求掌握 AD、AR、XD、XR 等几种遗传病的系谱特点,还必须了解影响单基因遗传病分析的各种因素,如遗传异质性、遗传印记、遗传早现、限性遗传等。另外,进行系谱分析时,还需要将多个具有相同遗传性状或遗传病的家族的系谱作综合分析（统计学分析）,才能比较准确而可靠地做出判断。

目标检测

一、填空题

1. 孟德尔杂交实验的材料主要是_____。它是_____传粉,自然状态下都是纯种;实验中选用了稳定的.容易区分的7对_____。
2. 分离定律是指生物体在减数分裂形成配子时,_____随着_____的分开而分离,分别进入到两个配子中,独立地随配子遗传给后代。
3. 自由组合定律是指具有_____或_____相对性状的亲本进行杂交,所产生的子一代在形成配子时,_____分离,_____可以自由组合。
4. 连锁与互换定律的细胞学基础:_____时同源染色体的_____和同源非姐妹染色单体间的_____是连锁与互换定律的细胞学基础。
5. 由单基因突变所致的疾病称为_____。
6. 在系谱中,_____是指家族中第一个被确诊的某种遗传病患者。
7. 在常染色体显性遗传病中,杂合子的表现型介于显性纯合子与隐性纯合子的表现型之间,称为_____。
8. 由于男女性染色体组成上的差异,决定了位于 X 和 Y 染色体上的基因在遗传方式各不相同,所以性连锁遗传又分为_____和_____。
9. 一对等位基因,没有显性与隐性的区别,在杂和状态下,两种基因的作用同时完全表现出来,称为_____。

二、选择题

1. 父本的基因型为 YYRr,母本为 YyRr,则其 F1 中不可能出现的基因型是( )
   A. yyrr   B. YYRr
   C. YyRr   D. Yyrr
2. 如果子代个体中有 3/4 呈现为显性性状,其亲代可能是( )
   A. Tt×TT   B. TT×tt
   C. Tt×Tt   D. Tt×tt
3. 测交后代基因型比例是 1:1:1:1,其遗传所遵循的规律是( )
   A. 分离定律   B. 完全连锁遗传
   C. 多基因遗传   D. 自由组合律
4. 已知人类有酒窝(A)相对无酒窝(a)是显性,一对夫妇的基因型都是 Aa,那么他们子女无酒窝的可能性是( )
   A. 0   B. 25%
   C. 50%   D. 75%
5. 绵羊白色相对黑色为显性,两只杂合体白羊为亲本,接连生下 3 只小羊是白色,若它们再生第 4 只小羊,其毛色( )
   A. 一定是白色
   B. 一定是黑色
   C. 是白色得可能性大
   D. 是黑色得可能性大
6. 双眼皮和单眼皮是由一对等位基因 A 和 a 决定的。某男孩的双亲都是双眼皮,而他却是单眼皮,则他的基因型及其父母的基因型依次是( )
   A. aa AA Aa   B. Aa AA Aa
   C. Aa Aa aa   D. aa Aa Aa
7. 患者的双亲中均有一方为患者,且男女患病机会均等,那么这种遗传方式应属于下列哪一种( )
   A. 常染色体显性遗传
   B. 常染色体隐性遗传
   C. X 连锁显性遗传
   D. X 连锁隐性遗传
8. 一个 O 型血的母亲生出了一个 A 型血的孩子,父亲的血型是( )
   A. A 型   B. O 型
   C. B 型   D. A 或 AB 型
9. 父母血型分别是 A 型和 B 型,生育了一个 O 型的女儿,再生育时,子女的血型可能是( )
   A. A 型   B. AB 型
   C. A.O 型   D. A.A 型
10. 一个白化病患者的父母都正常,其父母基因型为( )
    A. aa×aa   B. Aa×Aa
    C. Aa×AA   D. aa×Aa
11. 儿子为红绿色盲,他的色盲致病基因来自( )
    A. 父亲的 X 染色体
    B. 父亲的常染色体

C. 母亲的常染色体
D. 母亲的X染色体

12. 在一家系中,女性患者多于男性患者,且患者代代出现,患者的双亲中至少有一方也是患者,这种遗传病属(　　)
A. AD　　B. AR
C. XD　　D. XR

13. 父亲为抗维生素D佝偻病患者,母亲正常,其子女每胎发病的危险率一般为(　　)
A. 儿子和女儿都不发病
B. 儿子100%为患者,女儿100%为正常人
C. 儿子中50%可能为患者,女儿50%可能为患者
D. 儿子100%为正常人,女儿100%为患者

14. 在一家系中,患者几乎全是男性,男性患者的双亲表型都正常,并呈现有隔代遗传现象,这种遗传病属(　　)
A. AD　　B. AR
C. XD　　D. XR

15. 父亲为红绿色盲,母亲视觉正常(非携带者),子女每胎患色盲的危险率为(　　)
A. 儿子都为患者
B. 女儿都为患者
C. 女儿中50%为患者,儿子100%正常
D. 儿子100%为正常,女儿100%为携带者

三、名词解释
1. 等位基因　2. 显性性状　3. 纯合子与杂合子
4. 侧交　5. 连锁　6. 互换　7. 常染色体隐性遗传
8. 系谱　9. 携带者　10. 交叉遗传

四、遗传分析题
1. 某患儿,男,8岁。两年来肌肉出现萎缩,不能奔跑,不能上楼。家中父母姐妹均正常,母亲的舅父曾患过肌肉萎缩,早年夭折。现患者一外甥也出现类似症状,请分析患者的遗传方式和特点,并用系谱分析。

2. 一对夫妻表型正常,他们的双亲也正常,但双方都有一个白化病的弟弟,他们婚后所生孩子患白化病的可能性是多少?

3. 一个色觉正常的女人,她母亲色觉正常,父亲是红绿色盲的患者。这个女人和男人结婚,试问:
(1)这个女人的父母的基因型是什么?(2)他们婚后所生男孩患色盲的可能性是多少?
(3)他们婚后所生女孩患色盲的可能性是多少?

4. 某一医院妇产科同日生下四个孩子。其血型分别是A型、B型、AB型和O型。现有四对夫妻,他们的血型搭配分别是:A型和O型;A型和B型;AB型和O型;O型和O型。请你用基因图解的方式帮他们找出孩子。

5. 已知某AR病的人群携带率是1/50,(1)那么一对随机婚配的夫妇生育此患儿的风险有多大?(2)一对表兄妹近亲婚配生育此患儿的风险有多大?

6. 分析系谱,并回答问题。
(1)此系谱的先证者是谁?
(2)此系谱的遗传方式是什么?
(3)你判断的依据是什么?
(4)Ⅱ3和Ⅱ5个体的基因型是什么?
(5)Ⅲ5和Ⅱ2是属于几级亲属,他们的亲缘系数是多少?

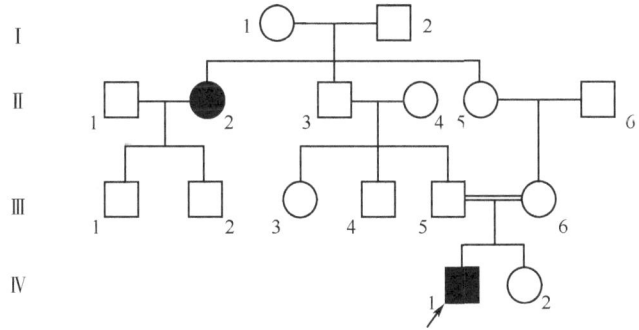

(高江原)

第6章 多基因遗传与多基因遗传病

导言 经常听到有人说"孩子的睫毛长长的,像妈妈"或"孩子的酒窝像爸爸"。那么,为什么睫毛就得像妈妈一样是长长的,而不能像爸爸一样是短短的呢?这个问题的答案就是研究性状是如何遗传的。有些性状,比如长睫毛,是由单一的基因对控制的,这类性状的遗传相对简单些,遵守孟德尔遗传定律,然而很多性状都是由多个基因对共同作用的,比如我们眼睛的颜色、血压、身高等。这类性状又是怎样遗传呢?这就是多基因遗传的研究内容。

第1节 多基因遗传

由多对基因共同作用决定的性状称为数量性状,它不同于单一基因控制的质量性状。数量性状的遗传现象不能单纯的用孟德尔定律解释,多基因假说可以对此做出解释说明。

一、质量性状与数量性状

质量性状和数量性状是基于单基因遗传和多基因遗传而产生的两个基本概念,它们在遗传基础、变异在群体中的分布、个体间差异类型等方面都是不同的(表6-1)。

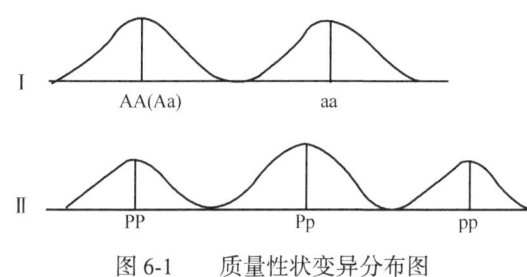

图6-1 质量性状变异分布图

(一)质量性状

前面章节所介绍的单基因性状如豌豆种子的形状、果蝇的翅膀、白化病、红绿色盲等,它们的遗传基础是一对等位基因,其变异在群体中呈不连续分布,变异的个体间存在质的差别,一般表现为有或无,称为质量性状。单基因遗传病都属于质量性状。相对性状间的差异非常明显,如白化症状与正常性状,圆滑与皱缩,其区别可以用文字来描述,但不能用数量表示,这决定了质量性状的变异在群体中的分布是不连续的。这种不连续的分布可以明显地把一个群体分为2~3个小群,这2~3个群之间的性状差异很显著,是本质的区别,中间没有过渡类型(图6-1)。

(二)数量性状

生物界还有一类性状例如人类的身高、肤色、智力、体重和血压等,它们的遗传基础是多对基因,其变异在群体中呈连续分布,不同个体只是量的差别,而无质的不同,也受环境因素影响,这类性状称为数量性状。数量性状是描述多基因遗传表型特征的基本概念,以人类的身高为例,随机取样测量群体身高,可以看到身高是由矮到高逐渐过渡的,很高(高于190cm)与很矮(低于140cm)的个体只占少数,大部分个体接近平均身高(160~170cm)。绘成曲线(图6-2),则呈正态分布,只有一个峰,代表群体的平均值。另外,环境因素的作用会进一步修饰这条曲线,这是数量性状区别于质量性状的另一显著特征。例如身高,众所周知,除了遗传的作用之外,充足的睡眠、丰富的营养和适当的运动等都是后天长高的重要条件。

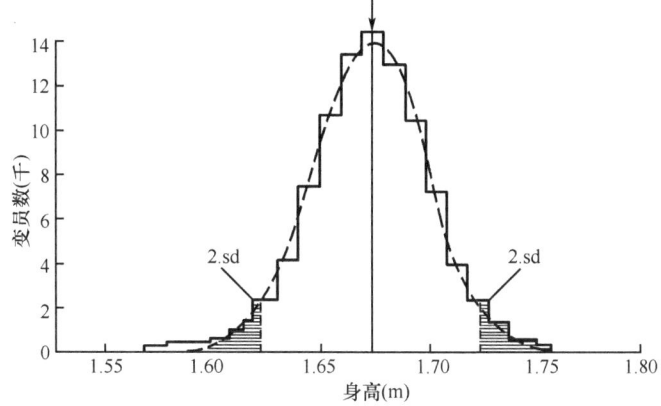

图 6-2 正常人身高变异分布图（数量性状变异分布图）

表 6-1 数量性状与质量性状的比较

比较项目	数量性状	质量性状
遗传基础	多对基因	一对基因
变异分布	连续分布	不连续分布
描述方法	数字	文字
环境影响	敏感	不敏感
研究对象	群体	家系

二、多基因假说

1909年，瑞典的遗传学家尼尔逊·埃尔（Nilsson Ehle）以小麦种子为实验材料，进行9年杂交实验，研究提出了多基因假说（polygene hypothesis），解释数量性状的遗传，这一学说被广泛接受。其假说的主要内容是：①多基因遗传的基础不是一对基因，而是两对或两对以上基因。②每对基因的遗传仍然遵守孟德尔遗传定律。③等位基因间无显隐性的区别，对多基因性状的表达呈共显性。④每对等位基因对性状的形成作用都很微小，称为微效基因。微效基因的作用可以累加，因而会形成一个明显的表型效应，称为微效基因的累加效应。⑤数量性状的形成除受多基因的遗传基础影响外，还受环境因素的影响，两者共同作用决定一种性状的形成。

多基因假说

1908年瑞典学者尼尔逊·埃尔继孟德尔遗传定律被公认之后，用红粒和白粒小麦进行杂交试验。根据实验结果，他提出了多基因假说，对数量性状的遗传进行了解释。按照他的解释，数量性状是许多彼此独立的基因作用的结果，没有显隐性关系，各基因效果相等，对性状表现的效果较微，称为微效基因。各基因的作用是累加的，但其遗传方式仍然服从孟德尔的遗传规律。这一概念后经发展成为数量性状遗传的基本理论。

三、多基因遗传的特点

以人类的身高为例分析数量性状遗传的特点。我们假设有 Aa、Bb、Cc 三对等位基因（非连锁)决定人的身高。A、B、C 三个基因各使人的身高在平均值(165cm)的基础上增高 5cm,而 a、b、c 三个基因各使人的身高在平均值的基础上降低 5cm。那么 AABBCC 的个体将表现为身高极高个体(约为 195cm),而 aabbcc 的个体将表现为身高极矮个体(约为 135cm)。如果两者进行婚配,子一代的基因型全部是 AaBbCc,理论上讲表型应全部为中等身高。然而由于环境因素影响,子一代中不同个体的身高会有一些量的差异,即有一些偏高和有一些偏矮的个体出现。如果子一代中 AaBbCc 的杂合个体间进行婚配,子二代中表型变异范围将增大,但是大部分个体仍将具有中等身高,将会出现一些极端类型的个体(图 6-3)。这种结果首先受基因分离与自由组合的影响,其次环境因素也有一定的作用。

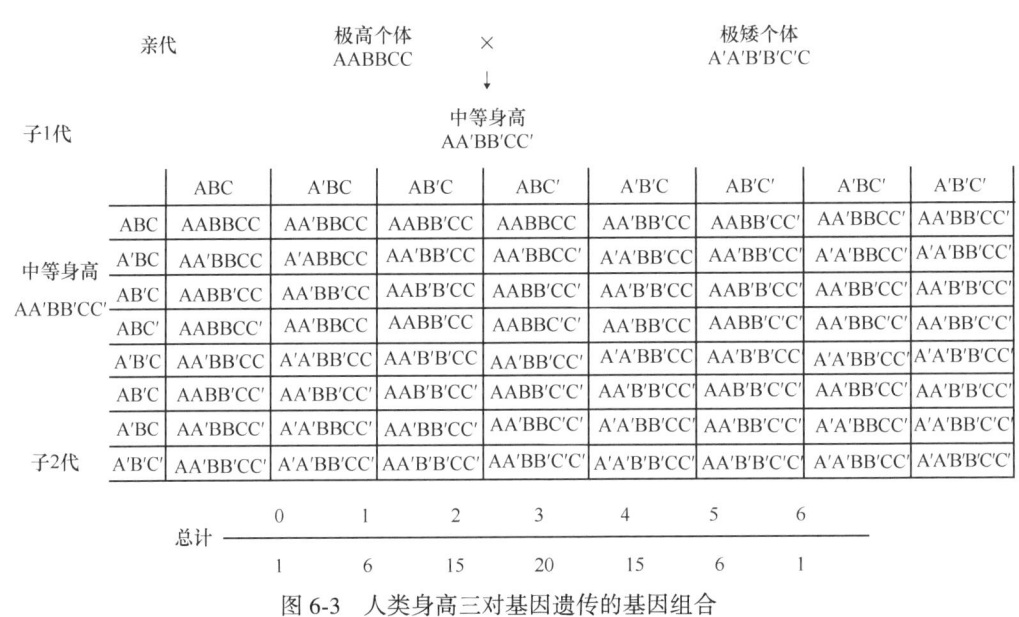

图 6-3 人类身高三对基因遗传的基因组合

将这一变异绘成柱形图或曲线图,则可看到近于正态分布(图 6-4)。

多基因遗传(数量性状)的遗传特点归纳如下:①两个极端(纯合体)的个体杂交,子一代都是中间类型,但个体间也存在一定范围的变异,这是环境因素作用的结果;②两个中间类型的子一代个体杂交,子二代大部分仍是中间类型,但是变异范围比子一代更为广泛,有时会出现极端类型的变异个体,除了环境因素的作用外,基因的分离和自由组合对变异的产生具有重要作用;③在一个随机交配的群体中,变异类型多,变异范围很广泛,但是大多数个体接近于中间类型,极端变异的个体很少,这些变异现象是多基因遗传基础和环境因素共同作用的结果。

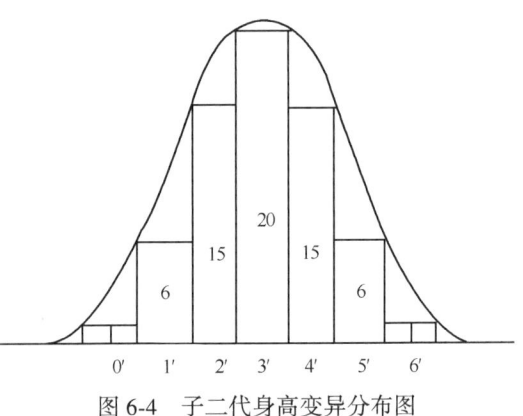

图 6-4 子二代身高变异分布图

第 2 节 多基因遗传病

人类的一些常见疾病如高血压、糖尿病、冠状动脉病、精神分裂症、哮喘以及某些先天畸形如唇裂、腭裂、脊柱裂、先天性幽门狭窄等常表现为家族聚集性,发病较为复杂,有一定的遗传基础,但是系谱分析又不符合单基因遗传的特点,而且疾病的发生又受环境因素的影响,是一类多因素决定的复杂性状遗传病,称为多基因遗传病。

一、易患性、发病阈值和遗传度

(一) 易患性与发病阈值

在多基因病中,若干作用微小但有累加效应的致病基因构成了有机体患病的遗传因素。由遗传基础决定一个个体患病的风险称为易感性。也可理解为在相同环境下,不同个体患病的风险完全由易感性决定。由遗传因素和环境因素共同作用并决定一个个体是否患某种遗传病的可能性称为易患性。易患性高,患病的可能性就大;易患性低,患病的可能性就小。群体的易患性变异像数量性状那样,呈正态分布,即群体中大部分个体的易患性接近平均值,易患性特别高或特别低的个体数量都很少。个体的易患性高低,目前无法准确测量,一般只能根据婚后所生子女的发病情况作出粗略估计。当一个个体的易患性达到一定限度后,该个体就会患病,这个易患性限度就是发病阈值。阈值就是使个体患病的易患性的最低限度。在一定的环境条件下,阈值代表发病所必需的、最低限度的易感基因的数量。阈值将一个群体分成了两部分,易患性高于阈值的是患者,低于阈值的是正常人(图6-5)。

个体易患性的高低虽然无法准确测量,但是一个群体的易患性平均值却可以从该病的发病率做出估计。设多基因病易患性变异曲线(正态分布)下的总面积为1(即代表人群总数100%),那么曲线覆盖的阈值右侧部分代表患者所占的百分数,即群体发病率。可从群体发病率的高低推知发病阈值与易患性平均值的距离。由此可见,多基因病的易患性阈值与平均值距离愈近,表明平均值高而阈值低,该病的群体发病率愈高。相反,易患性阈值与平均值相距愈远,表明平均值低而阈值高,该病的群体发病率愈低(图6-6)。

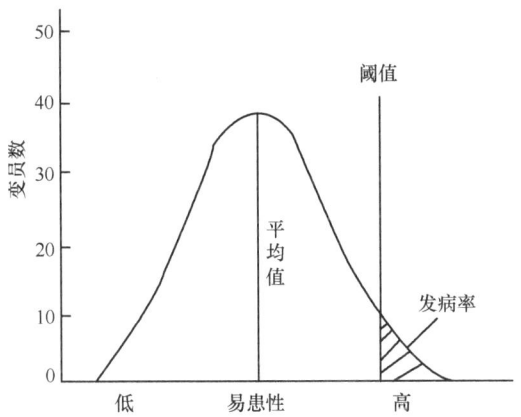

图6-5 群体中易患性变异与阈值图解

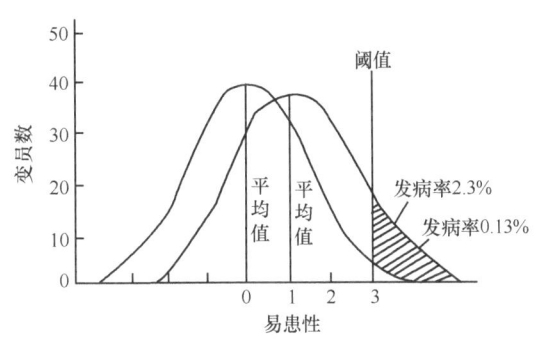

图6-6 易患性阈值、平均值与群体发病率的关系图解

(二) 遗传度

多基因遗传病的发病受环境因素和遗传因素的双重影响,其中遗传因素对易患性高低的影响程度称为遗传度或遗传率,一般用百分率(%)表示。如果一种遗传病完全由遗传因素决定发病与否,其遗传度就是100%,人类单基因遗传病就是这种情况。多基因病中遗传度一般为70%~80%,就表明遗传因素在决定易患性变异和发病上起着重要作用,环境因素的作用较小;反之,遗传度为30%~40%,则表示环境因素在决定易患性和发病上更为重要,而遗传因素是次要的。因此,遗传度越高,说明这种多基因病受遗传因素的作用越大;遗传度越低,说明

环境因素的作用越大(表6-2)。多基因病的再发风险与遗传度的大小也密切相关,所以研究某一种多基因病的遗传度可用于遗传咨询。

表6-2 一些常见多基因病的遗传度、群体发病率和患者一级亲属的发病率

疾病	男∶女	患者一级亲属发病率(%)	群体发病率(%)	遗传度(%)
原发性高血压	1	15~30	4~10	62
冠心病	1.5	7	2.5	65
糖尿病(青少年型)	1	2~5	0.2	75
哮喘	0.8	12	1~2	80
消化性溃疡	1	8	4	37
强直性脊椎炎	0.2	男性先证者7,女性先证者2	0.2	70
原发性癫痫	0.8	3~9	0.36	55
精神分裂症	1	10~15	0.5~1.0	80
先天性巨结肠	4.0	男性先证者2,女性先证者8	0.02	80
先天性畸形足	2.0	3	0.1	68
先天性幽门狭窄	5.0	男性先证者2,女性先证者10	0.3	75
先天性髋关节脱位	0.2	男性先证者4,女性先证者1	0.1~0.2	70
先天性心脏病	—	2.8	0.5	35

二、多基因遗传病的特点

多基因遗传病的发病特点不同于单基因遗传病,主要表现在以下五个方面。

(一) 多为常见病

目前已知的多基因病约有100余种,而且大部分疾病的群体发病率都比较高。例如,原发性高血压的发病率为4~8%,哮喘的发病率为4%,冠心病的发病率为2.5%。在临床上发病率超过1‰就可以称为常见病,所以多基因病属于常见病,在人群中的受累人数约占20%。

(二) 家族聚集倾向

患者亲属发病率高于该病的群体发病率,但绘成系谱后不符合单基因病的任一种遗传方式,同胞发病率只有1%~10%,远远低于单基因遗传同胞发病率的1/2或1/4。由此看来,多基因病有一定家族聚集性,但系谱分析对多基因病的诊断没有意义。

(三) 发病风险与亲属级别有关

随着亲属级别的降低,患者亲属的发病风险迅速降低,群体发病率越低的疾病,这种下降就越明显(表6-3)。

表6-3 某些多基因病患者不同级别亲属发病风险比较

疾病	群体发病率	一卵双生	一级亲属	二级亲属	三级亲属
唇裂±腭裂	0.001	0.4	0.04	0.007	0.003
足内翻	0.001	0.3	0.025	0.005	0.002
神经管缺损	0.002	—	0.016	—	0.002
先天性髋关节脱臼	0.002	0.4	0.05	0.006	0.004
先天性幽门狭窄	0.005	0.4	0.05	0.025	0.008

（四）近亲婚配子女发病风险升高

近亲婚配时，子女的患病风险高于随机婚配时的子女患病风险，但不如常染色体隐性遗传病那样显著，这可能与微效基因的累加效应有关。

（五）发病率有种族或民族的差异

不同的种族和民族，遗传基础不同，环境因素亦不同，使得同一种多基因病的发病率在不同的种族或民族有很大差异。例如，先天性髋关节脱位中国人的发病率为1.5%，美国人的发病率为0.7%，日本人的发病率为1%。

三、多基因病再发风险的估计

多基因病再发风险的估计涉及因素较多，需要从以下几个方面综合分析。

（一）患者一级亲属发病率及患病人数

1. Edward 公式 当某一种多基因病的群体发病率为0.1%~1%，遗传度为70%~80%，则该病患者一级亲属的发病率可用Edward公式来估算，即

$$f = \sqrt{p}$$

式中，f 为患者一级亲属发病率，p 为群体发病率。例如，我国人群中唇裂的发病率为0.17%，其遗传度为76%，患者一级亲属的发病率 $f = \sqrt{0.0017} \approx 4\%$。

2. 查图表 当某种多基因病的群体发病率在0.1%~1%的范围之外，遗传度在70%~80%的范围之外时，Edward公式不再适用。这时可查多基因病的群体发病率、遗传度与患者一级亲属发病率的关系图解。一般来说，如果一种病的遗传度高于80%或群体发病率高于1%，则患者一级亲属发病率将高于群体发病率的开方值；如果一种多基因病的遗传度低于70%或群体发病率低于0.1%，则患者一级亲属发病率低于群体发病率的开方值。例如，原发性高血压的群体发病率约为6%，遗传度为62%，患者一级亲属发病率可从图6-7中查出约为16%，如果按Edward公式计算 $f = \sqrt{0.06} = 24.5\%$，很明显与实际值偏差较大。

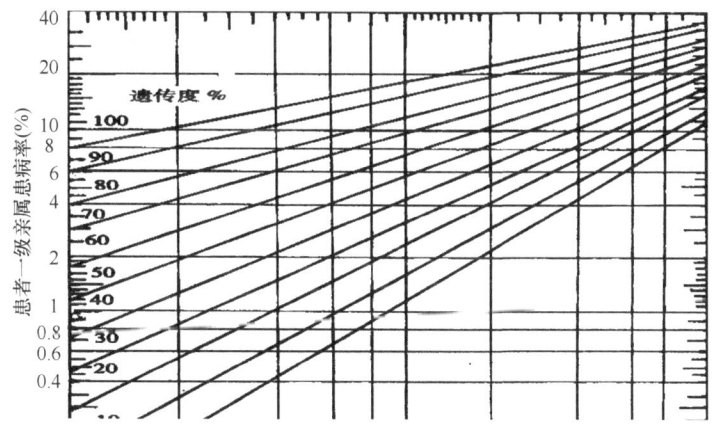

图6-7 多基因病的群体发病率、遗传率与患者一级亲属发病率的关系图解

多基因遗传存在微效基因的累加效应，一个家族中同一种疾病患病人数越多，表明家庭成员携带的易患基因越多，再发风险就越高。例如，一对表型正常夫妇第一胎罹患唇裂的风险为0.17%（群体发病率），如果已生有一个患儿，那第二胎再发风险就上升为4%；如果已生出两个畸形儿，说明这对夫妇都带有更多的易感基因，而且他们的易患性更接近发病阈值，则再生育为畸形儿的风险将增加2~3倍，接近10%。

（二）病情越严重，再发风险越高

患者病情愈严重，其一级亲属发病率就愈高。因为病情严重的患者，其易患性必然远远超过阈值而带有更多的易感基因（致病基因），其父母也会带有较多的易感基因，因此他们的易患性更接近阈值，所以再次生育时再发风险就会相应增高。这也是微效基因的累加效应的结果。例如，单侧唇裂的患者其同胞的再发风险为2.46%，单侧唇裂并发腭裂的患者其同胞的再发风险为4.21%，两侧唇裂并发腭裂的患者其同胞的再发风险为5.74%。

（三）患者性别差异与再发风险

当一种多基因病的群体发病率有性别差异时，说明该病在不同性别中的发病阈值不同。群体发病率低的性别阈值高，其子女再发风险高；反之，群体发病率高的性别阈值低，其子女再发风险低，这称为卡特效应（Carter effect）。这是因为群体发病率低的性别，必然带有更多的易感基因才能超过阈值而发病，其子女必将继承这更多的易感基因而有较高的发病风险（尤其是与其性别相反的后代）；与其相反，群体发病率高的性别，阈值低，个体携带的致病基因少，后代发病风险低（尤其是与其性别相反的后代）。

例如先天性幽门狭窄，群体中男性发病率为0.5%，女性发病率为0.1%。男性发病率高于女性5倍，也就是说女性的发病阈值高于男性，比男性携带更多的易感基因。男性患者的儿子发病风险为5.5%，女儿发病风险为2.4%；女性患者的儿子发病风险为19.4%，女儿发病风险为7.3%。女性的发病率低于男性，但女性患者的儿子比男性患者的儿子再发风险高三倍还多，女儿也一样。另外，尽管男女患者后代的发病率不同，但总体上仍然是男性发病率高于女性发病率。

常见多基因病

1. **唇裂、腭裂** 本病为严重的颜面畸形，患者上唇有缺口称唇裂，有单侧或双侧发病。有的伴有腭裂（上颚有缺口）。多基因遗传病，遗传度为77.5%，新生儿发病率为0.17%，男婴多于女婴。出生后6个月内可以进行唇裂矫正手术，2~4岁进行腭裂矫正。

2. **精神分裂症** 本病为常见精神病，世界卫生组织统计，全球精神分裂症的终身患病率大概为3.8‰~8.4‰。美国的研究发现，精神分裂症患者终身患病率高达13‰；我国1994年调查数据表明，城市地区患病率高达7.11‰，农村患病率为4.26‰。精神分裂症病因复杂，尚未得到完全阐明。多起病于青壮年，表现为感知、思维、情感、意志行为等多方面障碍，精神活动与周围环境和内心体验不协调，脱离现实。一般无意识障碍和明显的智力障碍，可有注意、工作记忆、抽象思维和信息整合等方面认知功能损害。病程多迁延，反复发作，部分患者发生精神活动衰退和不同程度社会功能缺损。

小 结

通过以上学习，我们了解了多基因遗传决定的数量性状和单基因遗传决定的质量性状，而多基因遗传的假说很好地解释了多基因病是遗传物质通过多对致病基因的累加效应而造成的结果，疾病的发生还受环境因素的影响。分析了多基因遗传病的特点及再发风险的估计，可以应用于例如唇裂腭裂等先天畸形、原发性高血压、糖尿病、精神分裂症等多基因遗传病的发病风险的估计。

目标检测

一、填空题

1. 数量性状的遗传基础是由_____对或_____对以上的基因决定,每对等位基因间没有显隐性基因的区别,是_____的。
2. 由遗传基础和环境因素共同作用下,个体患病的风险,称为_____。
3. 遗传度是指_____。
4. 对于遗传度高于70%的多基因遗传病,患者一级亲属的发病率约近于群体发病率的平方根,如精神分裂症的一般群体发病率是1%,那么此患者的一级亲属的发病率应为_____。
5. 若多基因病的发病率和性别有关系,发病率低的性别,其患者一级亲属的发病风险_____;发病率高的性别,其患者一级亲属的发病风险_____。

二、选择题

1. 在多基因遗传病中,由遗传因素和环境因素共同决定一个个体是否容易患某种病的风险,称为( )
   A. 易感性　　　　B. 易患性
   C. 阈值　　　　　D. 遗传率
2. 精神分裂症的群体发病率为1%,遗传率为80%,患者一级亲属的发病率应为( )
   A. 1%　　　　　　B. 10%
   C. 25%　　　　　D. 50%
3. 下列疾病不属于多基因遗传病的是( )
   A. 高血压　　　　B. 糖尿病
   C. 性腺发育不全症　D. 肺癌
4. 在多基因遗传中,两个极端变异的个体婚配后,子代( )
   A. 都是中间类型
   B. 都是极端类型
   C. 变异范围广泛
   D. 都是中间类型,但也存在一定范围的变异
5. 多基因遗传病的发病风险,与以下哪一项无关( )
   A. 遗传度的大小
   B. 疾病的种类
   C. 亲属的级别
   D. 家系中患者的人数
6. 先天性幽门狭窄是多基因遗传病,在人群中男性的患病率高于女性,则可断定( )
   A. 男性患者所生儿子患该病风险最高
   B. 男性患者所生女儿患该病风险最高
   C. 女性患者所生女儿患该病风险最高
   D. 女性患者所生儿子患该病风险最高

三、名词解释

1. 质量性状　2. 数量性状　3. 多基因遗传
4. 阈值　5. 遗传度

四、问答题

1. 多基因病有哪些特征?
2. 简述多基因遗传的假说内容。
3. 简述多基因遗传的特点。
4. 简述多基因病的特征。
5. 一位临床医师怎样估计多基因病的再发风险?

(刘凌霄)

第7章 染色体畸变与染色体病

导言 染色体疾病就像一个恶魔，无情地摧残着每一个患儿的身心成长，像魔咒般禁锢着每一个父母内心，悔恨、自责、痛心似乎都难以准确描述他们的真实感受。其实，这真的不全是他们的错，因为大部分染色体畸变是自发的，是不以人的意志为转移的。但是不是每一个人都能清楚地意识到这一事实，这就需要遗传咨询工作者的耐心传授。

假设细胞在进行细胞分裂和受精过程中，能够保证染色体数目和形态结构的相对稳定，那么我们就能保证在个体遗传过程中避免出现可怕的遗传病。然而事实上，我们无法避免错误的出现，染色体异常在所难免。由于某些因素的影响，可使体细胞或生殖细胞内染色体发生数目和结构的改变，这一类现象称为染色体畸变或染色体异常。

染色体病的发现和染色体分析

1959年，法国临床医生J. 勒热纳首先报道了先天愚型或称唐氏综合征是由于多了一个小近端着丝粒染色体引起的；接着C.E. 福德证实特纳综合征的女性是由于少了一个X染色体所致；法国学者P.A. 雅各布证实了克氏综合征的男性是由于多了一个X染色体的结果。从此染色体病的研究便广泛展开。1966年，M.W. 斯蒂尔等离体培养用羊膜穿刺术得到的胎儿脱屑细胞获得成功，并对培养的胎儿细胞进行了染色体分析，从而使染色体病的产前诊断成为现实。1970年，瑞典细胞化学家T.O. 卡斯珀松开创的人类染色体显带技术，使染色体的分析愈益精确，有力地推动了染色体病的研究。

第1节 染色体畸变

染色体畸变是染色体病形成的根本原因，可分为数目异常和结构畸变两大类。

一、染色体数目异常

以正常二倍体($2n=46$)为标准，染色体数目的增加或减少，称为染色体数目畸变。有两种形式：一种是染色体组(n)成倍地增加，即形成多倍体；或成倍减少，形成单倍体，后者在人类中尚未发现，除精子和卵子外，单倍体细胞不能存活；另一种是单个染色体的增加或减少，形成非整倍体。

（一）整倍体畸变

人类的正常体细胞有46条染色体，两个染色体组，称为二倍体，用$2n$表示。精子或卵细胞中经减数分裂后只有23条染色体，称为单倍体，用n表示。如果一个细胞中的染色体数为单倍体的三倍，称三倍体($3n=69$)；为单倍体的四倍则称之为四倍体($4n=92$)，凡三倍体以上统称为多倍体。

多倍体在人类中可以导致胚胎的死亡，因此仅在流产儿中见到。据报道，在由染色体异常引起的自发性流产中，三倍体占17%，四倍体占5%。在葡萄胎中可以见到三倍体，而在一些恶性肿瘤细胞中，常常可以看到多倍体。由于多倍体通常不能完成胚胎发育，罕见能活至出生者。

整倍体畸变的产生机制主要有双雌受精、双雄受精、核内复制和核内有丝分裂等。

1. 双雄受精和双雌受精 一个正常的卵子同时与两个正常的精子发生受精称为双雄受精（图 7-1A）。结果造成受精卵内含有三个染色体组，即三倍体（3n）；一个二倍体的异常卵子与一个正常的精子发生受精，从而产生一个三倍体受精卵，称为双雌受精（图 7-1B）。在卵细胞发生的第二次减数分裂过程中，次级卵母细胞由于某种原因未形成第二极体，因此应分给第二极体的染色体仍然留在卵细胞中，使得这个卵细胞含有两个染色体组成为异常卵细胞，当它与一个正常精子结合后，就形成含有三个染色体组的受精卵。以上这两种情况都可形成 69,XXX、69,XXY 和 69,XYY 三种类型的受精卵如图 7-1。

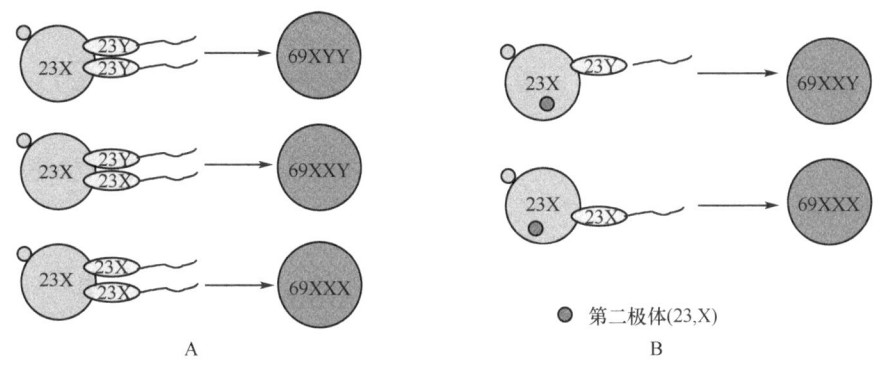

图 7-1 双雄受精与双雌受精

2. 核内复制 核在一次细胞分裂过程中 DNA 复制了两次，由 2n 变成了 8n，而细胞只分裂了一次，这样形成的两个子细胞都是四倍体（4n），这也是肿瘤细胞常见的染色体异常特征。

3. 核内有丝分裂 在细胞分裂时，染色体正常复制了一次，但至分裂中期时，核膜未消失，无纺锤体的形成。因此，细胞分裂不能进入后期和末期，没有胞质的分裂，使得细胞内含有四个染色体组，形成四倍体。

（二）非整倍性畸变

在正常二倍体中，染色体数目增加或减少一条或几条，称为非整倍性畸变，这样的细胞或个体称为非整倍体。染色体数目少于 46 条的细胞或个体称为亚二倍体，如各种单体型；多于 46 条的细胞或个体称为超二倍体，如各种三体型、多体型等。

1. 非整倍性畸变的主要类型 非整倍性畸变是一类最常见的染色体畸变，它可导致胚胎致死或发育畸形。在人类自发流产的胎儿中，约有 1/2 为常染色体三体，1/4 为 X 染色体单体。

（1）单体型：细胞中某对染色体少了一条（2n-1），染色体总数为 45。由于临床上常染色体缺失将造成个体发育所必需的基因严重失衡，因此只有含遗传物质较少的 G 组染色体单体型可以成活，如 21 号、22 号单体型。核型为 45,XX(XY),-21；45,XX(XY),-22。主要常见于性染色体 X 染色体单体型，核型为 45,X。在人类的单体中，除 X 单体、21 和 22 单体可能有部分个体出生并存活之外，其余单体几乎全是胚胎致死而导致流产。

（2）三体型：细胞中某对染色体多了一条（2n+1），染色体总数为 47。三体型是目前人类染色体数目畸变中种类最多的一类。常染色体以 13-、18-和 21-三体型常见，除了 17 和 19 号染色体目前尚未见三体型的病例报道外，其余各对均有三体型报道。性染色体三体型有 XXX、XXY 和 XYY 三种最为常见。但由于染色体的增加造成基因组的严重失衡而破坏胚胎的正常发育,故大部分三体型只见于早期流产的胚胎,少数三体型可以存活至出生,一般也寿命不长,在智力和体力方面也有严重的多发性畸形。三体型中增加的染色体如有部分缺失,称为部分三体型。

(3) 多体型:某对染色体增加了两条或以上,染色体总数为48或多于48。多体型主要见于性染色体异常,如四体型:48,XXXX;48,XXXY;48,XXYY 和五体型:49,XXXXX;49,XXXYY 等。

(4) 嵌合体:体内存在两种或两种以上不同染色体组成的细胞系的个体,这种个体称为嵌合体。如核型为46,XY/47,XXY 和 45,X/46,XX 的个体。大多数嵌合体的2个不同核型的细胞系来源于同一个受精卵,但也有来源于2个以上的受精卵。嵌合体可以是染色体数目异常之间、结构异常之间以及数目异常与结构异常之间等的嵌合。嵌合体患者的临床症状往往不够典型,这与异常核型所占比例有关。

2. 非整倍体畸变的形成机制 非整倍体产生的主要原因是在生殖细胞形成时或受精卵早期卵裂中,发生了染色体不分离和染色体丢失。

(1) 染色体不分离:有丝分裂或减数分裂时,细胞由中期进入后期时,某一对同源染色体或一对姐妹染色单体由于某种原因没有移向两极,而是同时进入一个子细胞,这种现象称为染色体不分离。染色体不分离的结果导致形成的两个子细胞中,一个子细胞中增加一条染色体,一个子细胞中减少一条染色体。如果染色体不分离发生在第一次减数分裂后期,则可以形成相等的 $n+1$ 和 $n-1$ 两种类型的配子如图 7-2A。与正常配子结合后,将形成单体型或三体型。如果不分离发生在减数第二次分裂后期(即姐妹染色单体不分离),所形成的配子的染色体数将有以下几种情况:1/2 为 n、1/4 为 $(n+1)$、1/4 为 $(n-1)$。后两种与正常配子结合后,也将形成单体型和三体型如图 7-2B。

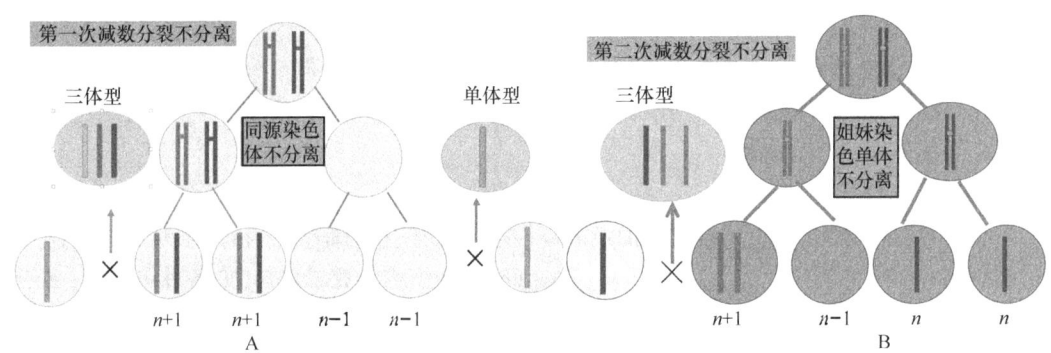

图7-2 染色体不分离示意图

染色体不分离也可发生在受精卵卵裂早期,某一染色体的姐妹染色单体发生不分离,可导致产生由两种细胞系或三种细胞系组成的嵌合体。不分离发生在第一次卵裂,则形成具有两个细胞系的嵌合体,一个为超二倍体细胞系,一个为亚二倍体细胞系。不分离发生在第二次卵裂以后,即形成具有三个或三个以上细胞系的嵌合体(46/47/45)。嵌合体中各细胞系的类型和数量的比例,取决于发生不分离时期的早晚。这种不分离发生得越晚,正常二倍体细胞系的比例越大,临床症状也相对较轻。

(2) 染色体丢失:在细胞分裂过程中,由于纺锤体或着丝粒功能障碍或染色体后期迟滞,使得某一染色体不能随其他染色体一同进入子细胞核中,而遗留在细胞质中,并被降解消失,造成子细胞缺少一条染色体,这种现象称为染色体丢失。丢失发生在减数分裂过程中,形成 $n-1$ 的配子,与正常配子结合,可以形成单体型;如果发生在早期卵裂过程中,则形成 $2n-1/2n$

的嵌合体如图7-3。

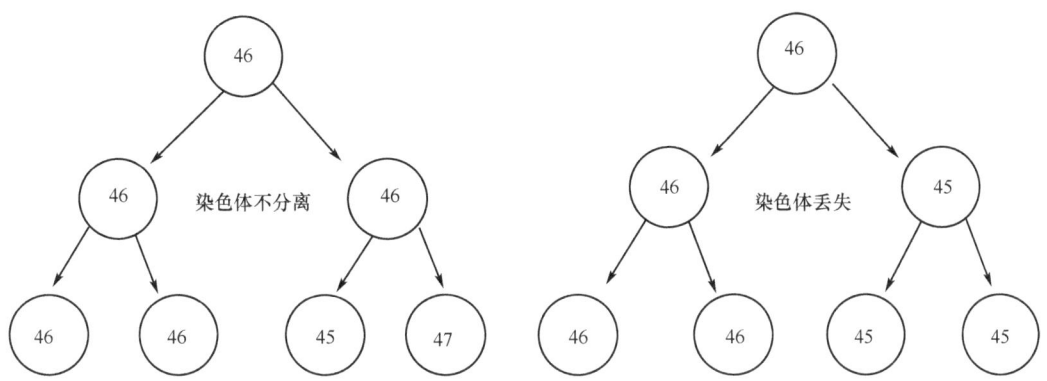

图7-3 嵌合体的形成机制示意图

二、染色体结构畸变

由于受多种因素的影响,染色体发生断裂,断片的去向和重接的方式是导致染色体发生结构畸变的基础。断裂的片段大多数可以在原来的位置上重新接合,称为愈合或重建。这样可以使染色体恢复正常,不引起遗传效应。如果染色体断片未在原位重接或以不同方式与其他染色体的断面非正常的连接或丢失,这样就引起染色体结构畸变。染色体发生断裂的部位、次数和重接的方式不同,可以表现出各种类型的畸变。在细胞学水平上可以识别的染色体结构畸变有以下几种(图7-4)。

(一) 缺失

缺失(deletion)是指染色体臂的部分丢失。染色体臂发生断裂后,断片未能重接而丢失,致使带有着丝粒的片段缺少一部分遗传物质,但是依然保持复制能力和一定的遗传功能。缺失断片发生在染色体长臂或短臂的末端,称为末端缺失,如猫叫综合征(5P⁻综合征);发生在长臂或短臂的中间节段,一条臂上发生了两次断裂,中间的片段未能重接而丢失,称为中间缺失。如视网膜母细胞瘤(13q⁻)是第13号染色体长臂中间缺失造成。

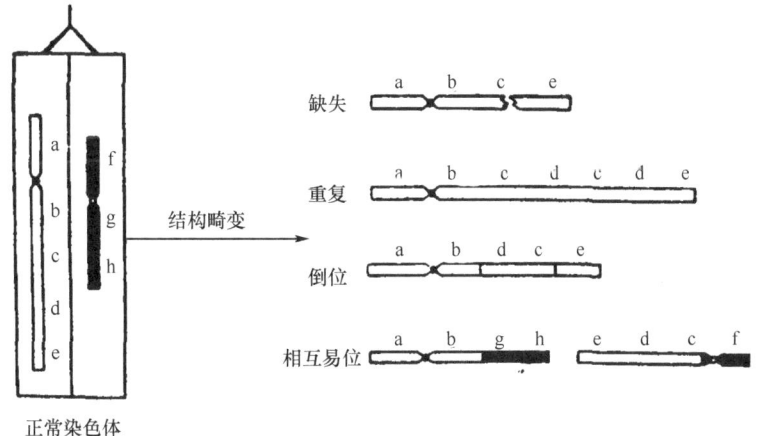

图7-4 染色体结构畸变示意图

(二) 倒位

倒位(inversion)是指一条染色体两个断裂点之间的片段旋转180°后重接,致使这一断片上的基因序列的颠倒。如果两个断点发生在同一臂内,称为臂内倒位;如果两个断点分别位于长短臂上,称为臂间倒位。人类臂内倒位尚无报道,臂间倒位较常见。由于倒位一般没有遗传物质的增减,所以大多不会出现明显的临床症状,称为倒位携带者,但是在形成生殖细胞时,减数分裂过程中同源染色体配对异常,会出现倒位环如图7-5,产生染色体结构畸变的配子,导致后代患病。

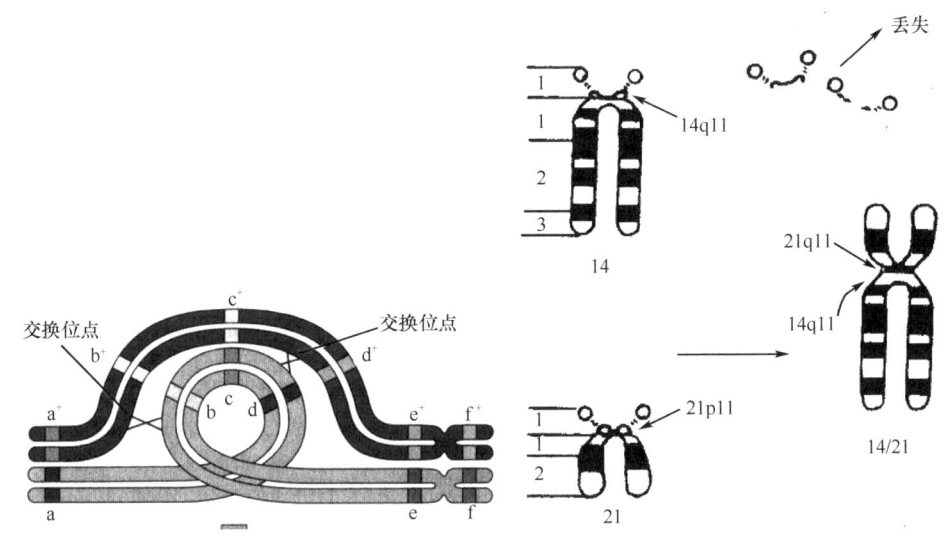

图7-5 同源染色体配对呈倒位环　　图7-6 罗伯逊易位示意图

(三) 重复

重复(duplication)是指一个染色体上某一片段具有两份或两份以上的现象。主要是同源染色体之间的不等交换或染色单体之间的不等交换以及染色体片段的插入等造成。

(四) 易位

一条染色体的断片移接到另一条非同源染色体的臂上,这种结构畸变称为易位,包括以下几类。

1. 单向易位　即两条染色体同时发生断裂,仅一条染色体的断片转移到另一条染色体上。

2. 相互易位　是两条非同源染色体同时发生断裂,交换其无着丝粒片段,形成两条新的衍生染色体。在多数情况下,相互易位不发生染色体遗传物质的缺失,称为平衡易位。平衡易位的个体如果不因基因位置的改变而影响其功能,对表现型就没有影响,这样的个体称为平衡易位携带者。在生殖细胞形成时可产生不平衡的性细胞,与正常生殖细胞受精后,由于不同程度的缺失与重复,导致致畸或致死,往往是临床上反复性自发流产的重要病因之一。

3. 罗伯逊易位　是发生于近端着丝粒染色体之间的一种特殊的相互易位,又称着丝粒融合或罗氏易位。当两条近端着丝粒染色体在着丝粒部位或着丝粒附近部位发生断裂后,两者的长臂在着丝粒处融合成一条由长臂构成的新的衍生染色体如图7-6。这条染色体上包含了两条染色体的绝大多数基因,个体为表现正常的平衡易位携带者,其后代可能形成单体型和三体型。两个极小的短臂也可能构成一个很小的染色体,小染色体往往在以后的细胞分裂中消失,小染色体的遗传物质含量很少,它的存在与否对表型不产生明显的效应。因此,罗伯逊易位携带者虽然只有45条染色体,但表型一般正常,只在形成配子的时候会出现异常,造成胚胎死亡而流产或出生先天畸形等患儿。罗伯逊易位发生率约为1/1100活婴,多为14号和21号染色体之间的易位。

三、染色体畸变的核型描述

为了统一规范地描述各种染色体,国际上对染色体各部分正常与异常结构规定了统一的缩写符号(表7-1)。根据《人类细胞遗传学命名的国际体制》(简称ISCN)规定,人类染色体畸变核型的描述方法有简式和详式两种,临床常用简式描述方法。

(一)染色体数目畸变核型描述方法

细胞发生整倍性畸变的核型描述方法和正常核型的描述方法相同,"染色体总数,性染色体组成"。

细胞发生非整倍体畸变的描述方法为:"染色体总数,性染色体组成,+/-畸变染色体序号"。如某一个体21号染色体多了一条,为三体型,核型描述为:47,XX(XY),+21;若是少了一条13号染色体,为单体型,则可描述为:45,XX(XY),-13;如若少一条X染色体描述为:45,X。

(二)染色体结构畸变核型描述方法

1. 简式描述 依次写明以下内容:染色体总数,性染色体组成,畸变类型符号,(受累染色体序号),(受累染色体断裂点所在臂、区、带号),如46,XX(XY),del(1)(q21)。

2. 详式描述 染色体总数,性染色体组成,重排染色体的类型,(畸变染色体序号),(重排以后染色体带的组成),如46,XX(XY),del(1)(pter→q21:)。

染色体数目或者结构异常所导致的疾病称为染色体病。因为染色体畸变所涉及的基因较多,破坏了较多基因的平衡状态,所以引起机体相关器官或系统的发育异常,临床表现为多器官系统的综合征,故又称为染色体畸变综合征。

表 7-1 常用符号及其意义

符号术语	意义	符号术语	意义
ace	无着丝粒片段	r	环状染色体
cen	着丝粒	rcp	相互易位
del	缺失	rea	重排
der	衍生染色体	rob	罗氏易位
dic	双着丝粒染色体	:	断裂
dup	重复	::	断裂后重接
h	次缢痕	()	括号内为结构异常的染色体
i	等臂染色体	;	重排中用于分开染色体
ins	插入	/	嵌合体中用于分开不同的细胞系
inv	倒位	t	易位
p	短臂	ter	末端
q	长臂	→	从……到……

第2节 染色体病

一、染色体病概述

(一) 染色体病的概念与类型

染色体病是指因为染色体数目异常或者结构畸变所导致的疾病。根据畸变染色体性质的不同,染色体病可分为常染色体病与性染色体病两大类;根据染色体畸变的类型不同,又可分为染色体数目畸变病与染色体结构畸变病。性染色体(X 或 Y)异常导致的疾病称为性染色体病。

(二) 染色体病患者共有表型

由于染色体畸变时所涉及的基因较多,机体的异常情况可能会涉及许多的器官或系统,临床表现也是多种多样的,因而染色体病多表现为具有多种症状的综合征,故又称为染色体畸变综合征。归纳起来,染色体病的临床症状主要表现为以下几个共同点。

1. 智力缺陷 这是染色体畸变综合征最常见也是最重要的表型。几乎所有畸变综合征患者都有不同程度的智力缺陷。

2. 发育迟缓 除了 8-三体型和 20p$^-$外,其他染色体畸变综合征都有发育迟缓,身材矮小的特征,并常与大脑发育不全同时出现。

3. 多发畸形 各种染色体畸变综合征都常伴有不同器官的畸形,如五官、四肢、皮纹、内脏等。性染色体异常时通常表现为性征发育不全和性器官等多发畸形。

(三) 染色体病在人群中的发生率

据不完全估计,每 120~150 个新生儿会出现一个染色体异常者,其中 21-三体最为常见,活婴发病率约为 1/1000~2/1000。孕早期自发流产儿约 50% 以上有染色体异常。35 岁以上孕妇,出生染色体异常胎儿的比例约为 2%。以白血病为典型的血液系统恶性肿瘤,都有获得性染色体异常的重要特征。随着高分辨显带及其他细胞遗传学新技术的应用,微小染色体改变的检出率越来越高,今后还会发现更多染色体畸变综合征,这种高检出率还受其他因素影响,如孕妇的年龄、胎龄、地理及环境因素等影响。

二、常见染色体病

(一) 21-三体综合征(Down 综合征)

本病是报道最早、也是最常见一种染色体病,又称先天愚型。1866 年,英国医生 John Langdon Down 首先描述了该病并命名。1959 年,法国细胞遗传学家 J. Lejeune 首先证实本病患者有 47 条染色体,病因是多了一个小的 G 组染色体(后来确定为 21 号),故命名为 21-三体综合征。

据统计该病在活婴中的发病率为 1/1000~2/1000,男性患儿多于女性,是儿童智力低下中最多见的一种,约占全部智力低下的 10%~20%。

我国每年约有 27 000 例 Down 综合征患儿出生,发病率随母亲生育年龄的增高而增高,尤其当母亲大于 35 岁时,发病率明显增高(表 7-2)。

这是由于女性出生时卵子已经发育,停留在减数分裂前期,从青春期起,每月有一枚卵细胞成熟并排出。当母亲年龄 35 岁时,此时所排出的卵子

表 7-2　母亲年龄与先天愚型发病风险

母亲年龄	21-三体患儿的发生率
20~24	1/1800
25~29	1/1500
30~34	1/800
35~39	1/250
40~44	1/100
45~	1/50

也经历了 35 年的漫长时间,随女性身体的变化,卵子也经历了各种环境的影响和衰老,因而会发生同源染色体不分离的现象。而男性的精子形成一般仅仅需要 70 天左右,所以精子都是新生年轻的,时间短,受不良环境影响远远小于卵子。

1. 临床特征 智力低下、发育迟滞,有特殊的痴呆面容,如鼻梁扁平、眼裂狭细向外上倾斜,两眼间距宽,内眦赘皮,外侧上斜,舌大而外伸、流涎,耳小,耳位低,耳郭畸形等;患者的皮肤纹理具有典型的变化,可以作为辅助诊断依据,如单一指褶线、通贯掌(猿线)等;50% 左右患者具有先天性心脏畸形。男性患者可有隐睾,多不育,女性患者虽可生育,但能将此病遗传给后代(图 7-7)。

2. 患者主要核型及形成原因 根据染色体分析表明,21-三体综合征分为三种类型。

(1) 21-三体型:核型为 47,XX(XY),+21,约占 95%,具有典型的临床表现。发病的主要病因是患儿的父母形成生殖细胞时,21 号染色体发生了不分离。大多数是由于母亲的初级卵母细胞在减数分裂时,21 号染色体发生了不分离而产生含有 2 条 21 号染色体的卵子,该卵子与正常精子结合而形成。

(2) 嵌合型:核型为 46,XX(XY)/47,XX(XY),+21,占 1%~2%,其临床表现与异常核型的比例有关,异常核型不超过 9%,症状不明显,超过 25% 时,会表现出比标准型症状轻的临床表现。发病的病因是因为受精卵在早期卵裂中发生了不分离。

(3) 易位型:核型常为 46,XX(XY),-14,+t(14;21)(p11;q11) 占 3%~4%,患者核型中染色体总数为 46 条,少了一条 14 号染色体,多了一条由 14 和 21 长臂形成的易位染色体,和标准型 21-三体临床表现相同。其双亲之一常为平衡易位携带者,减数分裂后可以形成 6 种配子,除了受精后不能继续发育者外,可以生成正常胎儿、易位型三体胎儿和平衡易位携带者胎儿。因此,在遗传咨询中,检出平衡易位携带者的双亲很重要。

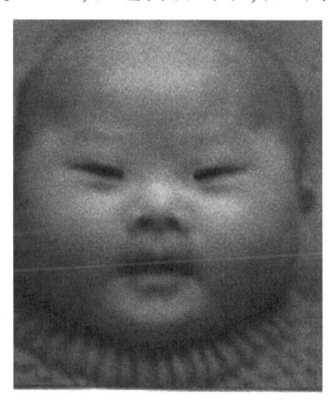
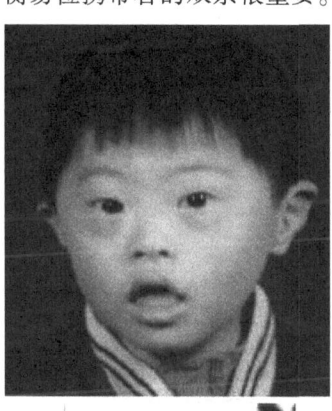
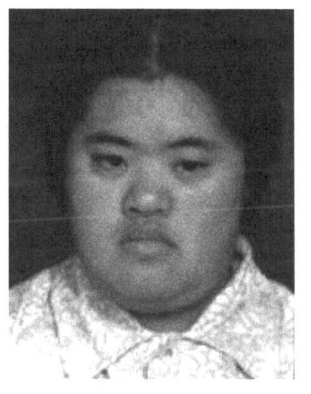

先天愚型即Down综合征

先天愚型脸容
(脸扁平,眼距宽,外眼角上斜,内眦皮,鼻根低平,舌大,张嘴,流涎)

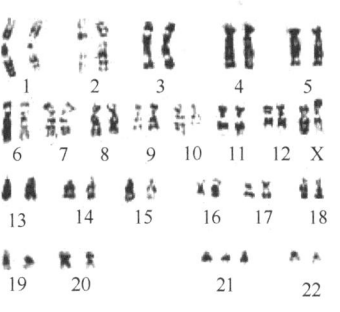
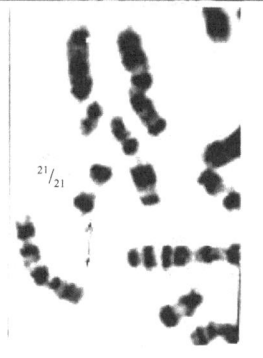

图 7-7 先天愚型患者及核型

(二) 18-三体综合征(Edwards 综合征)

1960 年,Edwards 等首先描述,故又称为 Edwards(爱德华)综合征。1961 年,Patau 证实该病是由于多了一条 18 号染色体,故命名为 18-三体综合征。新生儿的发病率约为 1/35 00~1/7500,约有 95% 的 18-三体胎儿可能自发流产,存活着女性占多数,男女比例约为 1∶3。

1. 临床特征 低体重患儿,生命力严重低下,发育如早产儿,吸吮差,反应弱,多发畸形,眼距宽,有内眦赘皮,耳畸形而低位,小颌,特殊姿势握拳,摇椅底足(又称船形足),90% 的病例有先天性心脏病,智能障碍,常早年夭折(图 7-8)。

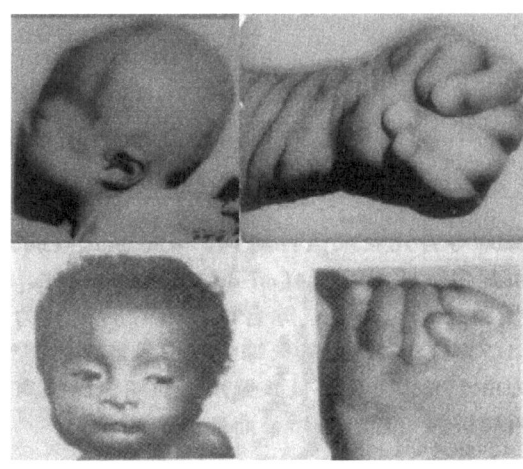
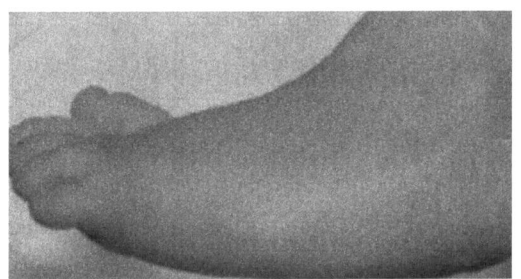

图 7-8　18-三体综合征患者

2. 患者主要核型及形成原因 患者核型 80% 为 47,XX(XY)+18;10% 患者为嵌合体,即为 46,XY(XX)/47,XY(XX),+18;其余为各种易位,主要是 18 号和 D 组染色体的易位。

18-三体综合征的发生,一般是由于患者母亲的卵母细胞在减数分裂时,18 号染色体发生了不分离所致,与母亲的年龄增大有关。

(三) 13-三体综合征(Patau 综合征)

1960 年,Patau 首先描述本病,故又称为 Patau 综合征。新生儿中发病率约为 1/25 000,女婴明显大于男婴,发病率与母亲年龄增大有关。患儿的畸形和临床表现要比 21-三体综合征严重得多(图 7-9)。90% 以上的 13-三体胚胎导致流产,出生后 1 个月内死亡的接近半数,绝大多数 6 个月内死亡,平均寿命 130 天左右。

1. 临床特征 颅面的畸形包括小头,前额、前脑发育缺陷,眼球小或无眼球,鼻宽而扁平,半数以上患儿有唇裂,并常有腭裂,耳位低,耳郭畸形,颌小,足跟向后突出及足掌中凸,形成所谓摇椅底足。男性常有阴囊畸形和隐睾,女性则有阴蒂肥大,双阴道,双角子宫等。智力发育障碍见于所有的患者,而且程度严重,存活较久的患儿

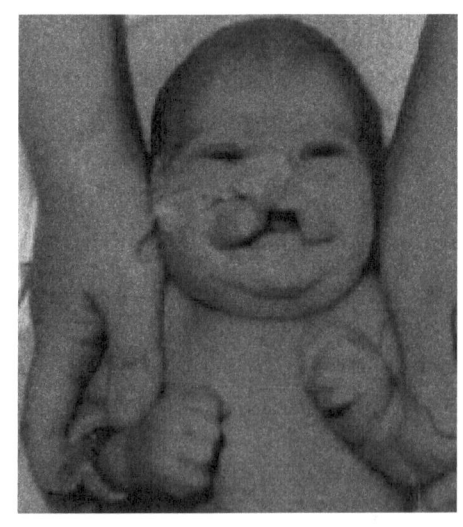

图 7-9　Patau 综合征患者示颅面和手的畸形

还有癫痫样发作,肌张力低下等。

2. 核型 患者核型为 47,XX(XY),+13,占 80%,其余为嵌合型或易位型。嵌合型症状较轻,易位型通常以 13 和 14 号易位居多。

(四) 猫叫综合征(5p⁻综合征)

1963 年,首先由 Lejeune 描述,由于患婴的哭声轻而音调高酷似猫叫,故得名。1964 年,证实病因为第 5 号染色体短臂部分缺失所致,故又称为 5P⁻综合征,是最常见的缺失综合征。新生儿发病率极低,约为 1/50 000,智力低下患儿中占 1%~1.5%。

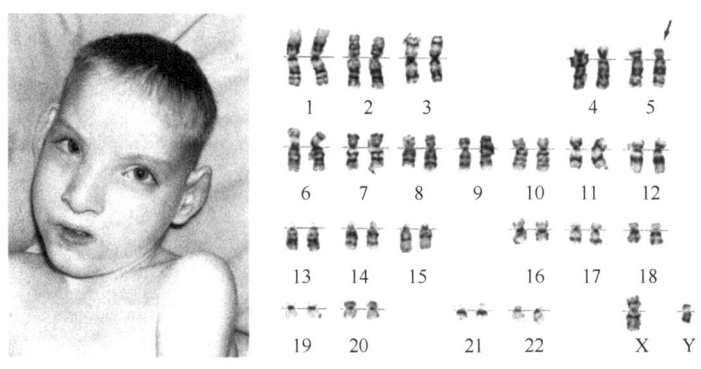

图 7-10 猫叫综合征患者及其第 5 号染色体

1. 临床特征 患儿在婴幼儿时期的哭声似猫叫,面部表情奇异机警,但智力极其低下(智商常低于 20),发育迟缓,满月脸,眼距过宽,内眦赘皮,下颌小,半数有先天性心脏病(图 7-10)。

2. 患者主要核型及形成原因 核型为 46,XX(XY),del(5)(p15),断裂点主要在 5 号染色体短臂 1 区 5 带。本病产生原因是患者的父母之一在形成生殖细胞时,第 5 号染色体(5p15)有断裂现象,产生了第 5 号染色体短臂缺失的生殖细胞,该细胞受精后而发育成 5p⁻综合征。

(五) 先天性睾丸发育不全综合征(Klinefelter 综合征)

1942 年,Klinefelter 等首先发现并描述了这一综合征,故又称 Klinefelter 综合征。1956 年,Bradbury 在患者体细胞内发现 X 染色质阳性(亦称 Barr 小体),正常男性为阴性。1959 年,Jacob 和 Strong 证实患者核型多为 47,XXY,比正常男性多一条 X 染色体,本病的发病率约占新生儿男性的 1/1000~2/1000,男性不育症中常见的一种。

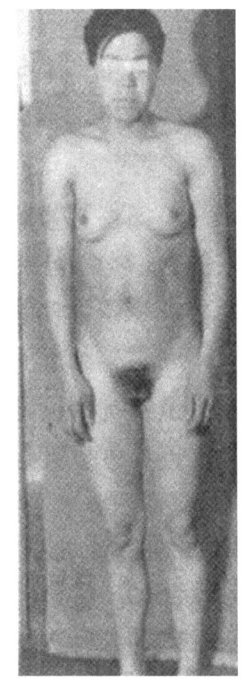

图 7-11 先天性睾丸发育不全患者

1. 临床特征 患者青春期出现症状,表现为身材高大,但不匀称。外生殖器发育不良,阴茎短小,睾丸小而质硬,无精子产生,不育。男性第二性征发育差,体毛稀少,大多数无胡须,无喉结,皮下脂肪发达,乳房发育,其形态、性情均表现趋于女性化(图 7-11)。

2. 患者主要核型及形成原因 核型大多为 47,XXY,少数患者为 46,XY/47,XXY 的嵌合体。产生原因主要是由于患者双亲之一在生殖细胞形成过程中发生了性染色体不分离。分析表明,染色体不分离 40% 来自父亲,60% 来自母亲。由于本症患者不育,所以也不会将多余的性染色体传给后代。

（六）先天性性腺发育不全（Turner 综合征）

1938 年，Turner 首先报道并命名，故又称 Turner 综合征。后来发现患者体内有条索状卵巢，无卵泡发生，因此又称为性腺发育不全。1954 年，Polani 证实患者的 X 染色质阴性，1959 年，Ford 证明其核型为 45，X。

本病的发病率约为女婴的 1/5000，自发流产率高，因此多见于流产儿。

1. 临床特征 患者外观为女性，身材矮小（成年女性身高 120～140cm），后发际低，蹼颈，肘外翻，盾状胸，两乳间距宽，青春期乳腺仍不发育。性腺发育不全，卵巢萎缩呈条索状，原发性闭经，外生殖器幼稚型，阴毛和腋毛稀少，无生育能力（图 7-12）。

2. 患者主要核型及形成原因 核型为 X 单体，45，X，大约 75% 的染色体丢失发生在精子的形成过程中。部分患者为嵌合体，46，XX/45，X。

（七）XXX 综合征

1959 年，Jacob 首先发现 1 例 47，XXX 女性，又称为超雌综合征。患者核型多为 47，XXX，也有嵌合型，即 47，XXX/46，XX。

新生女婴的发病率约为 1‰。多数具有三条 X 染色体的女性无论外形、性功能大都是正常的，约 70% 的病例的青春期第二性征发育正常，也可以生育。另有少数患者有月经减少、卵巢功能低下、原发或继发闭经、过早绝经、乳房发育不良。1/3 患者可伴有先天畸形如先天性心脏病，部分精神缺陷，约有 2/3 患者智力低下（图 7-13）。

（八）XYY 综合征

1961 年，Sandburg 等首次报告此例。本病在男婴中的发生率约为 1/900，身高在 1.81～1.89m 的男性中，发病率为 1/200；身高在 1.90～1.99m 的男性中，发病率为 1/30，发生频率有随着身高而增加的趋势。

1. 临床特征 儿童中期生长加快，身材高大，多数为表型正常的男性，偶尔可见尿道下裂，隐睾，睾丸发育不全并伴有生精障碍和生育力下降等症状。有性格、行为异常，易兴奋，自我克制力差，易产生攻击性行为（图 7-14）。

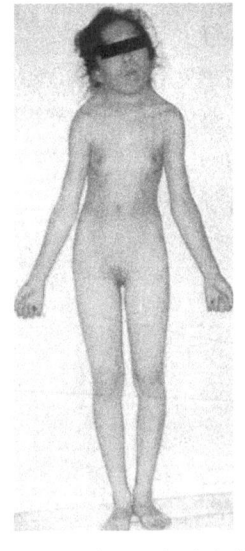 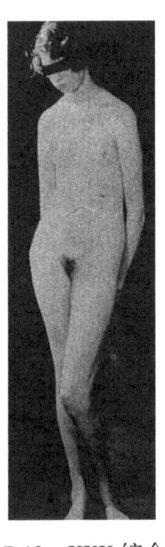 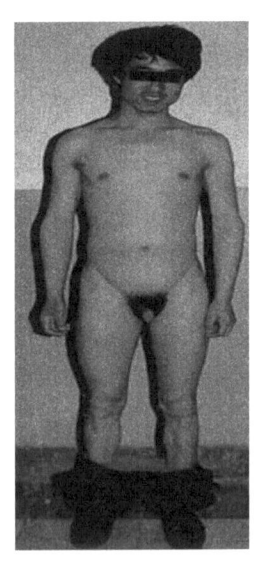

图 7-12　先天性性腺发育不全患者　　图 7-13　XXX 综合征　　图 7-14　XYY 综合征

2. 患者主要核型及形成原因 核型为 47，XYY，多余的 Y 染色体显而易见来自于父方，其精子形成过程中第二次减数分裂时发生了 Y 染色体的不分离。

（九）脆性 X 染色体综合征

1969 年，Lubs 在典型的智力低下患者家系中发现患者的 X 染色体有别于正常男性的 X 染色体，在长臂末端出现"溢沟"。并且在这一部位容易发生断裂丢失，故又称脆性部位。高分辨染色体显带表明脆性部位位点在 Xq27.3。因此，这一病症又称为脆性 X 染色体综合征（fragile X chromosome）。该病的发生率约占 X 连锁智力发育不全病人的 1/2~1/3；在一般男性群体中，其检出率为 1/500，在收容所中为 1/100。其发生率仅次于先天愚型。

1. 临床特征 男性患者多为中度到重度的智力障碍（IQ<50），语言障碍，大睾丸，常伴有方额，长脸，招风耳，下颌前突（图 7-15）。

2. 核型 46,fraX(q27)Y。由于女性有两条 X 染色体，故一般不会患病。但根据 Lyon X 染色体失活假说，女性杂合体也可能有极少数表现出轻度智力障碍。

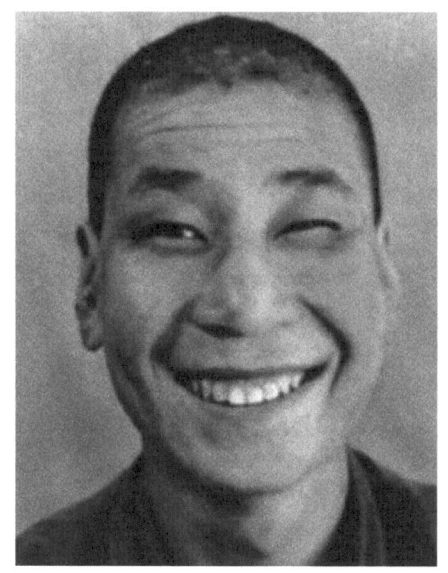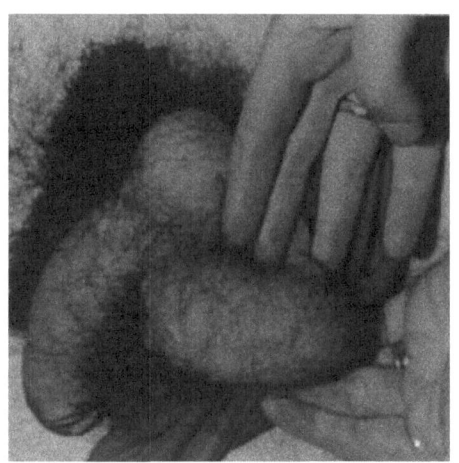

图 7-15 脆性 X 染色体（Fra X）综合征
左：患者大耳大颌；右：患者大睾丸

（十）两性畸形

两性畸形是指某一个体在内外生殖器系统或第二性征等方面兼具两性的特征。通常是人类在性别分化和发育过程中由于遗传或者环境因素的影响，使性激素的分泌或者代谢发生紊乱，或者由于胚胎发育过程中受到异常激素的影响，导致性器官或者性征发育异常，产生两性畸形。如果患者体内既有男性性腺，又有女性性腺，则为真两性畸形；如果患者体内仅有一种，而外生殖器具有两性的特征，则为假两性畸形。

1. 真两性畸形 具有两种生殖腺，两种性腺可独立存在，也两者融合而成的卵巢睾，外生殖器及第二性征不同程度地介于两性之间，或者倾向于某一性别。核型可能有三种类型：①46,XX/46,XY；②46,XX/47,XXY；③46,XY/45,X。此类患者确诊后，根据外生殖器特点进行手术矫正，一般原则是估计治疗后不能有男性功能时，可以向女性矫正，切除睾丸和进行必要的外阴整形等。

2. 假两性畸形 患者体内仅有一种性腺，但是外生殖器或第二性征兼有两性特征或者畸形。其产生原因一般是由于性发育过程中性激素水平异常，或者雄激素受体缺乏，而产生的假两性畸形。尽管疾病原因不是由于染色体异常导致,但是临床诊断时需要先做染色体核型分析,然后才能分析诊断。根据性腺的不同,可分为两种类型。

(1) 男性假两性畸形:核型为46,XY。X染色质阴性,Y染色质阳性,性腺为睾丸,外生殖器和副性征呈女性特征,睾丸女性化较为常见,外生殖器似女性,有阴道开口,阴囊深度分裂如大阴唇,睾丸发育不良,乳房发育似女性。

(2) 女性假两性畸形:核型为46,XX。X染色质阳性,Y染色质阴性。性腺为卵巢,外生殖器和副性征呈男性特征,先天性肾上腺性征异常,阴蒂肥大似阴茎,第二性征发育有男性化倾向,有胡须,乳房不发育。

小 结

通过以上章节的学习,我们可以清楚了解染色体畸变和染色体病的概念,并深入讨论引起染色体畸变的类型、核型的描述及产生机制。染色体数目和结构畸变可以引起多种染色体病的发生,作为最常见的一种智力低下的染色体病,先天愚型患者的核型主要表现为不同类型的21-三体型。猫叫综合征患者由于染色体结构发生缺失,表现为类似猫叫的哭叫声。性染色体的畸变亦可引起性功能的障碍(男女的不孕不育症)、第二性征的差异等,如Turner综合征、Klinefelter综合征和脆性X染色体综合征等。染色体病的严重危害性让人们意识到产前诊断和优生的重要性。

目 标 检 测

一、填空题

1. 染色体畸变包括_____和_____。
2. 三倍体形成的原因可能是_____或_____。
3. 染色体数目畸变包括_____和_____。
4. 染色体结构畸变包括_____、_____和_____。
5. 染色体病包括_____和_____病。
6. 猫叫综合征是由于患者的细胞中_____号染色体_____缺失所引起。
7. 脆性X染色体综合征患者的核型是_____。

二、选择题

1. 非整倍性改变的主要原因是( )
   A. 染色体断裂 B. 射线照射
   C. 染色体易位 D. 染色体不分离
2. 发生在D组和G组染色体之间的易位称为( )
   A. 相互易位 B. 单方易位
   C. 倒位 D. 罗伯逊易位
3. 完全型21-三体是由于卵子发生过程中( )
   A. 21号染色体易位
   B. 21号染色体缺失
   C. 21号染色体倒位
   D. 21号染色体不分离
4. 先天性卵巢发育不全症患者的核型属于( )
   A. 染色体数目增加 B. 染色体结构异常
   C. 染色体带型异常 D. 染色体丢失
5. 猫叫综合征的发病机制是( )
   A. 染色体缺失 B. 染色体数目异常
   C. 基因突变 D. 染色体易位
6. 先天愚型患者的核型是( )
   A. 47,XX(XY),+21
   B. 46,XX,−14+t(14q21q)
   C. 两者均是
   D. 两者均不是
7. 先天性卵巢发育不全症患者的核型是( )
   A. 45,X B. 47,XXY
   C. 46,XX D. 47,XY,+21
8. 先天性睾丸发育不全患者的体细胞有( )
   A. X小体 B. Y染色质

C. 两者均有 D. 两者均无
9. 由两种以上的染色体数目不同的细胞系所组成的个体称为( )
   A. 二倍体 B. 嵌合体
   C. 多倍体 D. 以上都不是
10. 染色体结构畸变引起的疾病有( )
    A. 猫叫综合征
    B. 先天愚型
    C. 先天性睾丸发育不全症
    D. 性腺发育不全症

三、名词解释
1. 染色体畸变 2. 嵌合体 3. 染色体病
4. 罗伯逊易位 5. 两性畸形

四、问答题
1. 非整倍性改变的产生机制是什么？
2. 染色体结构畸变有哪些类型？
3. 染色体异常综合征有哪些共同的临床表现？
4. 简述唐氏综合征的三种核型及他们的产生机制。
5. 说出性腺发育不全和先天性睾丸发育不全患者的核型。

(高 锐)

第8章 优生学基础

导言 我国是世界人口最多的国家,也是出生缺陷人口绝对数量最多的国家。每年大约有20万~30万名肉眼可见的先天性畸形儿出生,先天性残疾儿高达80万~120万,大约占每年出生人口总数的4%~6%,9月12号是我国"预防出生缺陷日",表达了人们对生育健康美丽优质后代的美好愿望,希望将自己身上最优良的遗传因素传递给后代,同时避免不良的遗传物质给子女造成困扰。

优质的扩展(正优生学)和劣质的消除(负优生学)分别从不同的研究领域促使体力和智力优秀的个体出生,以及防止或减少有严重遗传性或先天性疾病的个体出生。在我国,优生的主要目标是尽可能地防止出生缺陷,尤其要防止那些患有痴呆、严重精神病等"严重出生缺陷儿"的降生。

第1节 优生学概述

一、优生学发展

人类优生的思想和措施由来已久。自原始社会的处死或遗弃严重残疾畸形的婴儿,至封建社会的直系血亲禁止通婚,体现了原始的"优生"意识。1883年,优生学的创始人高尔顿提出的优生概念开创"优生学"这一新学科,开创了优生学的新纪元。二战后,随着分子遗传学、细胞遗传学尤其是产前诊断技术的发展,使优生学走上正轨并赋予了崭新的内容,开始进入一个新的阶段。

二、优生的意义

优生学的宗旨是提高人类健康素质,是有益于人类进步、造福于人类的子孙后代的科学。许多国家通过法律的形式推行优生措施。美国于1907年制定并实施了世界上最早的优生法。我国的婚姻法中也规定,直系血亲和三代以内旁系血亲禁止婚配。

提倡优生就是提高生育质量,减少和避免劣生现象。目前,防止出生缺陷,防止遗传病亲子传递成为优生的首要问题。出生缺陷可造成胎儿、婴儿的死亡,亦可导致儿童患病和残疾,是当今世界各国尤为重视的卫生问题。

第2节 影响优生的因素

优生是一个复杂的过程,每个新生命诞生都有可能受到遗传因素、免疫因素、微生物感染、环境质量、职业因素、营养与食品和不良嗜好等不良因素的影响。目前认为,出生缺陷的发生原因20%~25%是遗传因素的影响,主要是基因突变及染色体畸变引起;约10%~20%来自理化生等环境因素的影响;另外60%~65%原因不明,可能来自遗传和环境因素的联合作用。

一、遗传因素

引起出生缺陷的遗传原因,主要表现为遗传物质的改变,即染色体畸变和基因突变两大类。

1. 染色体畸变(chromosome aberration) 包括染色体数目的异常和染色体结构异常。均可引起各种出生缺陷,如性腺发育不全、智力障碍、无脑儿、唇腭裂等。在新生婴儿中,由于染色体畸变引起的出生缺陷仅占0.5%。

2. 基因病 包括单基因病和多基因病,由于遗传物质改变引起的先天缺陷占 25%～30%,其中单基因病占 10%,多基因病占 14%～20%。

二、环境因素

能引起先天畸形的环境因素统称为致畸因子(teratogen)。致畸因子主要有以下几种。

(一) 物理致畸

常见的有各种射线、高温、噪声、微波、超声波、机械性压迫和损伤等。例如,放射线能致胎儿小头畸形、脊柱裂、智力低下等,尤其妊娠 3 个月以内最为敏感,日本广岛和长崎原子弹爆炸后出现的多种先天性疾病和恶性肿瘤就是很好的实证。

(二) 化学致畸

工业"三废"、农药、食品添加剂、防腐剂、亚硝酸盐、生产洗衣粉的乙烯类物质、汞、苯类化合物等化学物质都有致畸作用。例如,铅能引起流产,同时伤害神经系统,孕早期严重缺碘可以导致胎儿早产、死产和先天性畸形的发生率增高,产生地方性克汀病。

(三) 药物致畸

20 世纪 60 年代"反应停事件"(海豹婴儿)后,药物致畸作用引起人们的普遍重视,并对药物进行严格的致畸检测。现已确定的致畸药物及致畸类型举例见表 9-1。

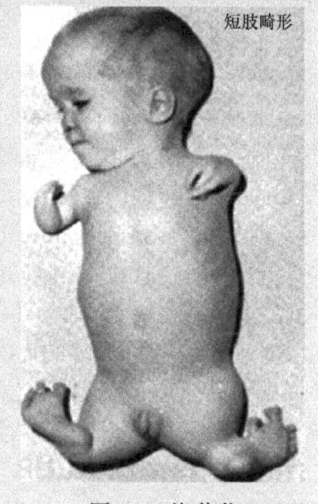

图 8-1 海豹儿

1. 水俣病 水俣病即甲基汞中毒。1953～1974 年,日本共发生 45 例先天性水俣病,这是世界上第一个因环境污染诱发的先天性畸形疾病。排入海中的汞可以在环境中或鱼体内蓄积,再以鱼为媒介进入人体,引起中毒。神经系统是甲基汞的主要蓄积部位,故该病主要表现为神经症状。严重者出现痉挛、麻痹、意识障碍、迅速死亡;轻者可有感觉和语言障碍、运动失调。甲基汞也能通过胎盘屏障,影响胚胎发育,以致造成流产;出生的则患先天性水俣病。由于神经系统发育不良,患儿精神迟钝,肌肉萎缩,语言、吞咽和步行困难,可出现癫痫发作。

2. 海豹儿 20 世纪 60 年代初期,西欧和北美国家的孕妇使用一种叫"反应停"的药物来消除妊娠反应,这种药物药名为沙立度胺,最早由德国格仑南苏制药厂开发,1957 年首次被用作处方药。沙立度胺推出之始,科学家们说它能在妇女妊娠期控制精神紧张,防止孕妇恶心,并且有安眠作用。因此,此药又被叫做"反应停"。在怀孕 1～2 个月之间,服用了反应停的母亲便生出这样的畸形儿。这种婴儿手脚比正常人短,甚至根本没有手脚。截至 1963 年,在世界各地如西德、美国、荷兰和日本等国,由于服用该药物而诞生了 12 000 多名这种形状如海豹一样的可怜的婴儿(图 8-1)。

三、生物因素

胎儿宫内感染是影响优生的另一重要因素。病原微生物(病毒、细菌、寄生虫等)尤其是病毒可以通过血液穿过胎盘屏障作用于胚胎,影响胚胎的发育,导致出生缺陷的发生。目前已经确定对人类胚胎有致畸作用的生物因子有风疹病毒、巨细胞病毒、乙肝病毒、艾滋病病毒、脊髓灰质炎病毒、流感病毒、单纯疱疹病毒、弓形虫、梅毒螺旋体等。它们或穿过胎盘屏障直接作用于胚胎,或通过孕妇下生殖道感染而上行扩散和分娩中感染新生儿,导致先天性缺陷的发生。例如,风疹病毒(RV)是导致胎儿先天畸形的主要病原微生物之一。1964年美国曾发生风疹大流行,第二年有数万个畸形儿降生。弓形虫以猫为终宿主,孕妇感染后没有明显症状,但是可以通过生殖道、胎盘等传染胎儿或新生儿,可出现流产、无脑儿、小眼、耳聋和四肢畸形等。

四、营养因素

孕前充足的营养可以获得健康的精子和卵子,同时为受孕创造良好的生理环境。受孕后,胎儿在子宫内发育所需要的物质和能量全部来自于母体,所以孕期营养是胎儿健康生长发育的重要因素。

(一)孕前营养

男性在妻子受孕前的营养主要表现为对精子质量的影响。而女性孕前营养的摄入直接关系到女性能否正常怀孕、胎儿身体是否健康等问题。不同身体状况与素质的女性必须根据自己的实际情况,准备与补充所需要的蛋白质、脂肪、碳水化合物、维生素与矿物质。低出生体重新生儿往往是由孕前体重低或孕后体重增加少的母亲所致。孕前体重不足的女性,应当设法增加体重。如通过营养丰富食物补充未达到预期目的时,可通过服用多种维生素、无机盐和微量元素等制剂来达到目的。过度肥胖的妇女可增加妊娠困难,特别是妊高征、妊娠合并糖尿病风险较高,产程延长和难产增加,新生儿死亡率较高。因此,妇女在孕前合理减少体重能改善妊娠不良后果,但不能长期节食,因为节食者的血液中重要营养物质,特别是维生素、无机盐和微量元素含量较低。

妇女怀孕早期体内缺乏叶酸是神经管缺陷发生的主要原因。胚胎神经管的发育关键是受孕后3~6周,此期如果孕妇体内时叶酸水平低,会影响神经管的正常闭合而发生畸形。为预防神经管缺陷儿出生,应从怀孕前1个月开始至怀孕后3个月补充叶酸。

(二)孕期营养

孕妇必须有合理的营养和平衡的膳食。孕期如果营养摄取不足,不仅会直接影响胎儿的正常发育,还会引起不同程度的器官畸形,还会导致胎盘发育不良,间接干扰胎儿的发育。营养的摄取亦不能过量,尤其是脂肪、糖类过量会引起孕妇肥胖并发妊高征、合并糖尿病等。与胎儿生长发育有关的营养成分包括蛋白质、维生素、脂质、无机盐及微量元素等。

1. 蛋白质 是细胞和组织结构的物质基础,是人体维持正常生理功能的重要物质。蛋白质缺乏会导致胎儿生长发育迟缓、出生体重低,尤其影响大脑的发育,引起不可逆的智力发育障碍。足月胎儿体内含蛋白质约为400~500g,孕妇应增加蛋白质供给量,推荐在孕中期增加15g/d,孕晚期增加25g/d。富含蛋白质的食物有鱼、肉、蛋、奶、豆类,其中乳类和蛋类的蛋白质容易消化。

2. 脂质 对生长发育是必需的,如果孕妇脂质摄入不足,将会导致胎儿脏器发育不良及低出生体重。妊娠期脂肪摄入同样不能过量,以免体重增加过量。孕期推荐脂质供给量占总热量的20%左右。

3. 维生素 是维持人体正常生长和代谢功能所必需的营养成分。人体内主要参与构成酶系统,对孕妇和胎儿的健康发育有重要作用。同时,大多数维生素在人体内不能合成,必须从食物中获取。孕妇严重缺乏维生素A,引起孕妇失明,所生婴儿小头畸形和无眼症;孕期维生素D缺乏可影响胎儿的骨骼和牙齿发育,生后易患龋齿;孕妇严重缺乏维生素D时,新生儿出现会出现先天性佝偻病、低钙血症及牙釉质发育差等。即使是营养状况良好的孕妇,体内叶酸水平也会下降,且叶酸水平随着妊娠的进程逐渐降低。孕妇缺乏叶酸,尤其是妊娠早期,除可导致神经管缺陷外,还可引起胎儿巨幼红细胞贫血。维生素过量也会使营养失调,影响胎儿生长发育,严重的也会导致畸形的发生。

4. 无机盐及微量元素 人体所必需的无机盐及微量元素约有十几种,孕妇应当特别注意铁、钙、磷、锌的供给。钙和磷是构成骨、齿的主要成分,成人体内99%钙及80%磷集中于骨和齿中。由于胎儿优先原则,母体中度或者短期缺乏,对胎儿没有明显影响。如若母体严重或者长期缺乏钙、磷,胎儿将受累,出现骨质钙化不良,产生先天性佝偻病及缺钙性抽搐。含钙最丰富的食品是乳及乳制品,虾米、虾皮、肉骨头汤含钙量也较高。铁是造血的重要原料,孕妇需要量较大,胎儿除造血及胎内组织需要一定量的铁外,也需储存一部分,以备出生后约6个月的消耗。如果母体严重缺铁,婴儿出生后可出现贫血,血红蛋白偏低、易感染、抵抗力下降、生长发育迟缓等。因此,孕妇要及时补充铁元素。含铁较多的食物如肝、蛋、豆、菠菜、白菜,还有海带、黑木耳、大枣等。锌对胎儿的发育同样很重要,一般认为缺锌婴儿,患先天畸形者较多,尤以中枢神经系统损害为甚。动物性食品、谷类和豆类含有较多的锌。

总之,孕妇的每种营养素的供给要足够,既不能过多,也不能过少。各种营养素之间也应有适当的比例,保持一定的平衡。在膳食方面要多样化,粗细粮搭配,荤素菜搭配,扩大营养来源。

此外,吸烟、酗酒、食用含咖啡因饮料及毒品、孕妇不良情绪亦能引起胎儿异常发育。

吸烟(包括被动吸烟)对胎儿、婴儿的危害:引起宫内发育迟缓、体重减少;引起自然流产、围生期死亡率增高;婴幼儿畸形发生率增高等。烟草中含有300多种有毒化合物,其中对人体危害最大的是尼古丁、焦油、一氧化碳和氰化物等。

大量饮酒的影响:妊娠期妇女长期饮酒可引起胎儿"酒精中毒综合征",颜面畸形,心脏畸形,早产,神经系统发育异常。

咖啡因饮料的影响:咖啡因是导致妊娠初期流产的重要因素,也可导致唇裂、腭裂。

毒品对胎儿的影响:毒品对胎儿构成的危害极大,吸食大麻可致胎儿发育不良,低体重儿增加;吸食海洛因可使胎儿宫内生长迟缓,头围小,还可使出生后的婴幼儿行为紊乱,发育迟缓,死亡率增加。许多新生儿可有毒品撤退综合征发生,处理不及时死亡率高。

不良情绪的影响:研究证实,母亲情绪的变化对胎儿产生一定影响。流产和早产均与生活中的意外事件明显相关。严重的精神刺激或过度的紧张情绪,使孕蛔动脉血管收缩而导致胎儿供氧不足,其严重后果甚至造成死胎或畸胎,精神高度紧张可以造成宫缩不协调,从而引发难产、胎儿缺氧、缺血性脑病,影响婴儿重量;如果孕妇在妊娠期间情绪低落,高度不安,胎儿出生后即使没有畸形,也会发生喂养困难、智力低下、个性怪癖、容易激动和活动过度等。

五、胎教与优生

胎教是优生优育的方法之一,是为了胎儿的健康发育,为胎儿提供一个很好的内外生长环境。在胎儿成长的一定时期,采取适当的方法,通过母体给胎儿以各种良性刺激,从而促使胎儿生理和心理上的健康成长,改善胎儿素质的科学方法。胎教的方法一般有语言胎教、音乐胎教、抚摸胎教、光照胎教、艺术胎教等。胎教进行的时间:5个月左右,即可进行音乐胎教、抚摸胎教等,光照胎教一般在孕6个月后进行。胎教时,可几种方法一起采用,如一边听着音乐,一边抚摸胎儿等。例如,语言胎教即父母通过与胎儿的对话,使胎儿接受到语言波的信息,刺激胎儿大脑的生长和发育。在妊娠后期,胎儿已经具备了最初的听力和感觉能力,对外界的语言刺激会有一定的反应,并且在胎儿大脑中形成了记忆。

第3节 产前诊断

一、产前诊断的意义和对象

(一) 产前诊断的意义

产前诊断又称出生前诊断或宫内诊断,是指在出生前运用各种先进的技术和方法对胚胎或胎儿的发育状态、是否患有遗传病或先天畸形作出准确的诊断,从而对可治性疾病选择适当时机进行宫内治疗;对于不可治疗性疾病,为确定胎儿的保留或终止妊娠提供可靠的依据。产前诊断的目的是在胎儿未出生前确诊胎儿是否异常,并决定其取舍,从而避免严重遗传疾病或先天性缺陷儿的出生。因此,产前诊断是预防遗传病患儿出生的有效手段,也是实现预防性优生学的重要途径。

产前诊断是一门正在迅速发展并且技术不断完善的新学科。自应用于临床以来,可以在妊娠早期、中期,通过仪器检查或母体胎儿组织的取样,对胎儿进行外形判定、性别鉴定、染色体检查和酶的生化分析、DNA分析,对胎儿的先天性疾病做出诊断,并判明胎儿质量的优劣,以便孕妇作出抉择。除此之外,还可以提供夫妇生育异常患儿的风险,为产前治疗和遗传咨询提供信息。

为了保证产前诊断技术的安全、有效,规范产前诊断技术的监督管理,我国卫生部于2002年9月24日讨论通过了《产前诊断技术管理办法》(中华人民共和国卫生部第33号令),自2003年5月1日起施行。

(二)产前诊断的对象

符合下述情况之一者,应该进行产前诊断。

(1)高龄孕妇:年龄在35岁以上的孕妇为高龄孕妇。
(2)夫妇一方有染色体异常,尤其是染色体平衡易位携带者。
(3)已分娩过有染色体异常或神经管畸形儿的孕妇。
(4)性连锁隐性基因携带者或患者,疾病的发生与性别有关,应抽取羊水为胎儿性别预测,按照遗传规律决定保留男胎或女胎。
(5)夫妇一方有先天性代谢疾病,或以已育过患儿的孕妇。
(6)在妊娠早期接触过明显的致畸因子的孕妇。
(7)有遗传性家族史或近亲婚配史的孕妇。
(8)有不良生育史的孕妇。曾有过三次以上流产、死产和死胎,特别是生育过多发畸形儿的孕妇,要进行产前诊断。
(9)本次妊娠有羊水过多或羊水过少的孕妇。

二、产前诊断的方法及标本采集技术

目前临床上应用的产前诊断的手段大致可分为三种:①细胞遗传学技术手段,如细胞培养、染色体检查、DNA分析等;②生化检查手段,如特殊蛋白质、代谢产物、酶活性的检查等;③物理学检查手段,即通过仪器直接观察胎儿表型等,如放射线、超声波、胎儿镜、电子监护等。无论采取哪种方法和途径,目的都是尽早发现宫内胎儿是否有遗传缺陷或先天畸形,以达到优生的目的。

(一)孕早期取绒毛诊断

为了便于在怀孕早期就知道胚胎有无疾患,从而及早终止妊娠,避免缺陷儿的出生,经科学家们的努力研究,成功应用绒毛取样术利用绒毛细胞进行产前诊断并取得良好效果。由于绒毛细胞是胚胎外层细胞,分裂旺盛,所以可直接制取染色体,诊断染色体病,也可检查绒毛的性染色质,鉴定胚胎性别,用于性连锁遗传病的产前诊断。早孕绒毛还可以做酶活性检查,以诊断先天性代谢病。

1. 绒毛用于早期产前诊断的优点

(1)取材时间早,故在妊娠早期能作出诊断结果。由于绒毛取材在受孕后8~10周进行,可在妊娠早期及时作出诊断。

(2) 取材简便,测定方法快速。取材器械较简单,注射器的针头一端接上内外双层套管便可。取出的绒毛细胞经短时间的特殊处理后,即可在显微镜下观察,在检查的当天即可作出初步诊断。

(3) 孕早期绒毛细胞生长旺盛,细胞增殖快速,具有各种生化功能,不但可以直接制备标本观察染色体,而且可作酶活性检查和基因分析。

2. 标本采集技术 通过超声引导,用一端接上内外双层套管的消毒注射器,经宫颈进入宫腔,轻贴宫壁便可吸取绒毛。

(二) 孕中期抽羊水诊断

羊膜腔穿刺术是目前产前诊断最常用和最有效的方法的方法。20 世纪 60 年代应用于临床,1967 年 Jacobson 和 Barter 报道从宫内第一次诊断出染色体异常胎儿。在怀孕中期用羊膜腔穿刺技术抽取羊水进行各种检查测定,预测胎儿健康状况,以防止先天畸形和遗传病患儿的出生。用羊水进行产前诊断包括:①染色体异常疾病:可以通过羊水细胞做染色体分析,以诊断胎儿各种染色体异常的疾病和性别,准确率高。②先天性代谢异常疾病和分子病:利用羊水或羊水细胞进行各种生物化学检查,酶活性的测定,可诊断先天性代谢病。③神经管缺陷(NTD):患儿脑脊液中甲胎蛋白(AFP)可以直接进入羊水,通过检测其含量可诊断胎儿开放型神经管缺陷及其他一些先天畸形,如无脑儿、脊柱裂、小头畸形、脑积水等。

1. 羊水细胞和培养 羊水细胞一方面来源于胎儿体表皮肤、消化道、呼吸道和泌尿道的脱落细胞,这些上皮细胞都属胎儿细胞;另一方面来自羊膜。羊水细胞主要指的是前一种。羊水细胞大部分是衰老和固缩的,羊水中活细胞占细胞数的百分比随妊娠周数的增加而下降。妊娠第 15 周最高达 34%,第 20 周约为 20%,第 28 周下降到 7%。故取羊水作产前诊断的适宜时间是在妊娠 16~18 周,此时羊水量较多,手术比较安全,且活细胞的比例较高,容易成功。抽取的羊水放入无菌试管内,离心后分为两部分,上面是上清液,可作其他检查用;下面是离心沉淀的细胞,放在 37℃ 培养箱内,开始生长 10 天左右,加入秋水仙素,使细胞分裂停止在分裂中期,取样染色后,在显微镜下就可清楚地看到胎儿的染色体了,并进一步进行核型分析,诊断胎儿的染色体是否异常。

2. 标本采集技术 在 B 超的监视下,于妊娠 6~18 周抽取羊水。孕妇先排尿,仰卧手术台上,左右翻身数次,使羊水细胞泛起,以便抽取较多的细胞。腹部按常规严格消毒。穿刺点要避开胎盘和胎体,在胎儿屈侧羊水液体最多处做标记穿刺点,一般在下腹正中耻骨上 6~7cm 处向左或右 2~3cm 处进针。最初抽取的数毫升羊水应弃之不用,以防母体细胞混杂影响结果,另换一注射器再抽 15~20ml 供产前诊断用。

(三) B 型超声波检查

B 型超声是一种操作简单、对孕妇无痛苦、对胎儿几乎无影响的一种产前诊断方法。人体的不同组织具有不同的反射超声波的能力,根据超声波探测妊娠子宫时形成不同回声图像,可对胎儿先天外部和内脏畸形畸形作出宫内诊断。

(四) X 线诊断

X 线诊断主要应用于检查胎儿 24 周后骨骼是否存在畸形。孕妇作腹部 X 线摄片检查,可清楚显示胎儿骨骼以及胎儿姿势和位置,若胎儿患有骨骼异常的先天畸形,就可被 X 线检查发现。主要病种有无脑畸形、脑积水、小头畸形、脑疝、脊髓脊膜膨出、先天性成骨不全、软骨发育不全、缺肢畸形、脊柱裂、联体双胎等。一般认为大剂量(即治疗剂量)对胎儿是会有不良影响的,因为 X 线本身就是一种致畸因子,故避免对胎儿作大剂量反复的照射。只有在临床已有充分证据提示胎儿可能存在畸形时,才应考虑以 X 线检查加以核实。

(五) 胎儿镜检查

胎儿镜又称羊膜腔镜或子宫镜。是用一种光导纤维制成的内镜,长15~20cm,直径1.7mm,于妊娠18~20周用胎儿镜可以直接观察胎儿有无外表畸形;还可以在观察下提取胎儿组织标本进行化验,如取胎儿血液进行诊断;还可以通过活检钳取胎儿皮肤活检进行诊断。

(六) 孕妇外周血分离胎儿细胞

在正常妊娠的母体外周血中含有少量胎儿细胞,数量不多,需要结合PCR技术,通过分离和富集母体血中胎儿细胞,随着各项技术的不断完善,使得该技术将得到更为广泛的应用。

设计婴儿——胚胎植入前的基因诊断及基因筛选技术

如今,"将遗传病从家族中剔除"已不是梦想,利用"胚胎植入前的基因诊断"(PGD)技术,即使是携带遗传病基因的夫妇,也能生产健康宝宝。PGD技术于1989年由英国的哈默史密斯医院温斯顿爵士领导的研究小组研究成功。全球第一例通过这一技术培育成功的试管婴儿于2000年在美国诞生。此后,全世界陆续有1000名婴儿通过PGD技术降生到这个世界。该技术主要适用于夫妇双方或一方患有遗传疾病或携带致病基因。医师首先对妇女进行人工授精,得到多个受精卵,并在实验室里产生许多胚胎,在所有胚胎中各提取一个细胞做基因检测,筛选后再将那些没有遗传缺陷的胚胎植入妇女子宫,以达成优生优育的目的。

三、常见先天性疾病的产前诊断

常见的先天性疾病有染色体病、神经管缺陷和先天性代谢缺陷。大多表现为发育畸形、宫内死亡,导致流产、早产、死产或新生儿死亡。即使幸存,也会表现不同的畸形,功能障碍、智力发育不全。及早通过产前诊断发现先天性疾病,即可防止患儿出生,对于优生具有重要的意义。

(一) 神经管缺陷的产前诊断

神经管缺陷(NTD)是指胎儿期神经管闭合不全所致的中枢神经系统畸形,是一种最常见的先天缺陷。我国是神经管缺陷的高发国,每年有8万~10万名神经管缺陷儿出生。

神经管缺陷主要包括无脑缺陷、开放性脊柱裂、闭合性脊柱裂、脑膨出、脑积水等。我国围生儿出生缺陷严重前五位为无脑畸形、开放性脊柱裂、唇裂、合并腭裂、先天性心脏病等。在所有出生缺陷的围生儿中,神经管缺陷发生率最高,约占总缺陷的21%。群体发生率为2.74‰。

1972年,Brock首次发现羊水中甲胎球蛋白(AFP)的升高是诊断胎儿神经管缺陷的可靠指标。一年后又有新发现:母血中AFP的升高也是诊断胎儿神经管缺陷的指标,而且取材更为简便。甲胎球蛋白(AFP)是胎儿血清最常见的球蛋白,于胎儿的卵黄囊和肝脏中合成,胎儿上皮完整时,少量的AFP会从胎儿泌尿道排入羊水中。目前,胎儿羊水和母血的AFP的测定已成为诊断胎儿神经管缺陷的首选方法,已广泛应用于临床。如果胎儿有开放性神经管缺陷,则在妊娠12周时可检测到母血中AFP增高,30周左右可达到高峰值。诊断步骤与方式如下。

(1) 孕妇血AFP测定:如AFP>同期正常孕妇2个标准差,则需要复查,若仍明显升高,就需要做羊水AFP测定。

(2) 孕16~20周做羊膜穿刺:测定羊水中AFP含量,如超过正常值3~5个标准差以上,则可诊断NTD。

(3) 羊水乙酰胆碱酯酶(AchE)测定：AChE 在神经组织中产生，NTD 发生后可渗透进入羊水，致使羊水 AChE 活性增高。此酶含量稳定，不受孕期和胎血污染影响，因此测定 AChE 可以弥补羊水 AFP 测定的不足。

(4) B 超检查：脑儿超声波图像特征为，缺少头颅光环，胎头部为"瘤结"状物，"瘤结"后方可见脑膜囊、常合并脊柱裂、羊水过多等。

(5) 还可通过 MTHFR 和 MTRR 的基因突变分析，可以预测和诊断 NTD 患儿的发生。

（二）染色体病的产前诊断

染色体病多数发生流产、死产，故只占出生总数的 5% 左右，但诊断率较高，占产前诊断的病例的 20%~50%。可通过对孕妇外周血中的胎儿细胞、羊水细胞、绒毛膜细胞等进行染色体核型分析来诊断。

唐筛查

唐筛查，是唐氏综合征产前筛选检查的简称。是首先通过化验孕妇的血液，结合其他临床信息，综合判断胎儿患有唐氏症的危险程度后再决定是否做进一步的检测。

进行唐氏筛查的时间有 2 个时期：怀孕的第 9~13 周，称之为孕早期筛查，怀孕的第 14~21 周+6 天，称之为孕中期筛查。这 2 次检查都是抽取孕妇外周血来测量母体血清中的血浆蛋白 A 值、绒毛膜促性腺激素（HCG）、甲型胎儿蛋白（AFP）、绒毛膜促性腺激素、游离雌三醇和抑制素等值，再配合孕妈妈的年龄、怀孕周数和体重，计算出胎儿罹患唐氏综合征的风险。如果唐筛检查结果显示胎儿患有唐氏综合征的危险性比较高，就应进一步进行确诊性的检查--羊膜穿刺检查或绒毛检查。

唐筛查的发展历史：

1984 年前，对年龄大于 35 岁的孕妇作羊膜穿刺，羊水细胞染色体检查。

1984 年，美国 Dr. Merkatz、Dr. Cuckle & Wald 发现唐氏征儿孕妇血中 AFP 比正常孕妇低 15% 左右。

1987 年，Dr. Bogart 发现唐氏征儿孕妇血中 β-HCG 比正常孕妇高。

1988 年，Canick、Haddow、Wald 发现唐氏征儿孕妇血中 uE_3 下降。同时首次提出唐氏征儿三联筛查方案（triple test）。

1996 年，抑制素 A 成为第四种血清学检测指标，提出唐氏综合征四联筛查方案（quad test）。

（三）先天性代谢缺陷的产前诊断

先天性代谢缺陷又名遗传性酶病，一般是由于基因突变导致酶缺失或异常，从而引起代谢发生紊乱或破坏，造成代谢物缺乏或堆积，引起胎儿的代谢与发育。可通过生化检查酶或蛋白质的含量、或直接通过基因诊断来测定这类疾病。目前已发现先天性代谢缺陷 1000 多种，遗传方式主要是常染色体隐性遗传、X 连锁隐性遗传和常染色体显性遗传。

苯丙酮尿症的基因诊断

限制性片段长度多态性（RFLP）已成为基因诊断重要的方法。如果已经证明某种严重的遗传病跟某一 RFLP 连锁的，那么就可以利用这一 RFLP 进行基因诊断。一家系，双亲正常，经基因检测父亲是 23kb 纯合体，母亲是 23kb/19kb 的杂合体，他们的一个患儿是 23kb 纯合体，说明在母方携带致病基因，且与 23kb 的 RF 相连锁，而正常基因与 19kb 的 RF 相连锁，现在胎儿为 23kb/19kb 的杂合体，其 19kb 的 RF 肯定来自母方，19kb 的 RF 与正常基因相连，而23kb的RF来自父亲，此RF可能与正常基因相连，也可能与致病突变基因相连，由于这病属于常染色体隐性遗传病，所以胎儿正常（图8-2）。

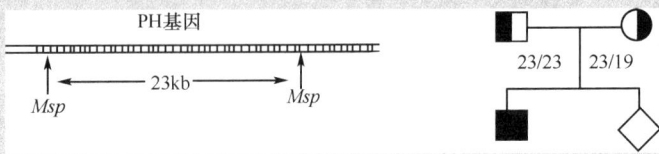

图8-2 苯丙酮尿症的基因诊断

小 结

通过本章节的学习我们了解了优生的概念、优生学的发展和意义。出生缺陷的数据让我们深深认识到优生的重要性，而预防出生缺陷患儿的出生的最佳办法就是掌握影响优生的因素包括遗传因素、环境因素、生物因素和营养因素等学习胎教的正确方法。而产前诊断是预防遗传病患儿出生的有效手段，了解产前诊断的对象和诊断技术，掌握产前诊断的检查方法则是实现预防性优生学的重要途径。

目 标 检 测

一、填空题

1. 影响优生的主要因素有＿＿＿、＿＿＿、＿＿＿＿等。
2. 抽取羊水检测＿＿＿的含量可筛选出神经管缺陷患儿。
3. 胎儿镜检查于妊娠后＿＿＿周进行。＿＿＿检查是对胎儿最安全的产前诊断方法。

二、选择题

1. 优生学的创始人是（   ）
   A. 孟德尔　　　B. 摩尔根
   C. 高尔顿　　　D. 沃生
2. 在日本发生的水俣病是下列哪种化学物质中毒引起（   ）
   A. 水银　　　　B. 汞
   C. 甲基汞　　　D. 沙立度胺
3. 妇女怀孕早期体内缺乏哪种物质是神经管缺陷发生的主要原因（   ）
   A. 叶酸　　　　B. 维生素
   C. 蛋白质　　　D. 铁
4. 绒毛取材适宜在受孕后什么阶段进行（   ）
   A. 16～20周　　B. 8～10周
   C. 5～8周　　　D. 10～12周

三、名词解释

1. 出生缺陷 2. 产前诊断 3. 羊膜腔穿刺术

四、简答题

1. 影响优生的因素有哪些？
2. 产前诊断的检查方法有什么？

（刘凌霄）

第9章 优生咨询与出生缺陷干预

导言 1997年,国家重点基础研究计划(973计划)在人口与健康领域针对严重危害人民健康的重大疾病的发生与防治的基础研究进行了重点部署,包括心力衰竭与恶性心律失常、抑郁症、出生缺陷、免疫相关性疾病等,同时继续加强对重要传染病基础研究专项和中医理论专项的部署。国家对人口与健康问题的重视,无疑为遗传与优生领域的研究奠定了雄厚的基础。

第1节 优生咨询

一、优生咨询概述

优生咨询是优生工作的重要组成部分,也是遗传咨询的内容之一。由医生或遗传咨询工作者对遗传病或出生缺陷患者或其亲属,提出有关该病的病因、遗传方式、诊断、预后、防治以及在亲属子女中再发此病的风险率等问题予以解答,并就患者及其亲属的婚配与生育等问题提出建议与指导,供患者及其亲属参考,从而控制某些不良因素,预防胎儿发育缺陷,以达到优生目的。

开展优生咨询对于减少或避免严重遗传性疾病或出生缺陷患儿的出生,提倡和实行优生,全面提高人类的遗传素质都具有重要意义。

优生咨询服务不仅适合有遗传病史或具有某些不利因素接触史的对象,而且也适用于广大健康生育年龄的男女。我国普遍倡导和开展优生咨询工作的时间虽不长,但发展尤其迅速。目前全国除各大城市已开展优生咨询工作以外,一般中小城市,甚至县、镇医院、计划生育指导所、指导站,也纷纷建立优生咨询制度。

二、优生咨询的对象与内容

(一) 常见优生咨询的对象

(1) 已生育过一个有遗传病或出生缺陷患儿的夫妇或者直系、旁系亲属生过遗传病或出生缺陷患儿者。

(2) 夫妇双方或一方患有某种遗传病或有遗传病的家族史者。

(3) 夫妇双方或一反哪个已知或有可能是遗传病致病基因的携带者,以及染色体平衡易位的携带者。

(4) 有自发性流产史的夫妇。

(5) 有化学、物理等致畸物质或放射性物质接触史的夫妇。

(6) 有病毒、细菌等致畸生物因素接触史的夫妇。

(7) 近亲婚配的夫妇。

(8) 高龄男女的生育及>35岁的高龄孕妇。

(9) 血型不合的夫妇(主要是指ABO血型)。

(10) 愿意进行优生咨询的广大健康育龄男女。

（二）优生咨询的内容

1. 婚前咨询与检查　它是优生工作的基础。开展婚姻咨询与婚前检查是为了保证健康婚配，防止各种疾病，特别是遗传病的传递蔓延，它是优生监督的第一关，是提高人口素质的有效措施。现婚前检查在全国各地已普遍展开，受到广大群众的欢迎。

通过咨询对即将结婚的男女进行全身健康检查和生殖器官检查，必要时做实验室检查。另外，经仔细询问病史、有无遗传病、先天性疾病家族史等，了解双方情况是否适合婚、育，进行婚育指导。如近亲或者男女双方均患有重症智力低下，应制止双方结婚；有些疾病如性病、麻风病未愈者，精神分裂症、躁狂抑郁症和其他精神病发病期间，各种法定报告传染病规定的隔离期限内应建议双方暂缓结婚；有些疾病如任何一方患有某种严重的常染色体显性遗传性疾病，如强直性肌营养不良、软骨发育不全、成骨发育不全、脊髓小脑性共济失调、Marfan综合征等以及遗传性致盲性眼病如视网膜母细胞瘤、显性遗传性双侧先天性小眼球等；婚配双方均患有相同的严重隐性遗传病如垂体性侏儒症、小头畸形、苯丙酮尿症、肝豆状核变性等；或者男女一方患有严重多基因遗传病如精神分裂症、躁狂抑郁性精神病，多为高发家系。应动员双方婚前绝育。在婚前咨询中还要进行生殖器卫生指导、性知识指导和避孕知识的指导等。

2. 孕前咨询　主要指导夫妻双方选择在生育年龄最佳、身体状况最好以及环境条件最适宜的情况下怀孕。

（1）选择最佳生育年龄：女性最佳生育年龄23～28岁，男性最佳生育年龄24～29岁，过早或过晚生育流产、早产、遗传病、出生缺陷等几率会大大提高。

（2）选择最佳受孕时机：选择恰当的避孕方法；避免在男女任何一方在患病时怀孕；受孕前戒烟、戒酒，注意孕前营养；根据不同地区的气候和条件选择最佳受孕季节，选择具有充足的蔬菜、水果和良好日照的季节受孕，有助于孕妇获得营养，利于胎儿的生长发育；按月经周期推算，在排卵的前五天和后四天是最容易受孕的时间，最好将受孕安排在排卵的当天或排卵的前两天。

（3）受孕成功需具备的条件：夫妻双方受孕成功与否取决于精子的质量、数量；运送精卵的通道畅通无阻；精卵顺利相遇以及受精卵种植和发育的子宫内环境。

3. 孕期咨询　确定怀孕后，孕妇应到当地优生保健部门进行登记、建卡，接受保健指导。优生保健中心应定期对孕妇进行健康检查并做好保健监护，同时对孕妇提供卫生、营养、心理等方面的咨询和指导等。孕妇应从早孕开始就应接受孕期指导，如合理的孕期营养、良好的卫生习惯、生活中避免接触有害环境、孕期保持乐观良好的心境、开展胎教指导、定期保健检查，及时发现问题及时处理，预防严重妊娠并发症或胎儿发育异常，有利母婴健康。

（1）孕期营养咨询：孕期合理营养、均衡膳食是保障母婴健康的基础。妊娠不同时期营养要求不同：孕早期（怀孕头3个月），胎儿生长较慢，对营养需求量不大，但注意营养要全面。孕中期（怀孕中3个月），胎儿生长发育迅速，各种营养物质的需要量都要增加，膳食要荤素兼备，粗细搭配。孕晚期，随着胎儿的不断增大，子宫压迫胃部增加，孕妇往往吃较少的食物就有饱腹感，故应以少食多餐为原则。

（2）不良环境因素及药物致畸风险的咨询：工农业生产及日常生活中接触的化学物质如铝、铅、汞、尼古丁、酒精、咖啡因等，均是优生的大敌，可能造成胎儿神经系统缺陷。射线可引起胎儿畸形，射线诱变具有累积效应，孕妇一次大剂量或多次小剂量接受一定量的射线，均会诱发胎儿畸变。

大多数孕妇都知道孕期用药可能会导致胎儿畸形，因此大部分咨询者都是在不知道怀孕时用药，担心胎儿畸形、有缺陷而来医院咨询的。如果胚胎期（3～8周）用药，由于此期细胞迅速分裂、分化、发育,形成器官。而药物最易干扰胚胎组织细胞正常分化,可能导致胎儿流产、畸形或器官功能缺陷,此期尽可能不用药。因病确需用药者,要让咨询对象明白,在医师的指导下慎重用药。如果在需要药物治疗时拒绝用药,反而会影响胎儿的正常发育(表9-1)。

表9-1 具有致畸作用的药物及其致畸表现

药物种类	药物名称	致畸表现
抗癌药	甲氨蝶呤	无脑畸形、脑膜膨出、脑积水、腭裂、两耳下移、流产、死胎
	环磷酰胺	四肢缺损、唇腭裂、小眼、发育迟缓、卵巢发育不全、肾畸形
	苯丁酸氮芥	肾、输尿管缺损
	白消安	多发畸形
	6-巯基嘌呤	脑积水、脑膜膨出、唇裂、腭裂
激素	己烯雌酚	女婴男性化、男婴女性化、女孩阴道腺癌、男孩尿道异常
	孕酮	女婴男性化
	睾酮	女婴男性化、阴蒂肥大、阴唇愈合、子宫阴道发育不全
	可的松	腭裂、无脑畸形、心脏畸形、胸腺发育不全、免疫功能下降
	避孕药	脑积水、脑膜膨出
抗生素	四环素	心脏畸形、手指畸形、先天性白内障、颅内压增高、牙本质及牙釉质发育不全、骨发育不全
	链霉素	先天性耳聋、小鼻、多发性骨畸形
	卡那霉素	先天性耳聋
	氯霉素	肝损害、灰婴综合征、死胎
	长效磺胺	器官畸形、新生儿高胆红素血症
镇静安眠药	甲丙氨酯	唇裂、腭裂、发育迟缓
	利眠灵	唇裂、腭裂、发育迟缓
	地西泮	多发畸形、核黄疸
抗过敏药	敏克静、布克利嗪、氯苯那敏、苯海拉明	肢体缺损、腭裂、黄疸、新生儿呼吸抑制
抗疟药	乙胺嘧啶、奎宁、氯喹	脑积水、四肢缺陷、视网膜病变、耳聋、血小板减少、死胎
兴奋剂	丙脒嗪	短肢
	苯丙胺	脑积水、足或肢畸形、腭裂
	咖啡因	唇裂、腭裂
抗癫痫病	苯妥英钠	先天性心脏病、唇裂、腭裂、多指畸形
	扑痫酮	唇裂、腭裂、多指畸形
抗血栓药	双香豆素	软骨发育不全、鼻缺陷、脑出血、胎盘早剥、死胎
退热药	阿司匹林	新生儿出血、畸形、宫内发育迟缓
降血糖制剂	苯乙双胍	乳酸中毒
	氯磺丙脲	新生儿血糖过高
	甲苯磺丁脲	新生儿血糖过高

(3) 孕期心理咨询:妊娠不同时期孕妇的心理特点不同。孕早期,由于早孕反应导致身体的不适;妊娠晚期,由于身子日渐笨重和对分娩的恐惧及担心孩子生下来是否健康等问题,孕妇容易产生焦虑、恐惧等不良情绪。研究表明,孕妇心情舒畅,有利于胎儿的生长发育;孕

妇焦虑、恐惧,则会影响胎儿的发育。孕妇学会自我心理调节,善于控制和缓解不良情绪,保持稳定、乐观、良好的心境,有助于保证胎儿身心健康发展。

(4) 有异常孕产史者的咨询:尤其是习惯性流产史、死胎史和胎儿畸形分娩史的孕妇的咨询。人群中自然流产的发生率为15%~20%,其中孕早期的流产儿约50%是由于染色体异常所致。通过询问病史及有关实验室检查,确定异常妊娠史的病因,针对不同病因建议孕妇采取相应措施,有适应证者可进行产前诊断,避免异常胎儿的出生。

三、优生咨询的步骤

在优生咨询过程中,面对不同的来访者咨询医师都应该起主导作用,可以遵循以下步骤进行。

(一) 诊断疾病性质,确定是否为遗传病

1. 采集信息　通过对来诊者的认真询问与检查获取信息,信息包括家族遗传病史、医疗史、生育史(流产史、死胎史、早产史)、婚姻史(婚龄、配偶健康状况),至少要查清三代以上,环境因素和特殊化学物接触及特殊反应情况,年龄、居住地区、民族。收集先证者的家系发病情况,绘制出家系谱。

2. 确定遗传病　根据绘制的完整系谱图,进行系谱分析,结合临床特征和实验室检查结果,诊断咨询对象的遗传病种类和其遗传方式。

(二) 再发风险评估

在咨询工作中,对有些疾病仅仅确定为遗传病,还不能达到咨询的效果。例如,肌营养不良症是一种遗传病,但临床上可分为假肥大型、肢带期及面肩肱型。三个型的遗传方式是完全不同的,在亲属与子女中再出现患者的危险率也不相同。这时候需要进行再发风险评估。再发风险又称复发风险率,是指某一遗传病患者的家庭成员中再次出现该病的概率。根据诊断出的遗传病种类和其遗传方式,进行发病风险估计并预测其子代患病风险。发病风险高于10%为高风险,不宜生育或者应该进行产前诊断;5%~10%为中度风险;低于5%为低风险。

(三) 提供建议和应采取的措施

根据以上的工作,告知咨询者根据风险评估得出的结果,提供可能的治疗、预防措施及可供选择的方案。医生诊断出遗传病、遗传方式及发病风险后,向患者或其家属就有关该病遗传学方面的知识进行耐心细致地解说,并对治疗或预防对策提出建议,使他们真正理解所谈的内容,合理地指导其生育和婚姻等问题,以供患者或其家属自己决定如何处理,如绝育、终止妊娠或进行产前诊断后再进行终止妊娠、治疗等。

(四) 遗传优生咨询过程中应注意的事项

遗传咨询中会遇到各种不同的咨询者,无论是已婚或未婚,患者本人还是家属,无论确诊还是未确诊的,临床医师或遗传学工作者应该就遗传病患者及家属提出的某病的病因、遗传方式、诊断、治疗、预后和复发风险等问题给予科学的答复,并提出建议或指导性意见,以供询问者参考。在此过程中必须遵守以下医学伦理原则。

1. 遵循保密原则　在进行家系调查时,要遵循保密原则。咨询室应与一般诊室分开,医师应与咨询者在专门的房间内单独谈话。咨询时,除必要的医护工作人员外,禁止无关人员进入。为咨询者保密是职业道德要求,任何检查诊断的结果,如染色体畸变、携带者、性功能异常等,都要为患者保密,不得向第三方泄漏咨询者隐私。除非得到咨询者完全同意,保险公司、雇主、学校或政府机关等不应获取咨询者资料。遵循保密原则可以帮助医师在短时间内与咨询者建立起相互信赖的医患关系,掌握的更为完整的病史和家系资料,绘制的系谱更为完整、准确、全面,做出的诊断和发病风险的计算更为可靠,使咨询者可以根据医师的建议正确合理地安排婚姻生育计划。

2. 遵循知情同意的原则 医师在要求患者及其家属进行遗传学检查(临床检查、实验室生化、染色体检查)时,应贯彻自愿及知情同意的原则,让咨询对象充分了解检查的目的和程序、必要性和风险,争取他们的主动配合。如果需要产前诊断,执行前医师有必要让孕妇了解目前的状况,胎儿患某种遗传病的危险性及可能的后果,所实行的产前诊断及其技术操作的安全性、风险性及结果的不确定性等,并签署知情同意书。咨询医师在某些情况下可能得不到确切的诊断,或不能确认个体的携带者状况,应面对现实,如实将情况告知咨询者。

3. 遵循自主决定的原则 尊重并保护个人选择的权利,是否接受优生咨询服务由当事人决定。咨询医师的责任是在遗传咨询过程中根据咨询和检查的结果向咨询者提供意见和建议,详细介绍疾病的发病原因以及可能生出患儿的风险,帮助他们科学地分析考虑婚姻、生育等问题。医师提供的意见是非指令性的,必须尊重咨询者做出决定的自主性和价值观,至于是否婚育,是否采取相应的措施和方法,如产前诊断、终止妊娠、绝育等,除了我国《婚姻法》和《母婴保健法》规定的以外,决定权在咨询者本人。

除此以外,临床医师或遗传学工作者还应该做到熟悉相关业务,以便对来诊者作出正确的诊断,并准确无误地回答来诊者的提问。对于难以肯定的问题,决不可武断结论;还必须注意咨询对象的心理状态,并予以心理疏导;对来诊者的主诉、临床和实验室检查结果、系谱等应建立系统的档案。以便对来诊者及其亲属、特别是携带者的婚配与生育提供指导,这对防止严重遗传病和先天畸形患儿的出生,提高优生咨询的效果具有重要作用。

四、优生咨询的实例分析

例 8-1 某妇女曾生育过一先天愚型患儿,现再次妊娠,惧怕再生同病患儿前来咨询。

先了解病史、家族史,对此患者应该先验证核实患儿核型是否为 21-三体。验证方法为染色体检查。如果证实核型为 47,XX(XY),+21,双亲核型正常,则其再发风险为 1/1000~1/600,即群体发病率。如果此妇女已年满 35 岁,则再发风险会增加至 1/100(即 6~10 倍)。如果发现母亲为易位型携带者,则风险率大大地增高。此时应嘱该妇女做绒毛、羊水细胞的产前细胞遗传学诊断。

例 8-2 某 38 岁的妇女妊娠后,因担心生出染色体病患儿前来进行遗传咨询,你如何对其生育进行指导?

高龄孕妇进行遗传咨询时面临的主要问题是,是否会生出因染色体异常引起的染色体病患儿。由于是高龄妊娠,卵细胞发生染色体不分离的机会大大增加,导致生出染色体病患儿的风险增加。染色体异常中最常见的是 21-三体综合征,其他各种染色体异常的总发生率约为 21-三体综合征的 2 倍。因此,应建议这位高龄孕妇在妊娠 16~18 周进行血清甲胎蛋白(AFP)、绒毛膜促性腺激素(HCG)等生化筛查,主要筛查先天愚型等。如果检查结果是高风险妊娠,有必要做羊水穿刺检查,进行胎儿染色体核型分析,以免生出染色体病患儿。

例 8-3 一对年轻夫妇生出了一个先天性聋哑的女儿,夫妇两人的家庭成员中皆无此病患者。他们想生第二胎,并担心聋哑女儿的未来,前来进行遗传咨询。

先天性聋哑在我国人群中的发病率较高,约为 1/1500。目前我国有 2000 多万聋哑人,占残疾人总数的 1/3。先天性聋哑的发生原因很多,由不同的遗传基础引起,而且环境因素也可形成拟表型,表现为高度的遗传异质性。而遗传因素所导致的先天性聋哑中,绝大部分是常染色体隐性遗传,它包括有多对等位基因,如 A(a)、B(b)、D(d)、R(r) 等,每种基因的纯合体(如 aa 或 rr)都会导致先天性聋哑的发生。此外,还存在常染色体显性遗传和 X 连锁遗传的类型。因此,进行有关耳聋的遗传咨询时,必须请耳科医师会诊。根据耳科医师的检查结果,确认其疾病类型和遗传方式后,才能更好地进行预防和提出对策。

这对年轻夫妇听力正常,可是生出先天性聋哑患儿,表明这是常染色体隐性遗传方式。因此,他们两人可能都是同一聋哑致病基因的携带者,再次生育时,生出先天性聋哑儿的风险为 1/4(25%>10%),属于高风险,故不宜再生育。也可能是母亲在妊娠早期感染过风疹病毒等不良环境因素而致聋。因此,必须请耳科医师会诊后方能做出准确判断。

至于他们的聋哑女儿将来可能倾向于与其他聋哑男青年结婚。如果他们两人都是由同一种突变基因纯合体(aa)所致的聋哑,那么他们所生的每一孩子都是先天性聋哑患儿。如果他们两人是由于不同致病基因纯合体所致的先天性聋哑,例如一个是 aaBB,另一个是 AAbb 时,那么他们所生子女将全部正常,并且是两个不同致病基因的双重携带者(AaBb)。但如果她是和听力正常的男性结婚,孩子一般都不发病,但都将是聋哑致病基因携带者。如果这个聋哑女儿是由于母亲在妊娠早期感染过风疹病毒等不良环境因素而致聋,则她的孩子一般不会发病。

例 8-4 患者,女性,22 岁,由于无月经,外生殖器发育异常前来求诊,咨询是否可结婚,婚后能否生育。

对女性进行体格检查中发现该女性阴蒂肥大,呈龟头状,阴道末端与尿道同一开口,第二性征呈女性,乳房发育,腋毛与阴毛均呈女性分布,子宫、输卵管及卵巢可扪及。由于外生殖器特点及无月经应考虑两性畸形的可能性,此时做染色体检查是必要的。因为两性畸形分为真性与假性两类:真性具有两种性别表型,既有睾丸又有卵巢,核型多为 46,XY/46,XX 嵌合体;而男性假两性畸形,即睾丸女性化综合征,核型为 46,XY,具有女性性征。本例核型检查结果为 46,XX/46,XY,结合临床表现诊断为真性两性畸形。这类问题的处理宜极慎重,要充分考虑其性腺及外生殖器发育情况、年龄、社会性转化。在剖腹探查后发现左侧为卵睾,由于卵睾有可能恶性变,故建议切除,手术将阴道和尿道分开并做阴道成形术,这样婚后有正常性生活,并有可能妊娠。

第 2 节　出生缺陷干预

近年来,随着社会现代化工业的发展和环境的污染,出生缺陷的发生率有上升的趋势。

美国 CDC 出生缺陷监测结果显示,美国每年新出生的严重出生缺陷患儿的数量在 10 万~15 万;未满 1 周岁死亡的婴儿约在 8000 名左右,剩下的存活的婴儿则患有各种不同程度的残疾或疾病;每年有超过 14 亿美元的费用应用于护理有出生缺陷儿童。据有关资料统计,美国总数第 1 位残疾人的致残原因是脊柱裂,患者大多表现为终身下肢瘫痪,合并有脑积水、智力低下、大小便失禁等病症。美国每年为脊柱裂患者所花费的各种费用的总和约为 2 亿美元。

1987 年,我国进行的全国残疾人抽样调查结果显示,在中国的大中城市,出生缺陷已成为围产儿和婴儿死亡的主要原因,其中 1/5~1/4 的死亡是由于出生缺陷造成的。全国约有 5100 多万残疾人和 2200 多万各种遗传病患者,其中出生缺陷是大部分残疾人的致残原因。根据中国出生缺陷监测的结果推算,中国每年有 30 万~40 万名婴儿在出生时就发现患有严重的、肉眼可见的缺陷,其中占第一位的是神经管畸形,为 8 万~10 万名。患有神经管畸形的婴儿大部分于出生前、出生时或出生后一年内死亡。据估计,中国因此每年造成的经济损失约 2 亿元。出生缺陷给社会和家庭都带来了沉重的精神压力和经济负担。因此,要提高人口素质,实现优生,就必须实施出生缺陷的干预。

一、出生缺陷概述

（一）出生缺陷的定义

出生缺陷(birth defects)是指胎儿在母体子宫内由于胚胎发育紊乱引起的身体形态结构、生理功能障碍或代谢缺陷所导致的异常。常见的出生缺陷有无脑儿、脊柱裂、唇腭裂等。

随着医学遗传学和优生学的发展，出生缺陷日益成为突出的公共卫生问题和社会问题。它不仅影响儿童的生命健康和家庭生活质量，而且影响整个国家人口素质和人力资源的健康质量，成为影响优生的主要因素，同时影响经济社会的可持续发展。

在过去的半个多世纪中，伴随着人口和疾病模式的转变，出生缺陷问题日益突出，已成为我国婴儿死亡、儿童和成人残疾的主要原因之一。根据1986-1987年卫生部组织的全国出生缺陷监测资料，全国出生缺陷的总发生率为13.01‰。但我国出生缺陷监测结果所显示的数据，并不能反映我国出生缺陷的真实发生水平。

首先，监测所得到的出生缺陷发生率仅仅是冰山之顶，明显偏低。国外研究表明，在发展中国家，严重遗传性疾病和出生缺陷到5岁时的累积发生率可达到78.6‰，但在出生时仅仅能发现其中的27.6‰。鉴于我国出生缺陷监测对象偏重于城市地区、诊断水平还不高等原因，我国专家根据现有的国内外资料判断我国出生缺陷的发生率应在40‰～50‰以上，我国每年实际发生的出生缺陷至少有80万～100万例，即每30～40秒钟就有一个出生缺陷儿降生。

其次，全国出生缺陷的总发生率掩盖了出生缺陷发生的地区差异。我国边远贫困农村地区出生人口素质问题异常突出，致残、致愚性出生缺陷的发生率相当高。

（二）出生缺陷的类型

根据出生缺陷特点分为变形缺陷、裂解缺陷、发育不良、畸形缺陷四类。

1. 变形缺陷 异常压力作用到胎儿的身体的某种部分产生的形态改变，如由于羊水过少，宫内压迫引起胎儿马蹄足。

2. 裂解缺陷 胎儿身体某些部位在发育过程中由于某种原因引起的正常组织的损害，如唇裂、腭裂等。

3. 发育不良 胎儿身体某部位的某一种组织的发育不良，如成骨不全等。

4. 畸形缺陷 胚胎早期由于某种原因造成的身体结构发育异常，是最常见且最严重的缺陷，如无脑儿。

根据出生缺陷的严重程度可将其分为重大和轻微的缺陷两类。前者是指需进行较复杂的内科、外科及矫形处理的出生缺陷，后者则不需进行复杂处理。

根据发生情况，出生缺陷可分为三类。①三胚层形成紊乱：多发生在胚胎第15～18天，常见神经管与肠管相通、内脏反位、连体畸胎等三种。②神经管闭合过程紊乱：导致脑、脊髓发育不全，进而引起椎弓、颅骨及邻近皮肤出现异常，常见于无脑畸形、脑膨出、脊柱裂等畸形。③器官系统发生和形成过程中的紊乱：种类多，可分为胚体升高过程紊乱、器官原基发生过程紊乱、器官发生过程后期紊乱、性别决定和分化过程中的紊乱等几类。

常见的出生缺陷有以下几种。

（1）神经系统畸形：无脑畸形（图9-2A）、脑膨出、脊柱裂（图9-2B）、先天性脑积水、小头畸形、脑性瘫痪。

（2）头部器官畸形：先天性白内障、小眼畸形、小耳畸形、副耳及耳凹、小下颌。

（3）腹壁缺损及疝：腹裂畸形、脐膨出、膀胱外翻、膈疝、脐疝、腹股沟斜疝。

（4）消化系统畸形：腭裂、唇裂、食管闭锁、狭窄和食管气管瘘、先天性肥大性幽门狭窄、

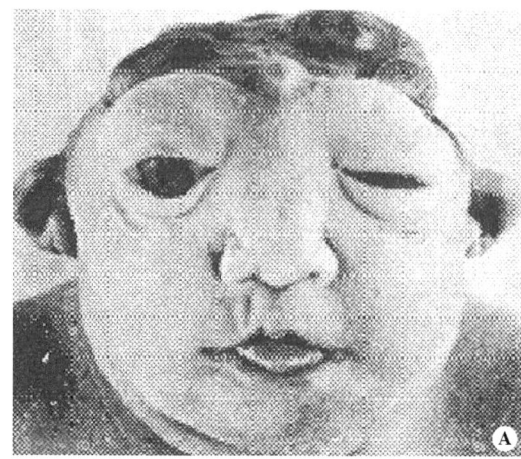

图 9-2 神经系统畸形
A. 无脑儿；B. 脊柱裂

先天性肠闭锁和先天性肠狭窄、先天性巨结肠、直肠或肛门闭锁。

（5）先天性心脏病：房间隔缺损、室间隔缺损、动脉导管未闭、法洛四联症、完全性大动脉转位、肺动脉狭窄。

（6）泌尿生殖系统畸形：尿道下裂、先天性肾囊肿、隐睾、外生殖器两性畸形。

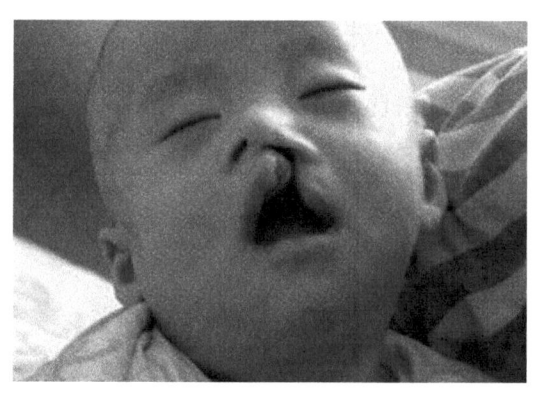

图 9-3 唇裂患儿

（7）四肢畸形：足变形、多指（趾）畸形、并指（趾）畸形、肢体短缺畸形、先天性髋关节脱位。

（8）皮肤畸形：血管瘤、色素痣。

（9）遗传代谢病及多发畸形：21-三体综合征、苯丙酮尿症、肝糖贮积病、软骨营养障碍。

据不完全统计，2007 年在我国发生率最高的出生缺陷和残疾分别是：先天性心脏病、多指（趾）、唇裂（图 9-3）、神经管畸形和脑积水。其中，尤以神经管畸形危害最大，也最难治愈。

二、出生缺陷干预

出生缺陷是世界范围内围产儿、婴儿死亡的主要原因，并导致大量的小儿患病或残疾，影响人口素质，给社会和家庭带来沉重的经济和精神负担，是各国最为关切的卫生问题，成为影响经济发展和人们正常生活的社会问题。其对人类的发展带来极大的危害，因此对出生缺陷实施干预必要而可行。

随着现代科学技术的发展，预防和控制出生缺陷的可能性大大提高。不少国家采用已有的经济有效的预防控制方法和手段，已显著地降低了出生缺陷的发生率。例如，我国在实行全面食盐加碘预防碘缺乏症，取得了显著的成就。

（一）出生缺陷干预的方法

出生缺陷干预的关键是预防。为此，世界卫生组织提出了预防出生缺陷的"三级预防"

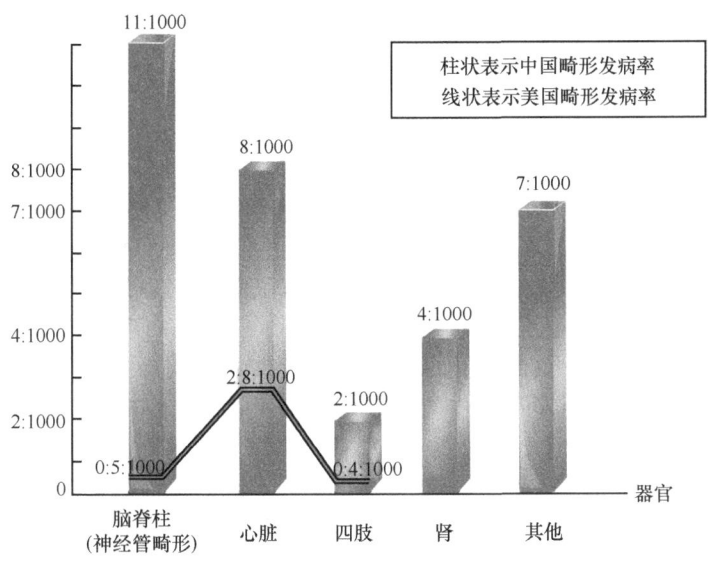

图 9-4　2004 年美国和我国畸形发病率调查报告

策略。

一级预防，是指防止出生缺陷儿的发生，包括婚前检查、遗传咨询、选择最佳的生育年龄、孕早期保健，包括合理营养、预防感染、谨慎用药、戒烟戒酒、避免接触放射线和有毒有害物质、避免接触高温环境等。

二级预防，是指减少出生缺陷儿的出生，主要是在孕期通过早发现、早诊断和早采取措施，以预防出生缺陷儿的出生。

三级预防，是指对出生缺陷的治疗。

出生缺陷预防工作要突出重点。在预防层次上，要实施三级预防综合干预，但重点是一级和二级预防，即孕前和孕期干预。在干预出生缺陷的种类上，要以高危（致残、致畸、致愚）高发并且能够经济有效地干预的出生缺陷为重点。主要实行的措施如下。

1. 婚前预防　禁止近亲结婚，认真参加婚前医学检查和咨询。如发现患有严重遗传性疾病、有关精神病和医学上认为暂不宜结婚或虽可结婚而不宜生育的疾病时，应听取医生的意见和建议。

2. 孕前预防

（1）进行优生遗传咨询：尤其有遗传病、先天畸形家族史或生育史、智力低下或多发畸形、长期接触不良环境因素、不明原因反复流产或不孕的夫妇，应于孕前去优生遗传门诊接受咨询指导。

（2）选择最佳生育年龄，把握良好受孕时间：妇女的最佳生育年龄在 23~28 岁，不管男性和女性，最好不要超过 35 岁生育。要选择男女双方身心都处于良好状态时受孕，注意酒后和身体不适时不宜受孕。

（3）预防 TORCH 感染：TORCH 是指可导致先天性宫内感染及围产期感染而引起围产儿畸形的病原体，它是一组病原微生物的英文名称缩写，T（toxoplasma）是弓形虫，R（rubella virus）是风疹病毒，C（cytomegalo virus）是巨细胞病毒，H（herpes virus）即是单纯疱疹病毒。妇女在准备怀孕前应去有条件的医疗单位和计划生育技术服务机构做 TORCH 检查，若体内缺乏保护抗体，孕期则有可能受感染，最好去疾控中心注射疫苗；若发现正处于 TORCH 感染期，则应暂时避免怀孕，并积极治疗。

3. 孕期预防

（1）避免诱发出生缺陷的不良因素：一般孕后第 5~10 周受到不良因素影响，最容易引起胎儿畸形，此期尤其要注意自我保健。整个怀孕期，都应对胎儿实施优生保护。要少去公共场所，不要接触动物，预防病原体感染；戒烟酒、不滥服药、避免接触各种有毒有害物质、放射线和高温环境。

（2）均衡膳食、合理补充营养：胎儿发育需要各种营养素，某些营养素的严重缺乏，也可导致胎儿发育不良甚至畸形。如孕妇缺乏叶酸，可导致胎儿无脑、脊柱裂、腭裂等开放性神经管缺损和低体重。因此，要注意调整饮食结构，并可以服用"福施福"、"斯利安"、"叶酸片"等营养素制剂。

（3）注意孕期保健：及时去医院建卡，定期接受检查。尤其是年龄在 35 岁以上、从事接触有毒有害物的职业、有出生缺陷儿生育史的孕妇，应于孕早期及中期作出生缺陷风险筛查。

4. 出生后干预

在孕前和产前干预不能实施或者不能达到完全干预效果的情况下，可在出生前和出生后进行治疗性干预，即对某些出生缺陷进行相应的食物、药物、手术、基因治疗和矫正，改善预后，防止疾病的发展，减少智力低下的发生。目前以新生儿筛查为主，国内主要开展先天性甲状腺功能低下、苯丙酮尿症、葡萄糖-6-磷酸脱氢酶缺乏症、先天性听力障碍等筛查诊断和治疗。

部分遗传病的常用饮食药物治疗方法

治疗原则	适应证	方法
禁其所忌	苯丙酮尿症（PKU）	禁食苯丙氨酸
	半乳糖血症	禁食乳制品
	枫糖尿症	禁食亮氨酸、异亮氨酸和缬氨酸
	乳糖酶缺乏症	禁食乳糖
	蚕豆病（G6PD 缺乏症）	禁食蚕豆，禁用伯喹啉、阿司匹林
补其所缺	胰岛素依赖性糖尿病	补充胰岛素
	垂体性侏儒症	补充生长激素
	甲型血友病	补充抗血友病球蛋白
	性腺发育不全症	补充性激素
	乳清酸尿症	补充肾上腺皮质激素
	隐性遗传癫痫病	补充维生素 B_2（孕后期）
去其所余	莱施-奈恩综合征	禁食嘌呤食物
	肝豆状核变性	服用 D-青霉胺清除铜离子
	家族性高胆固醇血症	服用考来烯胺降胆固醇
	痛风	服用排尿酸药物促尿酸排泄

5. 健康教育

针对可能导致出生缺陷的各个环节，在广大育龄妇女中普遍开展生殖健康、遗传咨询、婚前检查以及孕期保健知识教育。开展多种形式优生知识讲座，让每一对育龄夫妇都能基本掌握优生知识，提倡自觉婚前健康检查，提高婚检疾病筛查率。

6. 群体筛查 利用生物检测技术,筛查与出生缺陷发生有关的危险因素,并进行相应的治疗。

出生缺陷干预不仅是医学问题,也是社会问题,要重视社会和行为因素在出生缺陷干预中的作用。大力提倡婚前检查和孕前保健服务,使出生缺陷干预措施从产前提前到婚前、孕前。提倡"健康饮食、健康行为、健康环境、健康父母、健康婴儿"的预防出生缺陷理念,使整个社会认识到预防出生缺陷是每一个公民的义务。

高龄孕妇应该做的6种产前检查

1. 羊膜穿刺术　随着母亲年龄的增加,胎儿出现染色体异常的概率也增加,所以高龄孕妇应该做羊膜穿刺检测胎儿有无染色体异常。
2. 血糖筛查试验　高龄孕妇出现妊娠期糖尿病的概率较高,应在妊娠24～28周进行血糖筛查试验。
3. B超检查　高龄孕妇在孕期至少要做2～3次B超检查,了解胎儿发育状况,排除各类畸形。
4. 胎心监护　在妊娠最后1个月,高龄孕妇要特别注意胎动情况,每周应做1次胎心监护,了解胎儿在宫内的安危。
5. 骨盆测量　孕晚期,高龄孕妇应做骨盆测量,根据胎儿大小来决定分娩方式和时机。
6. 监测血压　由于高龄孕妇易出现妊娠期高血压疾病,故在孕期定期监测血压,如果出现头痛、腿肿、血压升高等情况,应尽快去医院诊治。

小　结

通过对本章遗传咨询及出生缺陷的学习,掌握了遗传优生咨询的内容、咨询对象、咨询步骤和方法,具备了初步的遗传优生咨询的能力。准确掌握出生缺陷的干预的办法,可以减少遗传病和先天畸形患儿的出生率,提高人类的健康素质。

目 标 检 测

一、填空题

1. 按月经周期推算,在排卵的_____和_____是最容易受孕的时间,最好将受孕安排在排卵的_____。
2. 孕妇用药应注意在_____尽量不用药,药物最易干扰胚胎组织细胞正常分化,可能导致胎儿流产、畸形或器官功能缺陷,此期尽可能不用药。
3. 医生或遗传咨询工作者在进行优生咨询时,主要的步骤有_____、_____和_____。
4. 根据出生缺陷特点分为变形缺陷,裂解缺陷_____、_____、_____四类。
5. 出生缺陷干预的关键是_____。为此,世界卫生组织提出了预防出生缺陷的"_____"策略。

二、选择题

1. 下列不是优生咨询的对象的是(　　)
   A. 有自发性流产史的夫妇
   C. 19岁的患有先天性心脏病的女性
   B. 近亲婚配的夫妇

D. 血型不合的夫妇(主要是指 ABO 血型)
2. 婚前检查下列哪种情况应暂缓结婚(　　)
   A. 男女一方患有严重的常染色体显性染色体疾病
   B. 可以矫正的生殖器畸形
   C. 男女一方患有严重的多基因病如精神分裂症
   D. 严重的智力低下伴有各种畸形的
3. 神经管缺陷不包括以下哪项(　　)
   A. 无脑儿　　　B. 开放性脊柱裂
   C. 脑膨出　　　D. 巨结肠
4. 从优生角度讲,妇女的最佳生育年龄是以下哪一年龄段(　　)
   A. 24~29 岁　　B. 20~23 岁
   C. 18~20 岁　　D. 30~35 岁
5. 下列哪一种出生缺陷在我国发病率最高(　　)
   A. 唐氏综合征　　B. 神经管畸形
   C. 先天性风疹综合征　D. 先天梅毒

三、名词解释
1. 优生咨询　2. 出生缺陷

四、简答题
1. 孕期咨询的内容有哪些?
2. 出生缺陷的类型有哪些?
3. 出生缺陷的干预方法有什么?
4. 一对外表正常的夫妇,因多次流产来遗传咨询门诊就诊,染色体检查结果显示:女方核型为 46,XX,男方核型为 45,XY,-13,-14,+t(13q14q)。
请问:(1)男方核型异常的种类是什么?(2)简要分析该夫妇发生流产的原因。

(刘凌霄)

实 训

实训1 人类染色体非显带核型分析

【实训目的】
1. 初步掌握人类非显带染色体核型分析方法,识别各组染色体的特征。
2. 学会显微镜下的染色体观察。

【实训原理】
人类染色体核型分析是染色体研究的一项基本内容,通过细胞培养来观察一个人体的染色体数目、形态变化,并对其进行分组,以鉴定被检者的染色体有无异常,这种方法称核型分析。它的一般程序是先利用显微照相装置拍摄人类非显带染色体的图像,冲洗胶卷并放大成染色体照片,然后按国际上统一的标准,根据染色体的长短、着丝粒的位置、随体的有无等指标,将人的46条染色体分成7组并编上号,然后将染色体剪贴到专门的报告单上制成染色体核型图。利用核型分析可以检查某人的染色体数目是否正常,并可以发现较大的染色体结构畸变以及判定性别等。

【实训用品】
显微镜、人类染色体标本片、香柏油、正常男性或女性非显带染色体放大照片、核型纸、剪刀、镊子、胶水、擦镜纸。

【实训步骤】

1. 观察人体细胞的染色体标本 应用人体染色体对遗传性疾病的诊断已成为临床医学的一个组成部分。在细胞分裂过程中,以中期染色体的形态特征最为典型,易于观察。所以,在染色体诊断技术研究过程中,都采用中期分裂相标本的染色体材料。

将染色好的玻片标本放在低倍镜下进行观察,可见到许多大小不一的圆形的淋巴细胞,其中有的细胞可见成簇分布的杆粒状染色体,就是分裂相细胞(一般细胞膜已破,细胞界限不清)。可选择分散好而清晰的分裂相细胞,换高倍镜选取染色体分散适中、染色体不重叠的分裂相,并将该分裂相移到视野的中央,换油镜观察、计数。

2. 人类染色体核型分析 每人发一张人体染色体非显带照片(附录1),正常的男性、女性的染色体均为46条,其中有44条为常染色体,它们都是两两成对的同源染色体,即22对,共分七群(组)(A、B、C、D、E、F、G);还有两条性染色体,男性中的一条为X染色体,另一条为Y染色体,而女性则是一对X染色体。染色体核型的写法为:正常男性的核型46,XY;正常女性核型46,XX。见正常人染色体核型各组的主要形态特征表(实训表1-1)。

实训表1-1 正常人类染色体各组的主要形态特征

组号	染色体号	形态大小	着丝粒位置	随体	次缢痕	鉴别程度
A	1-3	最大	1.3中央,2亚中	无	1号常见	易
B	4-5	次大	亚中	无	少见	不易
C	6-12+X	中等	亚中	无	9号常见	难

续表

组号	染色体号	形态大小	着丝粒位置	随体	次缢痕	鉴别程度
D	13-15	中等	近端	有	少见	难
E	16-18	小	16中央,17.18亚中	无	16号常见	中等
F	19-20	次小	中央	无	少见	不易
G	21-22+Y	最小	近端	21.22有 Y无	少见	难

（1）计数：先划分若干区，分别计数，然后再相加，计算结果，确定有无染色体数目异常。

（2）判别性别：根据最小的近端着丝粒染色体数目判别性别。由于Y染色体以属于G组，因而G组样染色体5条可初步判断为男性，4条可初步判断为女性。这是一简便判断性别的方法。

（3）剪贴配对：依照片上染色体轮廓将染色体逐个剪下，按染色体大小及着丝粒位置，在一张白纸上排成一行。

（4）粘贴：对照实训图1-1，将剪下的一对同源染色体贴于核型分析报告表（实训表1-2）的号次正上方。按短臂朝上，长臂朝下，依次分组排列，着丝粒位于一条直线上。

（5）分析结果：鉴别是男性还是女性核型，写上核型。

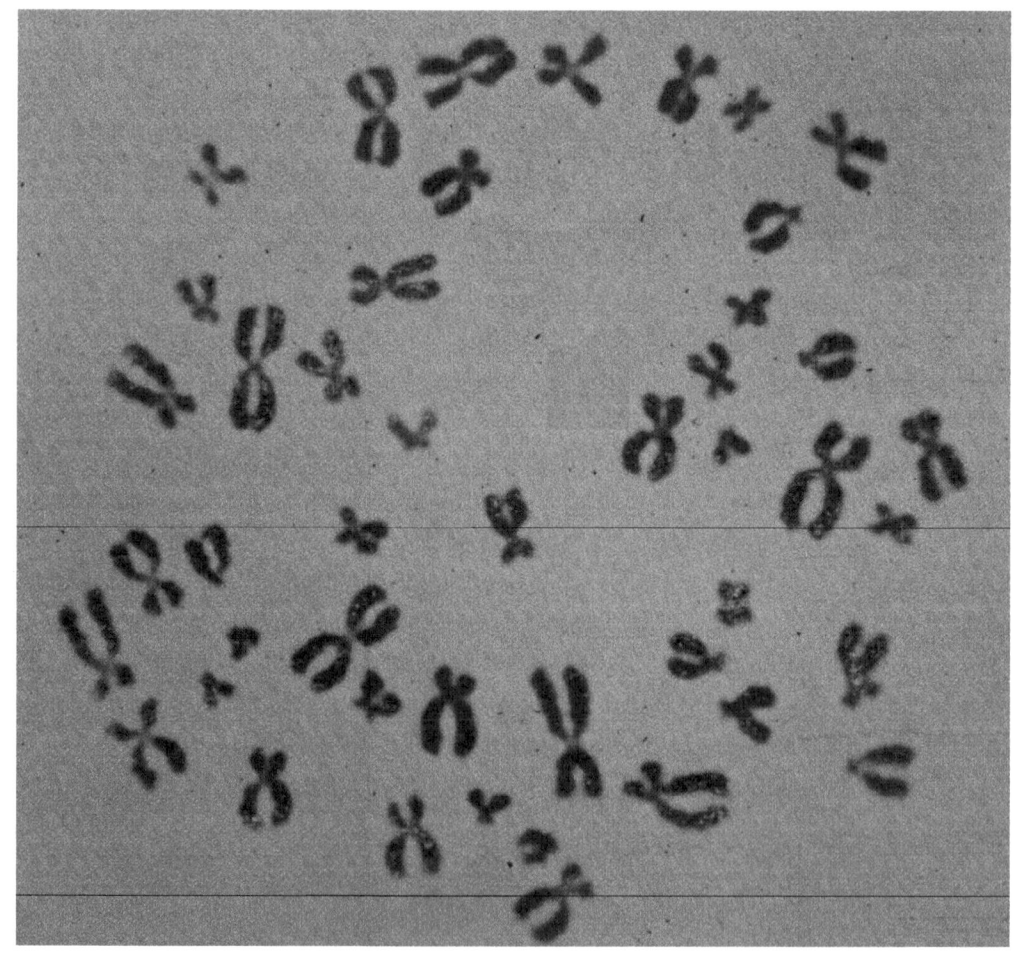

实训图1-1　正常人体非显带染色体

人类非显带染色体核型分析报告

核型描述：

姓名＿＿＿＿＿＿
班级＿＿＿＿＿＿
学号＿＿＿＿＿＿

```
_____          _____
   1      2      3                    4       5
        A    组                          B    组


_____
   6     7     8     9       10    11    12
              C          组


_____          _____
   13    14    15                    16    17    18
        D    组                          E    组


_____          _____
    19      20                        21    22
        F    组                      G    组      XX（XY）
```

日期：　　　年　　月　　日

【思考题】

1. 根据染色体的哪些特征排出染色体核型。
2. 人类染色体可以分为几组？每组包含哪几条染色体？每组染色体的基本特征是什么？

【实训报告】

交一份核型分析报告。

附：人类染色体制作简介

人类染色体研究，目前应用最广的方法是人体外周血淋巴细胞培养及染色体标本制作技术。整个工作无菌要求严格。培养液是含有多种氨基酸及营养物的试剂，按一定浓度配制后加一定比例小牛血清，并要求一定的酸碱度。每一培养瓶分装5ml培养液，冰冻保存。使用时升温溶化后加入被检者0.5ml静脉血，加入适当植物血凝素（PHA），于37℃培养。PHA可使淋巴细胞转化为淋巴母细胞，淋巴母细胞具有分裂能力，行有丝分裂。在培养72小时后加秋水仙素，秋水仙素可使处于分裂中期的纺锤丝受到破坏，使染色体停滞于赤道板上。因为细胞分裂是不同步的，每当淋巴细胞分裂处于中期时即停顿下来，于是在一定数量的血细胞中，处于中期的淋巴细胞数就相当多了。中期分裂相便于计数染色体。当培养结束后，经低渗、固定、制片、染色等程序，制成人类染色体标本片。选取染色体分散良好的分裂相良好的分裂相进行显微照相、冲洗、放大，制成染色体照片。

（林小珊）

实训2 遗传病的调查与系谱分析

【实训目的】

1. 掌握系谱分析的方法。
2. 学会调查和统计人类遗传病的方法。
3. 熟悉常见遗传病的发病情况及主要临床特征，为遗传咨询奠定基础。
4. 通过实际调查，了解遗传病的危害，重视遗传病的预防与优生。

【实训原理】

1. 通过系谱分析，根据症状、体征及实验室检查等手段确定是否属于遗传病。
2. 根据遗传病不同遗传方式的特点确定遗传病的种类（单基因遗传病、多基因遗传病或染色体病）。如果是单基因遗传病，还要确定其遗传方式。
3. 系谱分析是研究遗传病的一个常用方法，在进行系谱分析时，首先对具有某种性状或疾病的家系成员的性状进行详细的调查分析。用特定的符号和格式绘制成反映家族各成员相互关系和性状出现或疾病发生情况的图解，然后根据孟德尔定律对各成员的表现型和基因型进行分析。遗传病的系谱分析是了解、研究和诊断遗传病的重要步骤，从先证者入手，尽可能多地调查其亲属的患病情况，这有助于判断疾病是染色体疾病还是基因病，是单基因遗传病还是多基因遗传病，是显性遗传还是隐性遗传，是常染色体遗传还是性染色体遗传。事实上系谱分析也是发现疾病、认识疾病的开始。在采集系谱时，重点应记录家族史、婚姻史和生育史，另外对于收养、过继、近亲婚配和非婚生育等情况应予以特别注意。

在进行家系系谱收集及分析时必须注意以下几个问题。①资料必须可靠。个体的文化程度、家系成员的分散程度、被调查者的年龄、记忆和判断能力等,都是影响资料准确度的因素。②由于有些问题涉及家庭成员的隐私,因此应说服被调查者在可能的情况下积极配合。③对不同患者患病程度的度量应尽量准确一致,最好能提供医院的诊断资料,仅依某一个人的描述往往产生较大的偏差。④应尽可能地扩大家系范围,以便更准确地判断。⑤注意外显不全、延迟显性、新突变基因、动态突变、易位基因、基因组印迹等问题,还要充分考虑主基因和遗传背景、基因和环境综合作用等问题。⑥观察指标的不同,可能遗传方式也不同。家系分析的结果对于发病风险率的计算将产生重要影响。

【实训内容和步骤】

一、系 谱 分 析

1. 简要介绍系谱分析的方法和注意事项。
2. 运用所学知识,对下列系谱进行分析讨论,判断各系谱的遗传方式,写出判断依据及先证者及其父母的基因型。
3. 写出实验报告。

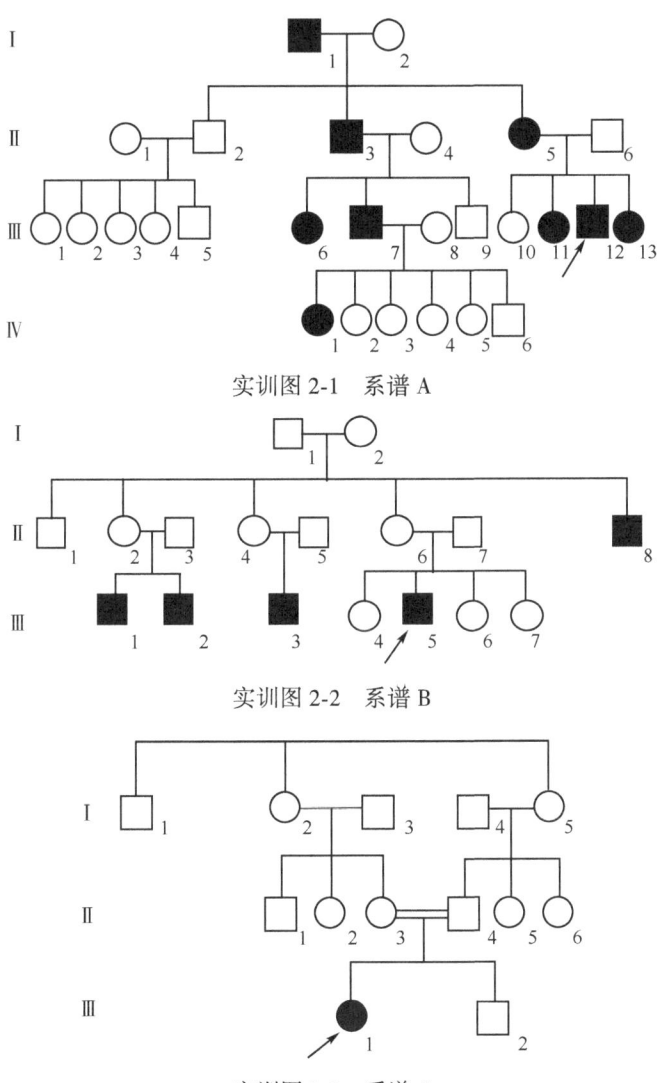

实训图 2-1　系谱 A

实训图 2-2　系谱 B

实训图 2-3　系谱 C

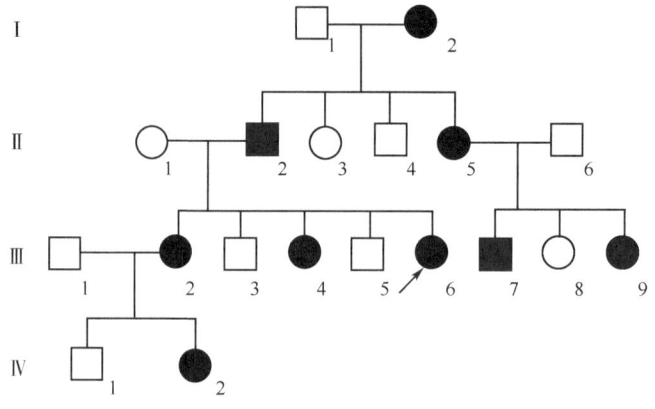

实训图 2-4　系谱 D

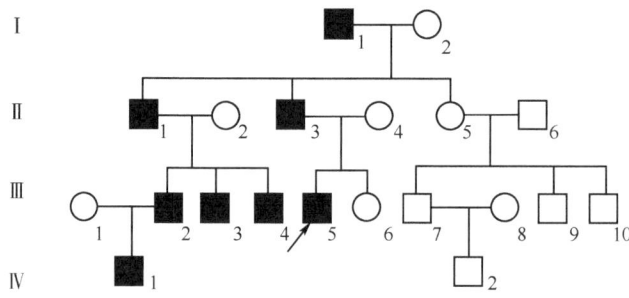

实训图 2-5　系谱 E

二、案 例 分 析

有一对无色盲的夫妇,生育三个孩子,甲是色盲儿子,乙是无色盲的女儿,最小的也是无色盲的女儿。后来三个人都与无色盲的人结婚,甲生一色盲的女儿,乙生一色盲儿子和两个无色盲的女儿,老三生六个均无色盲的儿子。

1. 绘出上述三代的系谱图。
2. 写出各成员可能出现的基因型。

(高　锐)

实训 3　遗传优生咨询

【实训目的】

1. 通过对单基因病(或性状)的系谱分析,熟练掌握系谱分析的一般方法。
2. 熟练掌握遗传病再发风险的估计方法。
3. 熟悉遗传咨询的一般过程。

【实训原理】

遗传咨询又称遗传商谈,是医师或从事医学遗传学的工作人员用遗传学和临床医学的基本原理,确定某病是否为遗传病、遗传方式、再发风险、如何防治等一系列问题,然后回答患者及家属提出的有关疾病的各种遗传学问题,并提出建议和指导。因此,从事遗传咨询的工作人员除具备临床医学的知识外,还必须具备医学遗传学的基本知识,了解遗传病与其他临床疾病的鉴别诊断,掌握系谱分析的原理和方法,熟悉遗传病再发风险估计,等等。

遗传咨询一般包括下列几个步骤：①询问、查体、实验室检查、收集家族史，绘出系谱图；②依据第一步获得的资料以及实验室的检查结果，判断某病是否为遗传病；③根据系谱分析判断遗传病的传递方式或可能的传递方式；④回答患者及有关人员所提出的各种遗传学问题，如该遗传病的产生原因、诊断、预防、治疗及再发风险的估计等问题；⑤与患者及家属商谈，并帮助他们做出恰当的选择和确定最佳措施。

遗传咨询是减少遗传病患儿出生的有效方法，对降低遗传病的群体发病率，提高人类的遗传素质具有重要意义。因此，它是医学遗传学的一项重要研究内容，是做好优生工作，预防遗传病发生，提高人口遗传素质的主要措施之一。遗传咨询主要包括婚前咨询、孕前咨询、产前咨询和患者咨询等几个方面。

【实训方法和步骤】
1. 简要介绍遗传咨询的方法和注意事项。
2. 运用所学的遗传学基础知识和遗传病的理论，分析疾病的类型，预测个体后代的再发风险。
3. 写出实验报告。

案例一 一位女性表型正常，三个哥哥表型也正常，但因她的两个舅舅患有假肥大型肌营养不良症（XR）前来咨询。
1. 她是携带者的可能性有多大？
2. 如果她与正常男性结婚，婚后生男孩的复发风险有多大？生女孩的复发风险有多大？
3. 如果她婚后生了一个患者，如再生育，生一个正常孩子的可能性有多大？

案例二 有一对外表正常的夫妇，怀孕4胎中，有两次流产，存活的长女表型正常，但其染色体数目为45条，存活的男孩是一个具有46条染色体的先天愚型患者。
1. 请解释男孩的发病原因。
2. 长女将来会发病吗？婚后会生出先天愚型患儿吗？如果能，是否能防止患儿的出生？

案例三 尿黑酸尿症（AR）的群体发病率为百万分之一，请问下列情况产生有病后代的概率是多大？
1. 两个正常的无亲缘关系的人结婚。
2. 一个患黑尿病的人与一正常的无亲缘关系的人结婚。
3. 一个正常的人，他（她）的父母也正常，但有一个患尿黑酸尿症的弟弟，与一个正常的无亲缘关系的人结婚。

案例四 一对夫妇生有苯丙酮尿症（PKU）的患儿，他们听说是遗传病后前来咨询。
1. 他们两人及家庭各成员中全无这种病的患者，这怎么能算遗传病呢？
2. 是谁的问题？能不能治疗？他们再生一个孩子患PKU的可能性是多大？如何预防患儿的出生？

案例五 某妇女曾生育过一先天愚型患儿，现再次妊娠，惧怕再生同病患儿前来咨询。应该怎样计算再发风险？

案例六 某种遗传病男女发病机会均等，而且发病的患者可出现在父母均正常的家庭中。现有一对表现都正常的姨表兄妹，准备结婚，虽然双方父母正常，但他们的舅表兄患有此病，所以前来咨询。
1. 请问此病的遗传方式如何？
2. 这对姨表兄妹都是携带者的可能性有多大？
3. 他们婚后出生此病患儿的概率是多大？
4. 如果他们均为携带者，那么他们婚后生出此病患者的可能性有多大？

案例七 幼年性黑蒙性白痴是一种遗传病，患者在6岁以后智力发育减退，视力受损导致失明,肌肉萎缩,最后常死于 20 岁前。这种患者可出现在父母均正常的家庭中,男女发病机会均等。现有一对 25 岁的表兄妹,表现正常,准备结婚,虽然双方父母正常,但双方的同胞中均有人死于此病,所以前来咨询。

1. 他们想知道,双方都是携带者的可能性有多大?
2. 基于上述答案,请告诉他们,出生有关患儿的概率是多大?
3. 通过淋巴细胞空泡形成增多可以检出携带者,如果此实验结果表明他们均为携带者,那么他们婚后生出有关患者的可能性有多大?
4. 你对他们有何建议?

案例八　Huntington 舞蹈症为常染色体显性遗传病,25 岁以前发病的占 10%,40 岁以后发病的占 60%。一位 25 岁的男性,表型正常,其外祖父患有该病,他的母亲现已 45 岁,表型也正常。请问他是携带者的可能性是多少?他将来的子女获得致病基因的风险是多少?

案例九　一位青年准备与他的姑表妹结婚,他们认为在他们的家系中从来没有过遗传病的患者,他们结婚对后代不会有影响。请你从我国人群的遗传负荷是每人平均携带 5 个有害基因的角度说明他俩不宜结婚的原因。

案例十　如果苯丙酮尿症的群体发病率为 0.0001,表兄妹婚后后代患苯丙酮尿症的概率有多大?是随机婚配的多少倍?

案例十一　一对正常夫妇生了一个先天性聋哑的儿子,两人家庭成员全无此病患者。他们想生第二胎并担心聋哑儿子的将来,前来遗传咨询。

1. 他们的儿子为什么会聋哑,是遗传病吗?
2. 他们生第二胎,还会是此病患儿吗?
3. 他们的聋哑儿子将来会生育聋哑后代吗?

案例十二　一对新婚夫妇,由于女方的弟弟患有白化病,害怕今后会生育白化病患儿前来咨询。

案例十三　一对夫妇婚后,怀孕 5 次,其中 4 胎流产,1 胎多发畸形。经细胞遗传学检查丈夫为倒位携带者,他们还能否生出正常的孩子?如果能,表型正常的孩子的核型如何?

(刘凌霄)

参考文献

陈爱葵.2014.遗传与优生.北京:清华大学出版社
陈竺.2001.医学遗传学.北京:人民卫生出版社
丁显平.2005.人类遗传与优生.北京:人民军医出版社
李兰芝,薛红丽.2009.出生缺陷干预指导手册.兰州:兰州大学出版社
李璞.2001.医学遗传学.北京:中国协和医科大学出版社
罗纯.2012.医学遗传与优生.北京:化学工业出版社
潘凯元.2012.遗传与优生学基础.北京:科学出版社
彭凤兰.2012.医学遗传学.第二版.上海:上海科学技术出版社
孙开来.2008.人类发育与遗传学.第二版.北京:科学出版社
王学民.2012.医学遗传学.第三版.北京:科学出版社
郑晓瑛.2006.提高中国出生人口素质的理论和实践.北京:北京大学出版社。
周德华.2008.遗传与优生学基础.第二版.北京:人民卫生出版社
朱劲华.2014.医学遗传与优生学.南京:江苏凤凰科学技术出版社
左伋.2001.医学生物学.第5版.北京:人民卫生出版社

目标检测选择题参考答案

第2章
1. D 2. A 3. C 4. B 5. C 6. D 7. D 8. C 9. D

第3章
1. D 2. C 3. A 4. D 5. D 6. B 7. B 8. C 9. C 10. C 11. C 12. D 13. D 14. D 15. B 16. B 17. B 18. B 19. B

第4章
1. B 2. A 3. D 4. A 5. D 6. B 7. A 8. D 9. C

第5章
1. A 2. C 3. D 4. B 5. C 6. D 7. A 8. D 9. D 10. B 11. D 12. C 13. D 14. D 15. D

第6章
1. B 2. B 3. C 4. D 5. B 6. D

第7章
1. D 2. D 3. D 4. D 5. A 6. C 7. A 8. C 9. B 10. A

第8章
1. C 2. B 3. A 4. B

第9章
1. D 2. B 3. D 4. A 5. B